借助幸福纸艺
促进小学生
口语表达能力提高的研究

孙向阳 / 著

光明日报出版社

图书在版编目（CIP）数据

借助幸福纸艺促进小学生口语表达能力提高的研究 /

孙向阳著 . -- 北京：光明日报出版社，2017.11（2021.8重印）

ISBN 978 - 7 - 5194 - 3642 - 1

Ⅰ.①借… Ⅱ.①孙… Ⅲ.①纸工—技法（美术）—教

案（教育）—小学②汉语—口语—教学研究—小学

Ⅳ.①G623.752②G623.202

中国版本图书馆 CIP 数据核字（2017）第 312729 号

借助幸福纸艺促进小学生口语表达能力提高的研究

JIEZHU XINGFU ZHIYI CUJIN XIAOXUESHENG KOUYU BIAODA

NENGLI TIGAO DE YANJIU

著　　者：孙向阳	
责任编辑：许　怡	责任校对：赵鸣鸣
封面设计：范晓辉	责任印制：曹　净

出版发行：光明日报出版社

地　　址：北京市西城区永安路 106 号，100050

电　　话：010—63169890（咨询），010—63131930（邮购）

传　　真：010 - 63131930

网　　址：http://book.gmw.cn

E - mail：xuyi@gmw.cn

法律顾问：北京德恒律师事务所龚柳方律师

印　　刷：三河市华东印刷有限公司

装　　订：三河市华东印刷有限公司

本书如有破损、缺页、装订错误，请与本社联系调换

开　　本：170mm×240mm	
字　　数：296 千字	印　　张：16.5
版　　次：2017 年 11 月第 1 版	印　　次：2021 年 8 月第 2 次印刷
书　　号：ISBN 978 - 7 - 5194 - 3642 - 1	
定　　价：59.00 元	

编委会

序

《语文课程标准》指出："口语交际能力是现代公民必备的能力,应培养学生倾听、表达和应对的能力,使学生具有文明和谐地进行人际交流的素养。"而现在的小学生普遍不愿说、不敢说、不会说。随着社会的发展,良好的语言素养、恰如其分的表达、优雅的语态,将成为每个人必备的素质之一。口头语言是人们交流的工具之一,与书面语言相比,口头语言发挥着更加直接广泛的作用。因此,只有努力提高小学生的口语表达能力,才能使他们适应竞争日益激烈的社会环境。

教科书是重要的教学内容,但不是教学内容的全部。语文是与现实生活联系最紧密的学科,有着最丰富的教育资源,教育资源培养小学生的口语交际能力应注重从生活中取材。为了提高小学生的口语表达能力,可以采取多种形式,丰富训练内容,尽可能地创造双向互动的环境,从而鼓励其积极主动地参加口语交际的实践活动。体验是一个人在参与实践活动中引起的一系列感受,它能引发强烈的表达欲望。叶圣陶先生说:"生活如泉源,文章如溪水,泉源丰富而不枯竭,溪水自然活泼地流个不歇。"小学生的生活体验越丰富,他们在交流表达时就会有话可说、有话想说。

课程,是学校教育教学的基本载体,也是学生接受教育的主要平台。荣成市幸福街小学以师生的可持续发展与幸福成长为课程建设之宗旨,将幸福教育的办学理念融入课程建设中,成为引领学校丰富学生成长经历的源头活水。纸艺是我国古老的民间艺术之一,它起源于民间的美术活动,具有特殊的审美情趣和魅力,能够充分表现当地独特民俗文化风貌,也是美术教育的有机组成部分,是一种具有创造性的活动。幸福纸艺,说白了就是对纸的艺术创作,学生通过撕捏、剪塑、拼贴等创作手段做出简单但充满童趣的各种纸制工艺品。幸福纸艺活动通过多种教育手段的互动来达到艺术教育的目的,是具有情感内涵的创造活动,它不仅仅是单一的技能技巧的训练和技艺知识的传授,而是一种能力、一种结构、一种把握世界的方法、一种审美心理结构的塑造。

幸福纸艺课程,根据小学生的认知能力和心理特点,通过有趣的剪拼、图像的变幻、色彩联想以及特殊意境的引入发散儿童思维,打开学生的想象世界的大门,引导学生勾勒起稿、拼组作品、讲述推介,创造出属于孩子自己的独特的原创作品。学生从不敢想到大胆去想,从不会做到主动去做,并通过故事化的表现将自己的想法、喜好、乐趣融入纸艺作品之中。我们鼓励学生勇敢地表达自己并乐在其中,从而实现课程目标:以艺术启发思维,激发学生的想象力、创造力和表达能力;以美育养育人格,培育学生的自信、快乐和勇气。

"才如奔马,指上生花"正是对学校幸福纸艺课程的真实写照。为了促进小学生审美水平与口语表达能力的提高,学校组织骨干教师精心拟定了幸福纸艺校本课程纲要,编写了校本教材用于指导教学实践,全员研磨幸福纸艺课堂,定期开展"乐在纸中"实践活动,将无限的自然造化浓缩到有限的校园里,又将有限的校园延伸到无限的生活和历史文化中,让学生置身于人文精神的熏陶中。学校依据学生不同年龄阶段的特点,设计制订了不同的纸艺项目,一年级是智慧折纸,二年级是神奇剪贴,三年级是幸福衍纸,四年级是趣味纸编,五年级是百变纸艺。一张张彩纸在学生们手中"跳舞",一朵朵鲜花和一只只小动物跃然手上,一只只千纸鹤承载着希望和祝福飞翔在校园的各个角落。幸福纸艺,动手又动脑,成为了最受学生欢迎的校本课程。拿来五彩纸,变出精美图,学生在动手中锻炼着心灵手巧,更重要的是每一张纸都在讲故事,完成了一件件纸艺作品,也抒写了一个个生动有趣的故事。幸福学子也在幸福纸艺的创作中收获了趣味和自信,在幸福纸艺的展示、推介中提高了口语表达能力。

如何通过纸艺创作,让学生的"说"有感而发?怎样借助纸艺作品,让学生的"说"水到渠成?围绕"借助幸福纸艺促进小学生口语表达能力提高的研究"这一专题,学校每位教师都在深入研究,并已形成一定的研究成果。

回顾技法,以"理"促说。纸艺具有艺术的韵味,深受一至五年级学生的喜爱。教师引导学生思考已经学过了哪些技法、还想学习什么技法等问题,让学生在想一想、做一做、说一说等行为和思维梳理中提高表达能力。

交流评价,以"做"促说。一是结合教师的作品,在观察中总结。人脑信息的70%~80%是靠眼睛获得的,教学活动中教师应有目的地训练学生观察周围的事物的能力。这种看说结合的教学方式,既教会了学生观察的方法,增长了知识,又训练了语言表达能力。比如,教师出示范作后,引导学生尝试说说范作的制作流程、讲讲作品的主要内容,从而大大激发学生的想象力。二是结合学生自己的作品,在讲故事中推介。凡是学生亲身经历或亲手做过的事,说起来总是绘声绘色的,感情真挚。纸艺活动中,指导教师特别注意引导学生手、脑、口并用,边做边说,或做完解说。在活动的最后,学生们互相评一评个人或小组的作品,旨在引导每个社团成员充分感受到自己的进步,发现彼此的能力和才干,幸福之情溢于言表。

展示推介,以"展"促说。小学生具有争强好胜的特点,通过作品展评可以为他们创设展示自我的空间,也让其有一种成就感,激发其更大的参与兴趣。展示与推介有机结合,不仅要介绍作品是怎样完成的,还需要说说作品的主题、作品里融入了什么有趣的故事。这样的要求,对每一个小组来说都是一种挑战,因此小组成员更会齐心协力,一起想、一起做、一起说。在系列的研究、编制、展示活动中,学生的想象力、思维水平及口语表达能力都在不断提高。

最后,希望在本书的指导下,荣成市幸福街小学能够在"借助幸福纸艺促进小学生口语表达能力提高的研究"这一课题研究中取得良好的成果,并且开拓创新,继续探寻综合实践、美术和语文等学科整合的策略,在实践研究中不断提高学生的综合素养。

吴安春

2017 年 5 月 12 日

(中央教育科学研究所研究员,教师成长研究中心常务副主任,教育学博士,心理学博士后。)

前　言

提高小学生核心素养，刻不容缓！

一时间，

从"知识至上"到"素养为重"，

一场头脑风暴顺势展开。

在幸福校园，

个人自主学习，集体专题研讨，

核心素养冲击着头脑，改变着行动。

如何让核心素养落地？

大家有了共识！

学校需以课程为核心载体，为学生提供引领促进其发展的学习媒介和知识路径。

于是，有了国家课程校本化实施，

更有了校本课程特色化的探索。

幸福纸艺校本课程，

正是浸润着素养的"种子"，发芽了。

它站在"核心素养"的角度，

激活了教师的创造力和课程领导力，

立足培养适应终身发展和社会发展需要的必备品格和关键能力进行课程整合。

全新校本课程的开发实施，

彰显了幸福教育特色与个性，

改变了学生的学习方式，

提升了学生的口语表达能力，

在学习和创造中，实现每一个人的自我成长。

孙向阳

2017 年 5 月 8 日

目　录
CONTENTS

第一章　课程规划
基于核心素养　彰显幸福教育理念

　　《山东省中小学德育课程一体化实施指导纲要》的颁布,标志着德育进入全科时代。强化立德之本,每门课程都承载着德育使命。怎样让实践课程成为立德树人的有效载体? 如何使实践课程常态化实施彰显学校特色? 课程规划发挥了先导性的作用。课程规划统领课程开发,课程规划为课程的开发与实施提供直接的依据,是课程体系的核心和实施指南。荣成市幸福街小学根据学生的基本情况,基于学生的核心素养,把幸福教育作为本校的核心理念,把教育当作一件幸福的事情来做,教师幸福地教,学生幸福地学,让每个人都拥有幸福的人生。践行幸福教育,需要有与之相匹配的校本课程,即一个能够贴近学生生活,能提高学生独立思考能力、创新意识和实践能力的系列幸福教育校本课程。基于此,学校设计了幸福纸艺校本课程规划,而这个规划还需要在学习中明晰、在研究中架构。

第一节 组织认真学习 奠定理论基础

2012年寒假，荣成市幸福街小学向全体教师推荐了《杜威"做中学"原则及其现实合理性的心理学分析》一书，开启了幸福教师寒假读书模式。

在杜威的理论中，对教育界影响最大的无疑是"做中学（Learning-by-doing）"原则，"做中学"原则是杜威教育思想的重要组成部分。杜威曾经英勇地使用这一理论利器与"传统教育"进行了数十年的斗争，而支持"进步教育"运动的开展。一百多年过去了，回顾过去，展望未来，杜威的"做中学"理论仍然充满了生命力，深深地影响着我国的基础教育改革运动的开展。

课程论专家斯坦豪斯认为："课程是一门艺术，艺术的本质在于探究。"①

相信，通过系统的学习，老师们会进一步提升理念，内化教学实践。每位教师只有创造性地参与"做中学"，才能显示实践课程的生命力。

一、后现代课程观

多尔描述后现代课程是生成的，而非预先界定的，是不确定的但却是有界限的，寻求在过程中借助反思，来"自组织"自己的课程，为了构成这个过程，多尔提出了四个基本原理，即4R：丰富性（richness）是指课程的深度、意义的层次，多种可能性或多重解释；回归性（recursion）是指一个人通过与环境、与他人、与文化的反思性相互作用形成自我感觉的方式；关联性（relation）是指课程具有教育和文化双重意义，"教育关联"是指课程中的观念、文本、教师、学生、媒体等诸多因素互动而组成的庞大网络，"文化关联"指课程之外形成的课程母体在文化上的各种联结；严密性（rigor）是指有目的地寻找不同的方案、关系和联结，也指有意识地努力寻找我们或是他人潜藏的固有假设，并在这些假设中展开磋商和对话。后现代课程观寻求课程理解，重视理论性和研究性，关注学习者的自我意识和创造性，承认并强调学生的组织、建构和构造能力，把其视为课程的关键所在。因而这种思想对我国的课程开发与实施具有重要的指导意义。

---

① 诸平、孙雷等译：《课程研究与课程编制入门》，春秋出版社1987年版。

二、杜威的"做中学"

著名教育家杜威提出探究是儿童天生四大本能之一，他强调关注儿童的兴趣，强调儿童自主生成的问题，强调在儿童已有兴趣和经验的基础上，由他们自己通过探究，自主地构建知识体系，而不是像传统那样由外部规定了一整套远离他们兴趣与经验的、严格按照学科的逻辑体系组织起来的抽象知识，用各种外部手段控制学生，强迫他们接受。

杜威强调"做中学"，但他的"做中学"并不是在机械的技能操作中学习，这个作为学生学习情境脉络的"做"，不是单纯的动手。杜威还特别强调动脑，强调反省思维，强调主体与外部相互作用基础上的反思。为此，他还专门撰写了一本《我们怎样思维》。可见，在杜威那里，"做"实际上是探究，"做中学"就是在探究的基础上自主建构知识。"做中学"就是"探究中学"，杜威这种"经验主义"思想对校本课程开发与实施具有指导意义，校本课程要注重培养学生的合作能力、探究能力和创造能力。

三、国家政策和课程标准的有关规定

2001 年 6 月《基础教育课程改革纲要（试行）》提出："调整和改革课程体系、内容、结构，构建符合素质教育要求的新的基础教育课程体系。"课程改革的第六个目标是改变课程管理过于集中的状况，实行国家、地方、学校三级课程管理，增强课程对地方、学校及学生的适应性。

四、课程开发的可行性分析

基于学生核心素养的幸福纸艺校本课程整合开发的实施可行性有：

1. 学校师资力量为课程开发提供了基本保障

首先，学校层面的高度重视，给课程开发提供了良好的外在环境。近年来，学校非常重视幸福教育校本课程的多样化开发，根据学校的办学宗旨和培养目标，引导每个教研组开发相应内容的校本课程，供学生自主选择。学校也定期邀请专家来校进行专题讲座并细致指导，使校本课程的开发能顺利进行。

其次，学校的基础设施配备为课程开发提供了基本的硬件保障。每一门校本课程都有一个固定教室，配备了多媒体、投影仪等电子设备，学校对课程所需要的相关教学资料、物品都能给予最大限度的经费支持。

再者，学校师资力量较强，现有威海市名课程团队、荣成市名课程团队 2 个，威海市、荣成市名师 4 人，过硬的师资力量为校本课程的开发注入了活力。广大教师都能积极参加,学校及上级组织的各项研训活动,每个教研组主题教研活动都步入常态化轨道,课程开发的交流研讨也经常举行。

2. 地方特色资源为课程开发提供了有力支持

荣成民间剪纸历经千年,历史悠久。我们知道,剪纸是符合民间习俗的必不可少的一项艺术活动。它的存在,必定依附于民间特定的文化背景与生活环境。荣成市是全国最大的渔业县级市,三面环海,海岸线长达千余华里,这为剪纸艺人们提供了广阔的想象和创作的空间。荣成民间剪纸内容主要是以渔民在海上作业为基础,展现渔民们捕鱼、收获、上岸、加工等一系列过程,表达了渔民们热爱劳动、热爱生活的精神。

在长期的生活实践中,剪纸艺人形成了丰富的想象思维,剪纸艺术更是具有独特的美感和渔家生活情趣。很多的镇、村都出了不少剪纸名人,获得大家的一致称赞,优秀的作品往往成为大家学习、模仿的对象。在模仿、流传的过程中,剪纸爱好者会基于自己的想法和个人审美要求,对原稿进行自由的再创作,尽管这样,技艺高超的剪纸艺人造诣较高,还是会起到前沿的引领作用,在系列国际、国内的大型比赛中屡屡夺得大奖,令人啧啧称赞,对国际上的很多国家和地区产生了极大的影响。如石岛港湾街道的方桂风老师,荣成剪纸第一人的美誉非她莫属,她的剪纸渔家乐系列非常经典,多次在国际比赛中获得大奖。

以上丰富的荣成地方资源,为幸福纸艺课程的开发实施提供了很好的借鉴与参考。

3. 学生兴趣需求为课程开发提供了强大动力

需要是学生动力的来源,而兴趣是学生学习的最好老师。有了学习兴趣,学生就会积极参与,学习的效率也会大大提升。由此可见,我们应当根据学生的身心发展水平与兴趣特点,来确定课程内容的深度、广度、难度。换言之,学生的需求和期待是校本课程开发的强大动力。

幸福教育的核心理念是把教育当作一件幸福的事情来做,教师幸福地教,学生幸福地学,让每个人都拥有幸福的人生。践行幸福教育,需要有与之相匹配的校本课程，即一个能够贴近学生生活，提高学生独立思考能力、创新意识和实践能力的系列幸福教育校本课程。而幸福纸艺校本课程就深受学生的喜欢，我们的调查结果也证明了这一点。

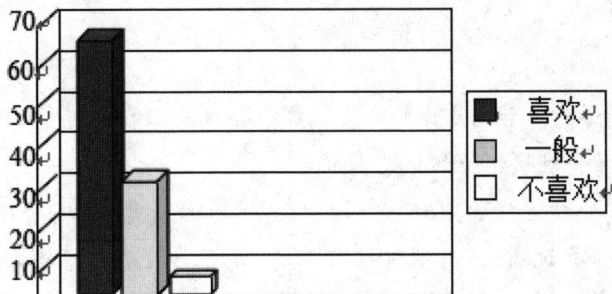

幸福纸艺课程学生喜爱程度统计图

　　参与调查的三、四、五年级学生共有 12 个班，共计 618 人。从统计图上可以看出，绝大部分学生特别是女生喜欢幸福纸艺课程，有小部分男生觉得幸福纸艺应是女生擅长的事情，不太喜欢。只有极少数学生觉得自己手工方面能力稍差，不太喜欢手工课程。以上调查数据也表明，大多数学生对幸福纸艺课程有着浓厚的兴趣，这一校本课程可以弥补小部分学生在手工制作方面的能力不足。学生喜欢，幸福纸艺课程的开发实施就很有必要。

第二节　关注核心素养　提升课程品质

3月10日下午,幸福街小学师表楼二楼小会议室正在举行"学科核心素养专题研讨会",各学科教研组长都积极参加。

会上,教务处刘主任首先就"学科的核心素养的研究"在国内教学研究的现状和意义做了简要说明,并对拟申报的课题"基于学生核心素养提升的课程与教材开发研究"的学校行为、校本研究对教育教学的影响和意义做了相关说明。她表示,开展学科核心素养的研究,首先要深入学习相关理论。然后立足课堂教学,延伸到社团活动、综合实践等进行实践研究,最终形成培养模式的校本化。

随后,威海市名师王老师借助网络展示,对"学科核心素养"做了阐释。把"三维目标的达成和学科核心素养的培养"进行了对比,重点强调了现阶段学校只有通过"学科核心素养"的深化研究才能更有效地提升育人价值。

最后,李校长做了总结讲话。她指出,只有关于"学科核心素养"的研究早起步、实研究,才能站在教育教学改革的前列,使得学生受益、教师发展、学校提升。课题研究指导小组要及时编印理论学习资料,引导全体教师学习,同时课题组要制订出详细的课题研究方案,大家通力协作,共同钻研,为学校的教育科研再添缤纷墨彩!

现在整个教育界关注的焦点之一就是"学生核心素养",未来基础教育的顶层理念就是强化学生的核心素养。

一、核心素养:开启了素质教育新阶段

什么叫核心素养? 教育部核心素养课题组负责人林崇德认为,核心素养是学生在接受相应学段的教育过程中,逐步形成的、适应个人终身发展和社会发展需要的必备品格和关键能力。它应该包含六个方面:1. 核心素养是所有学生应具有的最关键、最必要的基础素养;2. 核心素养是知识、能力和态度等的综合表现;3. 核心素养可以通过接受教育来形成和发展;4. 核心素养具有发展连续性和阶段

性;5. 核心素养兼具个人价值和社会价值;6. 学生发展核心素养是一个体系,其作用具有整合性。

所谓学科核心素养,是指核心素养在特定学科(或学习领域)的具体化,是学生学习一门学科(或特定学习领域)之后所形成的,具有学科特点的关键成就,是学科育人价值的集中体现。

三维目标和学科核心素养是怎样的关系?简单地说,我们的传统教育比较重视"双基",即基础知识与基本技能,后来觉得"双基"不完整,又提出三维目标。从"双基"到三维目标,再到学科核心素养,这是从教书走向育人这一过程的不同阶段,用简单的比喻来说,落实"双基"是课程目标 1.0 版,三维目标是 2.0 版,核心素养就是 3.0 版。

学科核心素养强调的不是知识和技能,而是获取知识的能力。学科核心素养教育模式取代知识传授体系,有助于实现从学科中心转向对人的全面发展的关注,为育人模式、评价方式的转型奠定了基础,指明了方向。可以说,这将是素质教育发展历程中的一个重要节点,其意义深远。

围绕"幸福教育"的办学理念,如何进一步实现学生的"精彩成长",是我们一直思考的问题,我们认为,学生的核心素养是整个学校课程的灵魂,统整学校课程规划和建设的各个要素,开展一场学科核心素养的改革势在必行。

二、幸福教育:学生需拥有自己的课程

为顺应教育的本质和起源,紧跟时代的发展和要求,体现师生及家长的共识,我校把办学特色定位于幸福教育。教学是实施幸福教育的主战场,理应追求课堂教学的"幸福度",让身处其中的学生和教师在教育教学的过程中体验到幸福感。幸福课堂需要什么样的课程内容做载体?教师幸福地教、学生幸福地学如何实现?怎样的评价才能有效推动幸福课堂的构建?围绕上述问题,基于学生核心素养,开展课程与教材开发研究,有系统地构建幸福课程、幸福教研、幸福课堂、幸福评价,促进学生综合素养的提升是我校素质教育变革的方向。

三、幸福纸艺:充溢着无限的艺术魅力

纸艺,广义指包括造纸艺术在内的所有与纸有关的工艺;狭义指的是以各种纸张、纸材质为主要材料,通过剪、刻、撕、拼、叠、揉、编织、压印、裱糊、印刷、装帧,装置或者高科技(如激光)等手段制作而成的平面或者立体的艺术品。

结合幸福教育特色,为什么要进行幸福纸艺课程整合的实践研究?因为幸福

纸艺是学生学习中不可缺少的重要组成部分,主要有以下几个特点:

1. 传承民族文化

纸艺盛行于民间,产生了大量优秀的民间艺术作品。纸艺是我国文化的重要组成部分,同时纸艺作品也是民间文化的重要载体。学校将幸福纸艺作为校本课程的重要内容之一,组织学生欣赏纸艺作品并动手创作,不仅对学生的动作发展、认知发展有积极的促进作用,对于帮助学生了解我国历史悠久、博大精深的文化具有积极意义。

2. 富有生活气息

纸艺是一种生活艺术。纸艺取材广泛,所表现的主题与生活息息相关。同时,纸艺作品留在人们心中的是纸的独特的艺术气质,是作者的创作激情,能起到装饰生活或者表达美好愿望的作用。

3. 取材非常方便

纸在日常生活中随处可见、唾手可得,学生可以随时随地取材,借助一些简单的工具,如剪刀、胶水等,在剪剪贴贴、折折编编中展现其想象力,发挥其创作潜力。小学生的年龄特点决定了他们的审美情感是带有行动性的,他们喜欢亲自动手试一试、做一做。纸艺活动取材的便捷性恰恰满足了小学生的这一需要,使每个学生随时随地都有动手的机会,都有展示自己丰富想象力和创造力的无限空间。

4. 技法丰富多样

纸的种类繁多,每种纸都可以用于纸艺活动中。纸艺技法丰富多样,有撕纸、剪纸、染纸、折纸、纸浮雕、纸编与纸卷等等,每种不同技法有不同的操作特点和趣味。不同的技法与不同的纸材相结合所展现的效果也不同。采用多种技法、多种纸材进行纸艺活动,不仅可以充分发挥儿童的想象力、创造力,也可以培养他们在日常生活中和多种环境下积极发现美、欣赏美、创造美的意识与能力。

我国著名儿童教育家陈鹤琴先生说过:"小孩子应有剪纸的机会。"[①]他认为剪纸有两方面的好处:"一是可以养成独自消遣的好习惯,二是可以练习手筋。"也就是说,折纸、剪纸可以使儿童安静下来,专心致志地干一件事;还可以使他们练就一双灵巧的手,进而有利于大脑的开发;同时,创作展示能积累交流的素材,促进口语表达能力的提升。苏联著名教育家苏霍姆林斯基也曾说过:"儿童的智慧在他的手指尖上。"可见,将纸艺纳入小学教育,对促进儿童的身心发展、提升综合

---

① 陈鹤琴:《家庭教育》,华东师范大学出版社 2006 年版。

素养具有重要的意义。

一张张纸,很不起眼儿,常常不被大家关注,但却是魅力无穷。经过想象力的塑造,一点点,动手制作,会呈现出各种各样令人爱不释手的作品,可以变化出千姿百态的造型,能够在交流分享中体验到幸福纸艺的乐趣! 一纸在手,可以让师生的生活多姿多彩,创造美好的生活,实现美丽的梦想!

第三节　加强学科整合　促进生命成长

2013 年 4 月 20 日上午,幸福街小学"幸福课程整合项目启动仪式"在尚德楼三楼录播教室如期举行,参与人员有学校课程领导小组成员和骨干教师。

启动仪式上,荣成市教育教学研究培训中心王主任针对当前教研教改的形式和课程整合的方式方法做了指导性发言。学校分管领导对幸福课程整合的理论、渠道、新思路进行了解析。

罗马不是一天建成的,教研教改也不是一蹴而就的,课程的整合已经在幸福街小学扎根发芽。本次会议恰似一股春风,助力学校课程整合。相信学校的课程整合也会逐步驶向快车道,登上新高峰。

课程整合,是当前我国基础教育改革深化发展的趋势和必由之路。在幸福教育理念引领下,课程整合该从哪里入手? 全校上下一直为此在努力探索。

一、成立领导小组,加强领导

学校组建了幸福纸艺课程开发与实施领导小组,校长为幸福纸艺校本课程的主要决策人和负责人,负责校本课程的总体规划,宏观调控及全面的研究和实施;副校长负责组织实施校本课程领导小组的决策、指导,协调各部门工作,对幸福纸艺校本课程的开发与研究、实施与评估进行全面调查、培训、指导和检查;教研组长负责校本课程的具体实施,指导相关教师拟定课程计划、评估教学效果,主管检查评估教师对该项校本课程管理制度的执行情况。

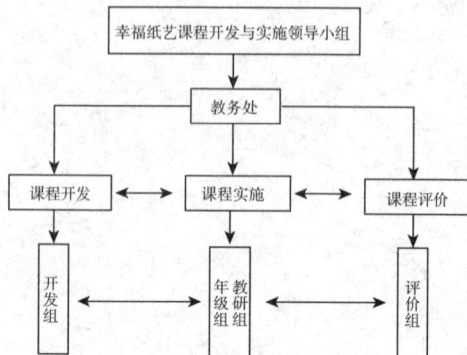

二、采取多种举措，探索实施

边学习，边研究，幸福纸艺校本课程开发与实施也在思考中扎实推进。

1. 借鉴先进学校课程整合的经验

清华附小的课程整合经验，为我们打开了思路，提供了很好的经验。

（1）学科内整合

就是在某一门学科内，在原有的国家统一标准、地方统一教材的基础上，打破以往只使用一本教材、学科内整合无法兼顾其他版本教材优势的局限，改变以往40分钟一节课的固定课时以及按统一教材设定教学内容与教学进度的课程实施方式。通过引入多版本教材、调整教学内容的重点和进度、重新设定课时长短。以语文为例，教师根据学生的兴趣和喜好，结合对教材的系统把握，将现行教材分为精读文和略读文。精读文全面覆盖、精学精炼；略读文，只要求学会生字新词、体会文章大意。在保证课时总量不变的前提下，学校根据学科与教学内容的不同，将原来固定不变的40分钟，变为长短不一的大、小课时，从而张弛有度、长短交错，使学生的学习变得更轻松。

（2）跨学科整合

这是课程整合领域研究的重点。即打破以往泾渭分明的学科间界限，以统一的主题、问题、概念、基本学习内容连接不同学科，目的是使学生在此过程中建立系统的思维方式、体验知识之间的联系。其中，以主题统领方式进行的跨学科整合最具实效。

（3）课内外整合

学科知识和社会生活紧密相连，学生的课内学习和课外活动紧密相连，学校要把这些密切相关的东西统整起来，培养学生理解和综合运用知识解决实际问题的能力。

学校为学生提供大量的自主实践平台，使学生有机会将所学知识与实际生活相联系。每学期，学校各学科甚至跨学科都要开展小课题研究，引导学生针对生活中某些问题展开实际研究。

整合不是叠加，不是拼凑，而是基于学生生活的建构和生成较高层次意义的创造，这是一个不断优化的过程。

2. 幸福纸艺课程整合的理念体系

随着对幸福纸艺课程开发实施的深入，研究者对课程整合的价值体现、实践意义也逐渐清晰。

（1）幸福纸艺课程整合的价值体现

　　幸福纸艺课程,一方面强调幸福纸艺对学生艺术修养的养成和审美情趣的提高的价值;另一方面,又挖掘幸福纸艺教育的"辅德和益智"功能,即强调在幸福纸艺主题活动中为学生的身体健康、语言获得、社会交往、科学探究等的发展提供促进作用。另外,在幸福纸艺主题设计时,有意识地在活动中渗透本土、民族、国际化等多元文化的因子。

　　(2)幸福纸艺课程整合的实践意义

　　幸福纸艺课程整合,有着深远的意义,不仅在于激活教师的课程领导力和教学创造力,也是促进学生素养提高的途径。

　　①跨学科整合,提升综合素养

　　幸福纸艺课程属于特色校本课程,它首先应该是跨学科的整合,融美术、语文、品德和信息技术等学科于一体,发展学生多方面的能力。

　　幸福纸艺与美术课程的整合。这二者的整合能够不断丰富学生的艺术体验,升华学生的情感,引导学生感受美、发现美、创造美,全面培养学生的视觉能力、造型能力、动作协调能力、语言表达能力等,协调学生的形象思维和科学思维,提高学生的智力和创新能力。

　　幸福纸艺与语文的整合。叶圣陶先生说:"生活就如泉源,文章犹如溪水,泉源丰盛而不枯竭,溪水自然活泼地流个不歇。"①的确,多姿多彩的生活是语文学习的源头活水。在幸福纸艺课程实施过程中,可以进行"在纸编实践活动中培养小学生口语表达能力"的小专题研究,多方入手,组织简单、有效的语言训练。一是可以回顾学过的技法,练习巩固,以"理"促说。上节课学习了什么技法? 这节课要学习什么? 都可以引导学生做一做、说一说,在梳理中促进学生表达能力的提高。二是可以结合完成的作品,引发想象,以"想"促说。结合学生自己的作品,充分让学生手、脑、口并用,边做边说,或做完解说。其次,可以结合老师的作品。人脑信息的70%～80%是靠眼睛获得的,因此我们在课堂及活动中要有目的地训练学生观察周围的事物。这样看、说结合,既教会学生观察事物的方法,增长知识,又提高了语言表达能力。三是可以利用小组的创作,展示推介,以"展"促说。小学生争强好胜,通过作品展评可以为他们提供展示自我的空间,使其具有一种成就感,激发更大的参与兴趣。为了以"展"促说,教师在课堂上把展示与推介有机结合。推介中,不仅要介绍作品是怎样完成的,还需要说说作品的主题,作品里融入怎样有趣的故事。这样的要求,对于每一个小组来说都是一种挑战,因此小组成员更会齐心协力,一起想、一起做、一起说。在系列的研究、创作、展示活动

---

　　①　叶圣陶:《文章例话》,辽宁教育出版社2005年版。

中,学生不仅可以展开丰富想象,也能发展思维,提高语言表达能力。

有效的实践课堂,扎实的语言训练,它不一定非得去追求活动设计的新奇热,更多的是它应去掉浮华,去简简单单地教学,扎扎实实地训练,实实在在地提高学生的语言表达能力。

幸福纸艺与品德的整合。幸福纸艺是一门精致的艺术,因其极具表现力,还应把思想品德教育寓于幸福纸艺活动之中,以感染、吸引为手段,引导学生在潜移默化中受到教育。一是幸福纸艺活动中,成立合作小组,培养学生的合作意识;二是在访问调查中,学生的礼仪交际能力得到锻炼;三是通过幸福纸艺,引申到学生对我国民间艺术探究的兴趣,领略我国民间艺术的神奇魅力,增强民族自豪感和自信心。

幸福纸艺与信息技术的整合。信息技术与课程的整合,是普及信息技术教育的关键。幸福纸艺与信息技术的整合能做到:加强视觉冲击,丰富创作素材;设计制作动画,增加学习兴趣;演示制作步骤,方便快捷之选;作品展示评议,欣赏课之瑰宝;小组合作,利于师生互动。两者的整合,能直观、形象、生动、多角度、立体式地展示幸福纸艺,使学习化难为易,化复杂抽象为直观形象。同时,通过对视觉、听觉、触觉等多样化的外部刺激,为学生提供更多的认知和学习途径,以提高观察力、想象力,培养发散思维。

②课内外整合,增加实践体验

幸福课程纸艺整合,也是课内外的整合。设计——完成——装裱——赠卖,每个环节都有着丰富的情感体验。

幸福纸艺作品初稿设计过程:教师可以带领学生走出教室、走进校园、走进社区、走进大自然,去寻找自己心仪的画面,或者用绘画的方式设计、以拍照片的方式再用电脑加工的方式设计自己所喜欢的幸福纸艺作品的初稿。此过程是开放的过程,可以统一组织,也可以布置任务小组活动,还可以和家长一起完成。这样就摒弃了原来的老师拿什么稿子,学生就完成什么作品的固定模式。

幸福纸艺作品的完成阶段:在设计完自己喜欢的幸福纸艺作品初稿以后,就要在课堂上进行纸艺的方法指导、技巧训练,接着引导学生选择自己喜欢的方式完成幸福纸艺作品的创作。

幸福纸艺作品的装裱完成:在创作完成幸福纸艺作品以后,分小组进行作品的装裱。学生可以自己找师傅学习如何装裱幸福纸艺作品,再亲自动手操作进行组内作品的装裱工作。

幸福纸艺作品的赠送义卖:学生可以在母亲节、父亲节、教师节等特殊节日,向自己的亲人、老师赠送自己亲自设计完成的幸福纸艺作品,写上一段话,祝福亲人、师长;双休日走进社区,看望老人,赠送佳作,学会感恩;暑假组成小分队,在校内外进行幸福纸艺作品的拍卖、销售,感受现实的交易过程。

总之,在研究实施的过程中,整合的不仅是课程,也要同时记录开展研究的心路历程,凝聚幸福团队的精神和力量,力求在更大的层面上扩展提升。

☞**成果分享**

幸福纸艺助力小学生综合素养的提升

小学阶段,承担着为小学生奠定坚实的素质发展基础的任务。素质教育应包括对学生的思想品德素质、科学文化素质、身体素质与心理素质等的培养与教育,纸艺是集上述各种素质的开发、培养和训练于一体的整体性教育课程。纸艺作为手工创作艺术,看似简单,却对小学生的素质发展有很大的作用。

幸福纸艺指巧妙地利用学生身边容易找到的各种不同材质、色泽、肌理的纸材料包括旧挂历纸、色卡纸、瓦楞纸、皱纹纸、海绵纸、包装纸、废弃的纸盒、纸杯、纸盘等进行融艺术性与趣味性的平面或立体造型,在艺术想象的作用下展现出无限的艺术魅力。具体作用如下:

一、幸福纸艺可培养对色彩的感受能力

用来做纸艺的纸,除了用过的旧书,读过的旧报纸,陈年的挂历纸以外,还可以是色彩丰富的皱卷纸、收缩纸、拉伸纸、厚纹纸、弹性纸等。学生用这些色彩丰富的纸进行纸艺的手工制作就能够很容易地认识各种色彩和它们的合理搭配,这比空洞的色彩教学更加生动和有趣,效果也更好。

二、幸福纸艺可以培养学生的动手能力

人们常说"心灵手巧",这句话若倒过来说成是"手巧心灵"就更具有真理性了。因为"心灵"的人不一定手巧,而"手巧"的人一定"心灵",这有一定科学道理。简单地说,双手的运动可以促进大脑的发育,开发儿童的智力。幸福纸艺的制作可以让学生每只手上的28个关节和33块小肌肉充分地动起来,增强学生手脑的协调能力。

幸福纸艺的制作可以让学生充分地动起来,满足学生的生理和心理需求,促进学生生动活泼、愉悦健康地发展。纸艺的制作,需要学生对纸张进行裁剪、折叠等工序还要用到剪刀、尺子等工具,这样在无形中就培养了学生的动手能力。

三、幸福纸艺发展学生的数学思维能力

在纸艺制作过程中,学生能很自然地接触到长方形、正方形、圆形、三角形等几何图形,通过三角剪、四角剪、六角剪、连续剪、对称剪等技巧的传授与运用,可以很好地让学生体会数学中的对称、重复、平移等知识。而这些知识,在数学学习中不好理解掌握,而在纸艺制作中却能迎刃而解。学习折纸,立体图形的空间对称问题会出现不少,在操作中观察发现,可以为今后的数学学习打下基础。

四、幸福纸艺可以提高学生的审美能力

通过对纸的剪、折、叠、刻、粘贴、压等方式处理,可以做出各色纸花、中国传统的剪纸窗花、大红的灯笼、可爱的小动物、优美的山水画等。纸,在学生的手中可以变化成各种美好的事物,极具美感。正是因为纸艺作品中蕴含这种美,才会有不少的人喜欢纸艺的创作、痴迷于纸艺的开发。借助多种多样的纸艺佳作,吸引学生的学习兴趣,使他们乐于创造、乐而不疲。

五、幸福纸艺可培养学生创新思维能力

幸福纸艺创作,有助于引导学生发挥想象力,动手动脑积极创新。日常生活中多种多样的物品、大自然中各种各样的动物,乃至成语故事、趣味游戏等都可以是纸艺制作的内容。多样的内容,不同的纸张,吸引着学生去实践、去创造、去展示,通过动手动脑的实践活动学生可以获得丰富的感性体验,从而有利于创新思维的培养。借助纸艺创作,不仅能够培养学生的创新思维和实践能力,也能促进学生学会观察、大胆想象、积极思考能力的提高。掌握了一些基本的纸艺技法,学生就会运用它们去推陈出新,在尝试改变中满足自己的好奇心、求知欲,在不断的推介展示中获得老师的称赞、家长的肯定和同伴的认可与鼓励。

总之,幸福纸艺课程的开发与实施,能够助力学生综合素养的不断提升。随着幸福纸艺校本课程的扎实推进,纸艺对小学生素养提升方面的作用会引起各级的关注与推介。这一校本课程的实施,会越来越展现其独特的魅力,吸引着教师、学生与家长的兴趣。

"纸"为心动——探索现代纸艺的魅力

纸艺具有很长久的历史,文化底蕴深厚,具有多样的表现艺术手段。怎样才能更好地完成创作? 就需要我们将自己的审美淋漓尽致地展现,秉承前沿的艺术理念,让自己的创作更加奇特、有内涵,更加引人注目,这是广大纸艺爱好者所追

求的境界。

一、纸艺，综合情况

1. 纸无替代

在古代，文化的传播与发展速度的变快得益于纸的发明与展。根据考古记载，早在公元105年的西汉，就有人利用废旧的渔网、旧衣物、树皮及麻来造纸；在公元200年的美洲，玛雅人使用野生无花果树树皮内层造纸，并将他们的象形文字书写于这种纸做的书籍上。因为有了纸，才使得人类的历史可以保存和记载下来，文化交流也可以较大规模进行，宗教及文化艺术都得到了广泛传播和空前的发展。

在日常生活、学习、工作中，纸非常重要，有着各种各样的用处。人们每天的生活，都需要不同种类的纸张，好纸币、生活用纸、工业用纸、印刷品等等。随着社会的发展、科技的进步，纸张已经涉及国防、科研活动。纸的种类各式各样，主要有商业用纸、特种纸两大类，不论在生产生活，还是国防科技，纸的作用已经不可替代。

2. 纸艺的概念

纸艺是以纸为材料，通过刻、雕、折、卷等各种手法，运用形态、色彩、肌理对比等构成手段，按照一定的造型原则重新组合而成。人们将所有以纸为主要创作素材的艺术形式统称为"纸艺"。纸艺的类别从空间形式上分，有平面和立体之分；从使用材料上分，有纯纸质材料和综合材料之分；从制作上分，有手工纸艺和机制纸艺之分；从功用上分，有观赏类和实用类之分。纸艺作品的类型很多，有形态逼真的手工纸艺花、有质感突出的立体纸艺还有追求纸的肌理和材质美的拼贴作品、以纸浆为主要材料的平面或立体的艺术作品。不同的纸艺作品因为所选用的纸的不同也都别具风格。

几年来，世界各国都比较重视纸艺，水平很高，主要是因为纸材料比较便宜，具有较好的可塑性，是非常好的艺术创作素材。在影视广告、书籍装帧、舞台背景、橱窗展示、环境装饰、服装设计等许多地方，纸艺发挥着重要的作用，可以说用途很多，作用很大。

二、纸艺，现代艺术

1. 传统纸艺，令人赞叹

剪纸最早源于我国，历史非常久远。据记载，南北朝时，我国就有最早的剪纸，人们利用剪纸来表现各式各样的民俗风情。新疆出土的"对猴""对马"等团花剪纸,是我国现存的最早的南北朝剪纸实物,那时的人们用折剪方法来展现一些民俗,造型古朴,生动有趣,剪镂技法也十分熟练,十分佩服古人的智慧。如今,纸艺已经传播到了世界各地,各民族都非常流行用纸艺来装饰,这是一种值得传承的艺术。

传统纸艺,分为剪纸、折纸两种。折纸又称"工艺折纸",是一种将纸张折成各种不同形状的艺术活动。折纸发源于中国,后来经日本的研究,我国的折纸又有了很好的发展。剪纸与折纸,需要丰富的想象力和大胆的创造力,并将二者有机融合,需要人心灵手巧、眼明手快,是一种极富创造力的民间艺术形式;剪纸与折纸,都是有着深厚的历史底蕴,又继续向前发展的传统纸艺。

2. 现代纸艺,不断发展

"现代纸艺"有两层含义:一是指其作为现代艺术的一种,二是泛指现今一切以纸为材料、以手工制作为特征的艺术作品或手工艺品。

很多艺术,在传统与现代是有所不同的,纸艺也是这样。现代纸艺既是对传统纸艺的继承,又是一种创新。在传统纸艺推进过程中,艺术家们努力探究纸材料本身的魅力,继续学习和探索纸材料的制作技巧,让"纸艺术品"有了许多新奇的改变、创新的变化。纸,虽然敏感、纤细、脆弱,但又是可以千变万化的。艺术家运用纸材料,运用其各种富有表现力的手法和技巧并在此基础上不断创新,展现其丰富多彩的肌理与质感,引发人们对美丽自然、原始生态的无限向往。各种富有艺术感染力的纸艺作品,不仅展现了美,也蕴含着热爱生命、积极向上的积极情感。

20 世纪初,随着现代纸艺的迅速兴起,印象主义、立体派、野兽派、表现主义等都运用纸艺来一一展现自己的艺术理念,各具千秋,视觉艺术史上有了空前的兴盛,各类艺术派别竞相比美。一些综合材料、各类印刷品的大量使用,给传统的架上艺术带来了全新的改变。毕加索、布拉克采用了不同材质的纸在画布上拼贴成作品,丰富的肌理效果和凹凸的视觉"触摸感"都非常有特色,是现代纸艺的卓著代表。此外,马蒂斯的"野兽派"剪纸,包豪斯早期课程中关于材料的实验,都是现代纸艺的源头与先声。20 世纪 90 年代伊始,中国艺术家吕胜中创造了剪纸小红人,将剪纸艺术提升到了一个新的高度。"小红人"在各地巡回展览,走进了欧洲,引起了巨大轰动。

诞生、发展,有着百年历史的现代纸艺,如今形式更丰富、艺术表现力更强,艺术家在参与创作、推陈出新中,进一步展现了纸艺的艺术魅力。崇尚自然、追求创新的现代人,逐步诱发了一种怀旧情怀和对传统工艺的重新认识,也会进一步推动和繁荣纸艺的创作和发展。"纸"为心动,展现魅力。

三、纸艺,美学价值

1. 现代纸艺的审美价值

纸艺具有艺术创作和手工艺两种属性。在现代纸艺中,手工艺性日益成为艺术家自我创作表达的重要手段,彰显一种艺术的"自由"。艺术和手工艺之间,联结着纸艺,也联结着精神世界和现实世界。

现代纸艺在形式语言上有了较大变化,超越了传统纸艺,开始关注与探索纸材料和技巧。以往的传统纸艺,比较看重的是作品要表达怎样的主题、如何进行构图、怎样色彩搭配。而现代纸艺则更多地关注肌理、造型、材质本身,怎样较好地融合各类元素,并表现美感,展现个性。不同材料的纸可以相互搭配,随意组合,处处为美。这样的现代工艺,更加追求原始文明和表现方式,具有能够"返璞归真"的后现代艺术特征,从而更具特色,更有创造力。

现代纸艺的创作具有游戏的本质,愉悦的、非功利性的,其意义生成于创作活动本身而不在结果。艺术主体在按照"美的规律"认识、体验客体的过程中,体现出自由和自觉的创造意识,同时也在不断地创造审美价值。

2. 现代纸艺的物质材料和艺术语言

艺术是人类审美意识物质形态化的表现。任何艺术都有自己特殊的物质材料和艺术语言。纸艺也是一样,运用了材质、造型、肌理、色彩、光影等视觉语言。这些物质材料和艺术语言,使得本来仅存在于人们头脑中的审美意识"物化"为可以供他人欣赏的艺术品。这样,艺术就成为传达和交流人们审美意识的一种手段。

首先,是材质运用的不断拓展和创新,使得纸艺发展迅速进入现代纸艺阶段。就材料而言有纯纸质材料和综合材料之分。艺术家运用纸材料创作各种作品来表达自己的审美感受和艺术理念,将材料的魅力表达得淋漓尽致。现代纸艺除了探究各种纸材质的表现外,还使用了众多的综合材质,如纤维、塑料、羽毛、贝壳等等。现代纸艺所使用的材料、制作的手段也大大地超越了以往,追求纸材质、形式的美感,达到多元化价值的体现,从而使材料生动丰富的表现性、质感肌理的艺术语言成为了当代艺术中十分重要的造型要素。艺术家常利用材料之间的对比要素,以及每类材料的视觉与触觉特征,来表达不同程度的造型效果,对材料选择自然而然地体现着个人的审美观点。

其次,现代纸艺造型艺术已经从二维、三维向多维方向发展。在艺术的表现上自由自在、不受拘束,从而有了更多的创作可能性和挥洒自如的空间。制作二维的平面作品,可以在制作纸浆时加入一些粗糙的纤维,还可以通过压纹、裱糊、拼贴、折叠、染色等手法,得到特殊效果的二维作品。立体表现造型可以直接以纸浆造型或用裱糊的方法造型,还可以借助骨架造型。综合材料造型是指纸与纸浆结合其它材料的配合成型。空间塑造造型多为装置艺术或场景艺术。艺术家常把光与影也利用到空间造型中去,从而达到作品与环境的高度统一。更有甚者在这种纯属空间造型的语言中,同时加入时间的概念,展示生命从鲜活到枯萎,使生死轮回、鲜枯变灭的内在意蕴渗透到观者的内心从而得到哲理的体悟。

再次,现代纸艺的肌理具有独特的审美价值。纸艺作品的肌理感觉既有触觉质感,又有视觉质感。通过手工制作,将纸的平面特征转化为立体特征,利用自然肌理和人为加工产生变化无穷的效果,将视觉艺术延伸为触觉艺术,极具含蓄之美。触觉感受使人们接触客体而产生形状大小、软硬、凹凸、起伏等特征和各造型部分的空间位置的不同感受,从而产生深层的刺激与促发,影响到人的审美情感与意念。自然肌理就是对纸张本身固有肌理的再现,它纯粹、真实,魅力永恒。人为肌理常采用皱、扎、撕等多种手法使表面产生新的效果,使肌理的层次感丰富起来,大大丰富了纸艺的图形语言存储量,赋予了作品独特的内涵和魅力。

最后,现代纸艺的色彩具有独特的感情特征。色彩具有鲜明的个性特征,不同色彩能够引发人的不同心理反应。艺术家运用纸张本身的色彩,充分体现纸张的质地美,给人回归感,恰当利用物体材质的自然色,再结合一定美学原则,会创造出一种自然、古朴的意境。当然有时为了表现某种特殊效果就要进行人为的色彩处理,从而达到与主题相一致的感情特征。在实际运用中,色彩与光常常一起出现,纸艺作为一种立体形态,在光的照射下会产生凹凸不平的量块变化,加强了空间深度与层次,具有鲜明的视觉效应和形态美感。朴素的冷调,给人以严肃、单纯、稳重的感觉;鲜艳的暖调,给人以热情、活泼、丰富的感觉。

人们的审美心理是受主客观双重因素影响的,欣赏者的审美取向影响了纸艺作品的审美价值取向,同时纸艺不断创新的样式也引导着人们的审美趣味和价值取向。现代纸艺符合现代艺术发展的规律,具有独特的审美价值,其材质、造型、肌理吸引着广大的艺术爱好者和收藏家,激发着艺术家的创作灵感。或许是因为身处如今日渐发展的高科技环境,纸的简约平凡更能唤起人们心灵深处的怀旧情怀,释放艺术家创作的激情。

现代纸艺给人一种理性和感性相结合、沉静和活泼相结合、韵律和节奏相结合的美的享受。它运用抽象的或是具体的各种符号来表达感情,切合现代人的审美心态,也是现代紧张节奏下人们精神生活的需要。现今技法娴熟、风格迥然、沁人心脾、独树一帜的现代纸艺散发着它独特的艺术魅力。

四、纸艺,技法多样

纸艺的表现技法很多,随手剪出的纸片可以拼贴出各种不同的图形;折叠和弯曲的纸可以产生冲击力很强的视觉效果;植物纤维、其他综合材料混合也可以压成肌理丰富的艺术纸张或塑造出不同形态的纸艺作品。

1. 平面拼贴

平面拼贴是一种将各种纸剪开或撕碎后重新组合的方法。这种技巧的特征在于从整体上审视它是全新的,但组成它的每个部分却是原有的。在纸艺创作中将这些原有的不同部分尽量巧妙地整合在一起,把无序变成有序,把琐碎变为整体。通过概括的手法重点突出主题,省略细节;通过组合的手法把多个单独的形象有目的地安排在一起,使之成为一个富于整体感的艺术形象;通过移动的手法重组秩序与节奏,在画面处理上更具灵活性,随意移动变化,反复增减直至获得令人满意的效果。

2. 折叠

折叠就是把纸的一部分折过来与另一部分挨在一起,使平面的纸张产生凹凸起伏的变化,一张纸经折叠后可产生两个或更多的面。折叠的技法促成了“工艺折纸”的发展。折纸的难度在于怎样折出作品的真正精髓及展现作者背后为作品赋予的生命力。

3. 压纹

压纹是一种常见纸艺表现技法,使用凹凸模具,在一定的压力作用下使纸产生塑性变形,从而对纸表面进行艺术加工。经压纹后的纸表面呈现出深浅不同的图案和纹理,具有明显的浮雕立体感,增强了纸艺作品的艺术感染力。这种方法在书籍封面、贺卡、包装等印刷品上较为常见。

4. 纸浆塑型

纸浆是以植物纤维为原料,经不同加工方法制得的纤维状物质。经过加工后可以产生厚薄不同的变化,还可以通过挤压、压皱、补拼、撕裂、卷折等手法或使用模具成型。纸浆塑型后在未干时塑型、染色,或干后在表面着色、喷涂、彩绘,但应注意在未干时衔接,这样干后就不会有明显的接痕。纸浆形状变化较别的纸艺技法也更丰富、灵活,它所呈现的色彩饱和度以及肌理效果是其他手法和材料无法体现的。

5. 其他表现技法

除了上述表现技法外,制作纸艺常用的还有:弯曲——借助一定的工具对纸进行加工,包括切、挖、折、弯曲,使之产生强烈的视觉冲击力和空间的张力;

染——将颜料浸、涂或喷在纸上,利用纸的吸水性通过想象及创作需要制作成各种图形,使之色彩生动、画面丰富;皱——利用纸柔软易皱的特点,处理成凹凸不平的肌理效果;编织——纸剪成条状或搓成纸绳以后,再编织成型,可制作成较为复杂的、有层次变化的作品,其作品会有起伏的肌理或整齐的序列感;烙——对纸进行烙、烧、熏的加工处理,使纸产生不规则的烧烙痕迹,给人以残缺美,特别是一些吹塑纸等易氧化的纸,则是烙、熏最适合的材料,可以烧出各种图形,如圆点、曲线、线痕等,来表现镂空、立体的雕刻效果。

三个结合 凸显幸福纸艺特色

对于幸福纸艺课程的开发与实施,我校尝试做到"三个结合",即幸福纸艺与日常生活相结合、与校园美化相结合、与德育教育相结合,凸显幸福纸艺特色。

一、幸福纸艺与日常生活相结合,讲究环保

为使幸福纸艺课程落到实处,我校各年级每周开设1节课,安排教师进行指导培训,并积极引导学生充分利用周边的可利用资源,因地制宜,变废为宝。这不仅可以培养学生的实践能力,更能提高学生自主探究创新的能力,从而促进学生的全面发展。

二、幸福纸艺与校园美化相结合,因地制宜

从学生对纸艺的渊源、表现手法甚至纸艺与其他课程的整合等问题入手,用纸艺的材料制作各种精美的纸花、吊饰等,可以把我们的校园打扮得更加美丽。另外,在学校走廊上,展示学生的研究性学习成果——纸艺的渊源、纸艺的工具、材料介绍、不同民族风格的纸艺艺术、纸艺名家及名家作品欣赏等。通过此类活动让学生以课题的形式了解我国纸艺的渊源,了解本门类的艺术特点、表现手法,各地的纸艺风格,以及纸艺艺术所蕴含的文化。

在此基础上,我们把平时的研究与实践加以归类总结,并以理论成果的形式展示出来,真正使幸福纸艺成为既有实际的成果展示,又有深层次理论研究指导的特色课程。

三、幸福纸艺与德育教育相结合,润物无声

在幸福纸艺制作过程中,不失时机地对学生进行德育教育。将幸福纸艺寓于德育之中,注重引导学生感受幸福纸艺的魅力。以幸福纸艺为主线,发展学生的特长,提高审美情趣,渗透民族教育。学生在幸福纸艺活动中,成立合作小组,培

养了学生的合作意识,在访问调查中,礼仪交际能力得到锻炼。借助幸福纸艺,引申到学生对我国民间艺术探究的兴趣,领略我国民间艺术的神奇魅力,使学生增强民族自豪感和自信心。

走近幸福纸艺　感受无穷魅力

以往,自己对纸艺的认识和其他人一样,仅仅停留在孩童时期的折纸与剪纸上。然而,在幸福纸艺课程的实施过程中,随着参与研究的逐步深入,我对现代纸艺的认识发生了很大的变化,也真正了解了幸福纸艺,感受到它的无穷魅力。

一、便于创作,创新空间大

纸材料不仅价廉易得、表现形式多种多样,同时更是一种极佳的手工创作素材,借助一些简单的工具如美工刀、剪刀、胶水等,在切割剪贴中即可发挥人超强的创作潜力。因为,纸的可塑性极高,从"干"状的创作如折纸、剪纸、纸雕、纸模型,到"湿"状的手工造纸、纸黏土雕塑等,无一不是工艺独特、风格别致。借由纸材料的这一特性,我们可以让学生在动手制作纸艺作品的同时,充分发挥他们的想象力和创新能力。

现代纸艺在造型上既可融入华夏五千年的古老神秘文化,也可采用西方现代夸张、大胆的手法。在构思作品的过程中,学生可以充分展开想象的翅膀。教师在授课的过程中只要稍加引导,多留给学生创新的空间,他们就能够用单一的材料幻化出千奇百怪的纸艺作品,如在利用废挂历纸贴画的过程中,没有图案完全一样的挂历纸,学生只能根据自己手中的材料结合自己的想象力,可简单,可复杂,可大型,可小型,可单干,可合作,可平面,也可立体地进行创作;在折纸人偶的教授过程中,可以教会学生折叠一个基本型,然后引导他们用大大小小的纸张折出基本型,组装成人偶的个个部件。学生通常会自行设计出人偶的不同造型、动作甚至佩饰。在课堂中要告诉学生,在纸艺的创作中,除了对纸的选择以及对纸成型技巧的把握外,更重要的是将生命的气息带进纸艺的创作中,凭个人的灵感及创新,赋予作品全新的生命,而不仅仅是简单的模仿。

二、现代纸艺有着深厚的文化底蕴和历史积淀

纸艺很古老,从公元前3000年古埃及尼罗河流域的纸莎草薄片至中国西汉时期的植物纤维"纸"到明确意义上的东汉蔡伦造纸术发明的纸;从东方平面或立体的剪纸、折纸、纸扎(彩灯、风筝、欢门、明器纸扎、戏曲人物纸扎等等)到西方二维或多维的剪影、纸拼贴、纸构成、纸雕塑、纸装置、纸浆艺术、实用纸艺等等;从民

间艺人的乡土纸艺,到印象派、立体派、野兽派、表现主义及包豪斯的现代纸艺,源远流长,生生不息。

就其中的剪纸来说,它是中国民间文化艺术的瑰宝,一直以来以它质朴简练的特色在淡泊中延续发展。因其材料易得、成本低廉而普遍受到群众欢迎。以前,全国各地都能见到剪纸,甚至形成了不同地方的风格流派,成为一门创作群体性、产地普遍性和风格独特性的民间艺术。

曾几何时,一把剪刀,几张小纸,就能伴随少年儿童在剪剪贴贴中度过一个充满创意的童年。然而,如今的孩子对这些细腻的传统文化已所知无几了,他们再也体会不到折纸、剪窗花、糊灯笼、扎风筝的那种有趣和满足感。在当今社会都忙着为独生子推销那些绘画、钢琴、电脑等所谓的高雅技能的时候,不少西方国家却反其道而行,倡导越是简单的原创就更能训练儿童的思维、想象力与动手能力,从而启发儿童最原始的创意潜能。

教育专家曾疾呼:我们培养的人才必须有深厚的民族文化底蕴,并能了解和吸纳世界一切民族优秀的文化成果,只有这样,我国才能立于世界民族之林,才能在世界竞争中维护国家与民族的正当利益,并对世界文明的发展做出应有的贡献,我们不能让如剪纸之类的民族传统艺术消亡。

我认为在对待纸艺教育上,我们应该推行鲁迅先生的"拿来主义",将国外的优秀的纸艺创作门类与本土纸艺文化相结合,让学生们在学习、实践、感悟、创新的过程中提升自己,使他们拥有更丰富的人生,同时也让纸艺得到进一步的传承和发展。

三、现代纸艺教学中可以渗透美育、德育以及环保教育

近代教育家蔡元培先生指出:"美育者,应用美学之理论于教育,以陶冶感情为目的者也。"劳技教学中的美育就是将美学理论运用于劳动实践过程,培养和提高学生对自然美、社会美和艺术美的理解、鉴赏和评价能力,养成高尚的审美情趣,形成健康的审美情操,并且通过课堂上的动手实践去欣赏美、发现美、表现美、发展美和创造美。纸艺教学作为一种美育的手段,对启发学生的想象力,锻炼心灵手巧和胆大心细的品格,有着不可低估和得天独厚的作用。

德育是教育的一个重要组成部分,在纸艺教学中除了能够渗透美育以外,还能渗透德育教育。如在欣赏剪纸作品、讲述剪纸历史的过程中,能使学生感受到祖国优秀传统艺术的灿烂,鼓励学生树立民族自尊心,产生爱祖国、爱祖国悠久的历史与文化的思想情感。

在人类社会跨入 21 世纪的今天,随着科技的不断发展,人们生活水平在日益

提高,但是环境污染问题却日趋严重,可持续发展和环境保护已越来越被人们所重视。因而,我们更应该在课堂上对学生进行环保教育,让地球未来的主人们知道环境污染的危害。纸艺教学中的环保教育可以从取材中入手。在制作的过程中,让学生充分利用生活、学习中的废旧纸张来制作各类纸艺作品,变废为宝,节省资源。如用棒冰纸卷做门帘、窗帘、纸花,用旧挂历纸贴画,用废报纸剪纸等等。寓教于乐,培养学生的环保意识,为他们将来成为具有环保观念的人,创造一个良好的开端、奠定扎实的基础。

四、现代纸艺贴近生活,具有很强的实用性

纸艺以其环保的优越性、制作的简易性、展示的艺术性显示出广阔的实用前途。我们可以把学生的纸艺作品同校园美化、校园活动、家庭装饰结合起来,充分调动学生的学习积极性。当一些普通的纸,在学生们手中变成飞翔的蝴蝶、绽开的花朵、可爱的时装小人时,他们不仅获得了愉悦更充满了成就感。他们会很乐于将自己创作完成的作品陈列、展示在教室和校园橱窗中。与此同时,一幅图画、一套纸风铃、一捧花朵、更是能够轻易地将校园装点得无比美丽。再说到家庭装饰,它是和学生自己的生活紧密联系的,更是学生向来访的客人和亲友展示和炫耀自己纸艺制作水平的机会。例如,用厚纸板等材料动手制作一个笔筒,用特殊的纸材料制作各种精美的纸花、吊饰等,可以把我们的家装饰得更温馨、更漂亮。

纸作为一种方便易得、价廉物美,敏感性、可塑性、拓展性上乘的"原始"的工艺创作材料,决定了这种简便的手工制作——纸艺。它作为一种载体在劳技教学中有着广泛的适用空间。现代纸艺以其"原始"的材料、"古老"的历史和古朴而又现代的创作理念三位一体有机融合的"另类"风采吸引了人们。它能够让学生既动脑、又动手,既展开想象,又实践创作,在愉快轻松的氛围中,充分挖掘纸艺制作的潜能,综合已有的知识经验,把语文、数学、美术、综合实践活动及劳动与技术等学科知识结合起来,体现知识的真正价值。

综上所述,现代纸艺具备的种种自身优势,使这个项目将技术与艺术完美结合,为全面发展学生的能力与素养创设了合适的学习平台。

☞ **学校调查**

教师校本课程开发调查问卷

各位老师,大家好!感谢您此次调查问卷活动。这次调查仅用于幸福纸艺校本课程相关课题研究提供参考数据。希望得到您的大力支持!

1. 您的教龄是(　　)。

　A. 1 年以下　　　　　　　　　　　B. 2～5 年

　C. 6～10 年　　　　　　　　　　　D. 11～20 年

　E. 20 年以上

2. 您了解"校本课程"的含义吗?(　　)

　A. 非常了解　　　　　　　　　　　B. 了解

　C. 比较模糊　　　　　　　　　　　D. 不了解

3. 您对传统纸艺有什么看法?(　　)

　A. 传统纸艺很有特色,值得融入校本课程　B. 传统纸艺已经过时了

　C. 传统纸艺能促进学生的动手能力和创造能力

4. 在校本课程开发中,您对教学内容是如何拓展的?(　　)

　A. 根据自己的专长兴趣　　　　　　B. 利用本地资源

　C. 结合本地人文特点

5. 您尝试过利用地方乡土资源开发课程吗?效果如何?(　　)

　A. 开发利用过,效果很好　　　　　B. 开发利用过,效果不好

　C. 有开发利用过的想法,但从来没有实行　D. 感觉没有任何意义

6. 您在开发校本课程的过程中和下面哪些描述比较接近?(　　)

　A. 直接编好校本教材进行教学

　B. 边编写校本教材边开展教学实验

　C. 在教学中积累的资料整合成校本教材

　D. 让学生参与进来师生共同开发

7. 您是如何评价学生学习校本教材内容的效果的?(　　)

　A. 平时作业　　　　　　　　　　　B. 课堂表现

　C. 测试　　　　　　　　　　　　　D. 作品

8. 您觉得您的校本教材教学效果如何?(　　)

　A. 很满意,学生积极主动学习,学习效果很好

　B. 还可以,学生比较主动学习,学习较有效果

　C. 很不满意,学生对于校本课程不重视且学习效果不好

9. 您觉得开发校本课程的最大困惑是什么?(请用文字来描述)

关于小学生对传统纸艺了解情况的调查问卷

亲爱的同学,大家好!感谢您参加此次问卷调查活动!这次调查活动仅用于校本课程开发课题研究提供参考数据。请你如实回答问题,谢谢配合与支持!

1. 你最喜欢上哪些类型的美术课? (可多选)(　　　)

A. 手工制作　　　　　　　　B. 泥塑

C. 欣赏评述美术作品　　　　D. 画画

E. 户外写生

2. 你知道什么是传统纸艺吗? (　　　)

A. 知道较多　　　　　　　　B. 知道一些

C. 不知道

3. 你希望在学习中了解一些本地纸艺方面的知识吗? (　　　)

A. 非常希望　　　　　　　　B. 希望

C. 想了解一点　　　　　　　D. 不希望了解

4. 你想尝试纸艺工艺制作吗? (　　　)

A. 非常希望　　　　　　　　B. 希望

C. 想了解一点　　　　　　　D. 不希望了解

5. 如果让你参与课程学习内容的选择,你会选择什么内容? (　　　)

A. 剪纸　　　　　　　　　　B. 纸编

C. 折纸　　　　　　　　　　D. 衍纸

6. 在美术学习活动中,你是否喜欢几个同学合作完成一项任务? (　　　)

A. 非常喜欢　　　　　　　　B. 喜欢

C. 一般　　　　　　　　　　D. 不喜欢

7. 你认为现在的校本课程,需要增加一些动手操作的内容吗? (　　　)

A. 不用增加　　　　　　　　B. 可以加一点

C. 多增加一点　　　　　　　D. 可有可无

8. 你是否觉得手工制作是女同学的特长? (　　　)

A. 是　　　　　　　　　　　B. 不是

9. 你愿意尝试和老师一起开发校本课程吗? (　　　)

A. 愿意　　　　　　　　　　B. 不愿意

第二章　课程开发
结合年级特点　编写幸福纸艺教材

　　校本课程的开发是对教育迎接新世纪挑战的一种回应,是贯彻落实中央《关于深化教育改革全面推进素质教育的决定》、实施素质教育对学校提出的必然要求,是学校充分发展办学优势和特色,积极参与国家创新工程,贯彻落实国家的教育方针,促使学生和谐发展继而推动社会的发展,培养和造就"创造新世纪的人"的一项基本建设。

　　目标指向明确、内容多样、课程设置灵活的校本课程能使学生在掌握国家课程规定的基础知识、基本技能的同时,引导学生在众多课程的选择中得到个性发展的补偿,在选择中发现个体潜在能力的火花,培养学生的信息采集和加工的能力,学会学习,使学生在课程的自主选择和个性化知识的掌握过程中形成更多更广泛的能力,更好地认识学习的价值,塑造健全的人格,学会生存。这些,正是校本课程开发的意义所在。边学习边研讨,我们及时组织进行校本课程的开发,而我校幸福纸艺校本课程开发的意义有三个:促进幸福学子个性发展,促进幸福教师的专业发展,促进幸福教育特色形成。

第一节　研讨开发步骤　明晰基本方法

2012年3月22日,幸福街小学开展了以"校本课程资源的开发与利用"为主题的教科沙龙活动。校本课程建设是学校重点抓的一项长期发展工作,24门一级课程的建设与实施已进入备战状态,每个课程都有专门的负责老师,每位老师都对课程项目的目标、内容等进行了设计,并且撰写了详细的课程方案。本次教科沙龙活动,不同组别的老师结合自己承担的校本课程,讨论并交流了本课程可以开发的资源,以及如何在课堂上及实施过程中进行有效利用。部分未承担校本课程的老师,也对某个校本课程资源的开发及利用,提出了自己的一些建议及意见。

科教沙龙活动现场气氛热烈,承担"节日文化"课程的老师认为可以从中国的传统节日中挖掘课程资源,将"赏、学、践、行"合为一体;承担"数意诗情"项目课程的老师则认为要充分利用中国古典诗词这一庞大的资源,从诗词中寻找数意,寻求语数的接合点,引导学生达到全面发展;承担"我们爱种植"课程的老师则认为,可以充分利用家乡典型植物的资源以及科学课本中植物的资源,引导学生开展学习、种植、管理、分享等一系列的活动,达到培养学生、发展学生的目的……

全面的讨论和交流,拓宽了老师们的思路,使每位老师有了更深的思考和更全面的认识,为校本课程资源的开发与利用指路引航,为校本课程的建设与实施推波助澜。

当校本课程越来越受到重视并普及时,我们不禁要问——如何开发课程内容,有没有可遵循的步骤和方法?

新课程教育理念

研究型课程
—理论提升

运用先进教学模式
使用先进的
教学策略和方法
运用现代教学媒体

地方资源与
美术相联系
—本体中心

引入跨学科的内容

引入现代美术形式

基本内容

组织不同活动
利用网络资源

提出不同的作业要求……

拓展型课程
—范围开拓

联系 活 美化生活

学生内心情感的引发
思维认识的深化
对学科本质的理解
对社会问题的思考

研究型课程
—内涵深化

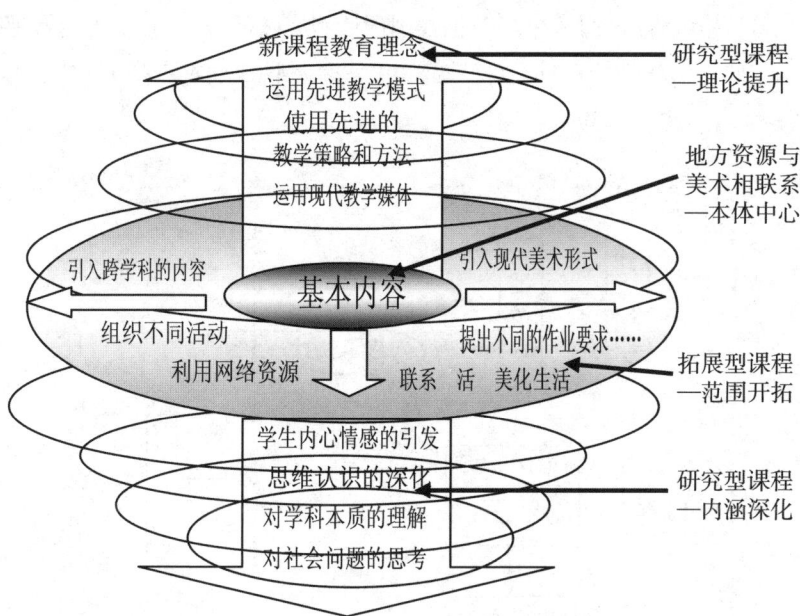

国内外不少学者总结出校本课程的开发步骤,上海师范大学王大根教授也对校本课程的开发从具体的操作层面做了深入浅出的研究。他指出:开发校本课程的思路是——根据围绕一个基本内容进行拓展和研究,形成一个校本课程开发的三维立体模型(如上图)。

校本课程内容主要是指纸艺语言、纸艺表现形式、纸艺基本技能,开发课程时我们牢牢把握这一核心内容。拓展型课程是基本内容的范围上的开拓,比如能否联系当地的资源、如何联系学生的实际生活、能否提出不同的项目要求等等。对于研究型课程则解释为——研究型课程是把课程基本内容的教学在理念上的提升,或在人文内涵方面进行深化,同时还可以引入可供研究的课题和研究性学习方法。同时,王大根教授设计了《校本课程开发任务书和设计模板》,从校本课程的目标、校本课程开发的具体步骤、校本课程设计要求等方面都做了详细的阐述。在专家理论指导下,我校尝试实践探索。

一、基本步骤

《学习课程管理指南》指出校本课程开发的程序主要有四个阶段:"需要课程评估,即评估学生的发展需要,评估学校及社区发展的需要,分析学校与社区的课程资源等;确定目标,即确定校本课程的总体目标,制订校本课程的大致结构等;组织教学实施;评价,包括学生学业成绩的评定、教师课程实施过程评定等。"姜平老师在其《学校课程开发》一书中根据我国国情和实践研究，大致绘出校本课程的基本步骤（如下），使学校在进行课程开发时掌握一些开发重点事务，并根据学生情况再做适当的调整。

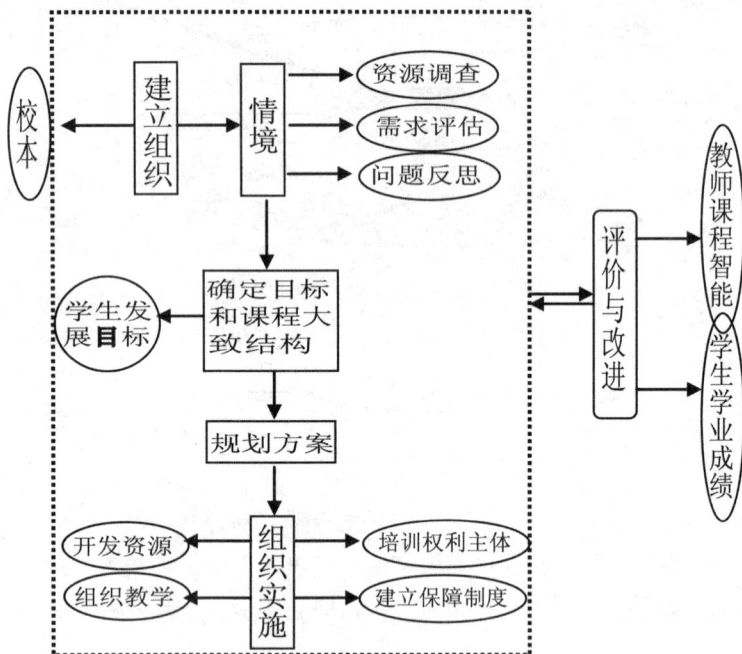

学校课程开发组以此为指导，尝试按照"搜集资料——制订目标——编写教材——教学实施——过程评价"等步骤开发幸福纸艺校本课程。同时，还根据实际情况增加了部分环节，具体如下：

第一步，首先调查荣成市纸艺发展状况，收集相关资料；其次调查学生对幸福纸艺的需求和兴趣，确定课程的范围；

第二步，编写课程纲要，详细制订出课程目标、课程结构、课程实施方法和评价体系等内容；

第三步，编写幸福纸艺系列校本课程教材；

第四步，根据自编的校本教材开展教学实践，在教学实践的过程中积累材料，及时反思并总结经验，不断丰富完善校本教材；

第五步，建立教学评价机制，有了具体的评价指标，既可以促进学生的发展，又可以改进教师的教学，还可以推进幸福纸艺课程的不断完善。

当然，课程开发是一个非线性、动态的持续过程，后现代课程开发是一个"在跑道上不断奔跑的过程"，因而幸福纸艺课程开发必将是一个持续研究的过程，是一个不断改进完善的过程。

二、基本方法

1. 实地考察法

带领学生参观荣成市博物馆，欣赏纸艺作品，了解纸艺工艺制作的流程及其民俗文化。这种教学方法引导学生身临其境，真切感受幸福纸艺的魅力，有利于激发学生对幸福纸艺的兴趣，增强对家乡资源文化的热爱之情。

2. 调查走访法

调查走访法就是通过走访民间艺人，到博物馆、图书馆查找相关资料，进行较为深入调查研究的教学方法。这种方法有利于我们更深入、更全面地了解事物，了解民间剪纸艺人和非物质文化传承方面的有关做法。

3. 比较法

与相关国家课程或一些相关课程进行比较，考察幸福纸艺校本课程开发的目标与教学内容是否一致，教学内容的覆盖面、准确度、重要性是否到位，系列学习活动安排是否合理，进而判断优劣，这有助于幸福纸艺课程合理科学地开始实施。

4. 问卷法

教师编制问卷，可以是标准型问卷（设置答案选项），也可以是自由型问卷（自由回答，不受限制），或者两者结合，根据统计结果及回答情况了解调查对象的立场，进而可以调控幸福纸艺课程的开发。

基于学生核心素养的幸福纸艺课程整合实施纲要

学校名称	荣成市幸福街小学
课程名称	幸福纸艺
适用年级	一至五年级
课程概要	我校办学特色是幸福教育，幸福教育需要系列特色课程为载体。苏霍姆林斯基曾说过："儿童的智慧在他的手指尖上！"我们要在做中学，做中教，做中求进步，做中有发展。 　　幸福纸艺课程构想源自小学生爱玩的折纸游戏。小小的一张纸，通过折叠可以变得千姿百态，既有具体又有抽象，既有平面又有立体，既可装饰又能实用，富有艺术魅力。纸艺，是一种材料简单、操作方便、效果显著的手工创造劳动，它通过剪、折、卷、编、贴、描绘等创作手段，巧妙地制成各种生动有趣的形象，如人物、动物、花卉、情景画等，可以培养和发展学生敏锐的感知力、丰富的想象力和无限的创造力，促进学生思维能力的提升。有了这样的思考，我校坚持运用行动研究的方法，基于学生的学习兴趣，开发与实施幸福纸艺校本课程，不断提升学生的综合素养。

课程概要	一、课程建构——基于兴趣成体系,扎实推进提素养 1. 课程理念 我校的办学特色是幸福教育,幸福教育需要系列特色课程来支撑。以"一主多辅 三环联动"为幸福教育校本课程的实施模式,以发展学生的动手、动脑能力为思路,体现了自主、探究、合作、创新的新课程理念,引导学生掌握一般的纸艺、劳动和科学的知识与技能,逐步形成综合素养。 2. 课程体系 基于学践并行、寓教于乐的原则,我校以幸福纸艺课程开发与实施为主,以"小岗位 爱集体""小家务 大智慧""小志愿者 进社区""多肉植物的种植与养护""小菜农 初体验"多个实践体验平台为辅,整体架构了具有学校特色的幸福教育校本课程体系,并在实践中不断完善。 3. 课程目标 以学生获得积极劳动体验,形成良好技术素养为主的多方面发展为总目标。 二、课程实施——参与纸艺巧制作,创新之中展自信 有了整体架构,更需要扎实实践。幸福纸艺校本课程的开发实施,走过了四个年头,让学生的智慧在指尖飞扬、幸福在纸间流淌。 1. 建章立制,为"幸福纸艺"保驾护航 广泛听取学生心声,基于学校实际,2012年1月,学校着手幸福纸艺校本课程的开发实施。建立健全各项制度,完善各类运行机制,人员、教室、资金三保障,确保了课程的有序推进。 2. 强师兴教,使"幸福纸艺"彰显活力 高素质的教师是校本课程有序实施的保障,关键我校采用多种方式掌握多方资料,强师兴教。我们坚持:走出去学、请进来教、自培内练,互相取长补短的专业技能与方法,不断提高艺术素养。 3. 校本教材,助"幸福纸艺"焕发光彩 经过研究、实践、反馈、分析、修订,骨干教师拟定了课程纲要,编写了《快乐衍纸》《趣味纸编》校本教材。校本教材进课堂、进社团,得到了学生的喜爱、专家的好评,收到了丰富课程内容、促进专题研究的双赢效果。 4. 以点带面,促"幸福纸艺"全面普及 基于年级特点,各年级幸福纸艺项目不尽相同。一年级是智慧折纸,二年级是神奇剪贴,三年级是幸福衍纸,四年级是趣味纸编,五年级百变纸艺。 智慧折纸,折出千变万化的美丽;幸福剪贴,一张纸一片叶,剪出生活,贴出精彩;快乐衍纸,从基本卷形的学习到图形的组合;趣味纸编,从熟练应用调压法编制单个作品到纸编画的创作;百变纸艺,综合运用各种纸艺技法,创造富有情趣的系列作品……在"人人会纸艺"的基础上,达到了"人人能创作",涌现出一大批具有综合才能的纸艺小能手。四年多来,幸福纸艺的开发实施,让智慧在指尖飞扬,幸福在纸间流淌。幸福学子不仅对传统民间艺术有了更直接的体验,也显示出他们天马行空的想象力和创造力。 5. 专题研究,说"幸福纸艺"学会表达 如何通过纸艺操作,让学生的"说"有感而发?怎样借助纸艺作品,让学生的"说"水到渠成?在"在纸艺实践活动中培养小学生口语表达能力"小专题活动中,各年级的指导老师也在深入研究,回顾学过的技法,练习巩固,以"理"促说;结合自己的作品,引发想象,以"想"促说;利用小组的佳作,展示推介,以"展"促说,找准说做结合的训练点,层层深入,扎实训练,提高语言表达能力。

课程概要	总之,我们希望同时开发实施幸福教育系列校本课程,实现:"教师团队+学生团队"凝智聚力的"1+1","学习+思考"有机融合的"1+1","学会+会学"实现双赢的"1+1","知识掌握+素质提升"兼而有之的"1+1"。教师在成就学生的同时发展自我,在师生幸福成长的过程中推进学校的可持续发展。

课程目标	总目标:以学生获得积极劳动体验,形成良好技术素养为主的多方面发展为总目标,人人感受和体验学习与成长的幸福。 具体目标分解如下:

一至五年级幸福教育校本课程具体目标

一年级	校内课程		家庭课程
	幸福纸艺	班级活动	
课程类别	智慧折纸	小岗位 爱集体	小家务 大智慧
课程目标	在参与中了解折纸、学会折法,亲身体验民间艺术的乐趣,创造性地表现有新意的作品。	懂得认真值日是爱劳动的表现,尝试完成整理书包和桌洞、扫地等任务。	懂得自己掌握基本生活技能,如穿衣穿鞋、整理书包等。

二年级	校内课程		家庭课程
	幸福纸艺	班级活动	
课程类别	神奇剪贴	小岗位 爱集体	小家务 大智慧
课程目标	在自主参与剪贴画及用辅助材料表现具体内容活动中,不断提高动手能力,激发探索的欲望。	不随地吐痰,不乱扔垃圾,不在桌面或墙上乱涂乱刻。值日生要遵守值日要求,在保证干净的同时,注意打扫的速度。	明确劳动责任,如独立打扫房屋卫生。

三年级	校内课程			家庭课程	社区课程
	幸福纸艺	班级活动			
课程类别	幸福衍纸	小岗位爱集体	校园里的植物朋友	小家务大智慧	小志愿者服务进社区
课程目标	通过欣赏作品，了解衍纸画的风格特点；初步学会衍纸画的创作方法，并运用衍纸的基本技法，个人或小组完成较精美的作品。	积极参加集体劳动，认真、负责、由始至终地做好值日工作和大扫除工作。	走近校园植物，了解其名称、特点、用途，了解它们的生存环境和生长过程及名字的由来，丰富植物学的知识，理解人与植物及自然的联系。能为美化校园做贡献，提高环保意识。	懂得尊重、珍惜他人劳动成果，如爱惜粮食、有做家务的意识和愿望。	用实际行动净化、美化社区环境，宣传文明行为，为环保尽微薄之力。

课程目标

四年级	校内课程				家庭课程	社区课程
	幸福纸艺	班级活动				
课程类别	趣味纸编	小岗位爱集体	多肉植物的种植与养护	小菜农初体验	小家务大智慧	小志愿者服务进社区
课程目标	初步了解纸编这一传统技法工艺，学习穿插编织的方法；大胆配色，选择多种色彩进行搭配，完成漂亮的纸编画作。	个人衣着整洁，做到"三勤"，桌箱勤清、物品勤摆、两操勤做。班级卫生每天早、中、晚分派值日生清扫，设立卫生监督岗，进行检查与监督。	认识多肉植物，与多肉植物亲密接触，发现多肉世界的奇妙之处。在多肉植物的种植与养护中，真正体会到爱护植物、爱护环境、爱护生命的使命感。	认识一些蔬菜及其生长特点等，懂得种植需要"翻土—整理—施肥—播种—管理"等环节。初步掌握简单的种植方法，体会劳动的艰辛，学会分享成果，相互合作。	能做简单家务劳动、了解劳动技巧，如叠衣洗碗钉扣子等。	学会关爱他人，奉献爱心，锻炼自己，回报社会的服务意识，树立"奉献互助"的志愿者精神。

五年级		校内课程			家庭课程	社区课程
	幸福纸艺	班级活动				
课程类别	百变纸艺	小岗位爱集体	多肉植物的种植与养护	小菜农初体验	小家务大智慧	小志愿者服务进社区
课程目标	课程目标	感受纸艺文化的丰富内涵,激发对纸艺的兴趣、认同与归属感,提高审美情趣与能力。运用学过的纸艺技能,通过大胆想象,完成精美的纸艺作品,提高审美能力。	个人衣着整洁,做到"三勤",桌箱勤清,物品勤摆,两操勤做。班级卫生每天早、中、晚分派值日生清扫,设立卫生监督岗,能较好地检查与监督。	通过与多肉植物亲密接触,发现世界的奇妙之处。在种植与养护中,真正体会爱护植物、爱护环境、爱护生命的使命感。	积极参与劳动,既装扮绿地,美化校园,体验田间耕作的辛劳与乐趣,又大树立健康的生活观念,深化环保意识。接触自然,	掌握劳动技能,体会劳动的快乐,如包饺子、捏小燕等;践行"勤以立志,俭可养德"美德,养成勤俭节约的习惯。	学会关爱他人,奉献爱心,锻炼自己,具有回报社会的服务意识,树立"奉献互助"的志愿者服务精神。

	课程内容:
课程内容及课程实施	**一至五年级幸福教育校本课程内容体系**

年级	校内课程		家庭课程	社区课程
	幸福纸艺	班级活动		
一年级	智慧折纸	小岗位　爱集体	小家务　大智慧	
二年级	神奇剪贴	小岗位　爱集体	小家务　大智慧	
三年级	幸福衍纸	小岗位　爱集体	小家务　大智慧	小志愿者服务进社区
		校园里的植物朋友		
四年级	趣味纸编	小岗位　爱集体	小家务　大智慧	小志愿者服务进社区
		多肉植物的种植与养护		
		小菜农　初体验		
五年级	百变纸艺	小岗位　爱集体	小家务　大智慧	小志愿者服务进社区
		多肉植物的种植与养护		
		小菜农　初体验		

课程实施:

巧手制作,创新之中展示技能

课程实施,学校首先组织全体任课教师进行专题学习,进一步解决好劳动与技术教育的认识问题,统一思想,以幸福纸艺开发实施促师资队伍建设为着力点,促学校特色劳技特色创建。然后,按照幸福教育校本课程体系,通过调查实践——观察研究——总结反思——再实践——再研究——再开拓,引导学生在实践中体验、在体验中反思、在反思中开拓,逐步提升综合艺术素养。

经过调查、分析、研究,我校将纸艺确定为学校综实特色项目之一。经过四年的实践积淀,现在已经自成体系,从一年级到五年级课程内容从简单到复杂,循序渐进,学生在不断的学习和创作中提高了创造能力、展现了个性。

一、爱纸艺,年级特色项目各不相同

根据各年级学生的年龄特点,学校年级特色项目也各不相同,一年级是智慧折纸,一张纸的变换无穷,培养想象力;二年级是神奇剪贴,剪一剪,贴一贴,玩出精彩;三年级是幸福衍纸,四年级是趣味纸编,五年级百变纸艺,做一做、说一说,快乐多多。各年级利用综合课、特色活动课组织制作,每个孩子都是饶有兴趣。为推进特色形成,学校会定期组织展评,并利用班级、学校宣传栏定期展示优秀作品,推介、学习、提升。

二、秀幸福,纸艺专题研究逐步深入

纸艺是一门综合艺术,既有计算的基础知识,又有美工的内容;既有自然科学的灌输,又有社会科学知识的陶冶;既有形象思维的训练,又有抽象思维的培养。它把学习与游戏结合起来,寓教于乐,手脑并用,动静交替,学生可以在玩中做、玩中学,使整个实践活动变得生动有趣、丰富多彩。与此同时,学校还选择了"在纸编实践活动中培养小学生口语表达能力"小专题,找准说做结合的训练点,层层深入,扎实训练。

1. 回顾学过的技法,练习巩固,以"理"促说

纸艺具有艺术的韵味,是深受一至五年级学生喜爱的艺术表现形式。它集剪、折、撕、扎、刻、卷、编、镂、挖、粘、贴、画等工艺造型手段于一体,能使学生在动手实践中,发展创新意识和创造能力。上节课学习了什么技法?这节课要学习什么?都可以引导学生做一做、说一说,在梳理中促进表达能力的提高。

课程内容及课程实施	2. 结合完成的作品,引发想象,以"想"促说 　　一是结合自己的作品。在与学生相处中,我们往往发现,凡是学生亲身经历或亲手做过的事,总是那么绘声绘色、感情真挚。在教学中,应该注意让学生动手,充分让学生手、脑、口并用,边做边说,或做完解说。让他们充分感受到自己的进步,发现自己的能力和才干中。如介绍纸编作品中,学生把狐狸的形态说得惟妙惟肖,做做说说,提高优化了说话水平训练。 　　二是结合老师的作品。人脑信息的 70%～80% 是靠眼睛获得的,因此我们在课堂及活动中要有目的地训练学生观察周围的事物。这样看说结合,既教会学生观察的方法,增长了知识,又训练了语言表达能力。本课程,给老师的纸编情景画讲故事,正是为了以看促说。同时,也为小组推介自己作品做了铺垫。 　　3. 利用小组的创作,展示推介,以"展"促说 　　小学生通过作品展评可以为他们提供创设展示自我的空间,也让其有一种成就感,激发了更大的参与兴趣。为了以"展"促说,本节纸编实践课上将展示与推介有机结合。并且小学生在讲述中,不仅要介绍作品是怎样完成的,还需要说说作品的主题、作品里融入的有趣故事。这样的要求,对于每一个小组都是一种挑战,因此小组成员更会齐心协力,一起想、一起做、一起说。在系列的研究、编制、展示活动中,学生不仅可以展开丰富想象,也能发展思维,提高语言表达能力。 　　有效的实践课堂,扎实的语言训练,不一定非得去追求活动设计的新奇热,更多的应是去掉浮华,去简简单单地教学、扎扎实实地训练、实实在在地提高学生的语言表达能力。简单、朴实、扎实,是"在纸编实践活动中培养小学生口语表达能力"小专题研究最好的实践。 　　三、评佳作,课程整合展现独特魅力 　　在老师的进行指导下,更多的学生把自己创作的整个过程记录下来,形成一篇篇图文并茂、兼制作技术与趣味故事为一体的佳作,现在已经有了花草、动物、成语故事等多个系列,充分体现了劳技教育与语文、美术、品生(社)、信息技术等多学科的整合,彰显了幸福纸艺的无限魅力。电脑制作小组的成员也不示弱,他们把"幸福纸艺"社团的作品运用自己学过的 PPT 制作技术、画面处理技术、版面设计技术制作出了精美的电子小报——《七彩衍纸　快乐童年》,并获得省级奖励。 　　如今,纸艺作品已经遍布校园的每个角落,无论是"温馨班级"的创建还是校园幸福长廊的美化,都发挥着它的宣传作用。综合实践室里的"精品推介",手工细腻;"秀秀我的微幸福"主题秀,造型逼真;班级"我型我秀"作品展,各有千秋。不同风格的佳作,常常吸引着学子、家长和来宾驻足观赏,啧啧称赞。
课程评价	在幸福纸艺开发实施过程中,学校依据导向性、人本性、开放性、创新性和多元性原则,重视建立多元评价方式,调控教师的教学行为,促进学生生动活泼、主动地发展,提高全体学生的整体素质。

课程评价	一、教师评价 根据各学科小学劳动与技术学科教学评价的基本操作要求,确立评价要素,精心设计了"小学劳动与技术学科教学评价表",以此为标准评价教师小学劳动与技术学科教学的得失。 二、学生评价 在对学生的评价中,采用学生自评、学生互评、小组评价、教师评价等多种形式全面衡量学生。 1. "作品展览式"评价 (1)作品展示的形式。即将学生在劳动实践过程中制作的作品每学期末以举办展览的形式展示出来,评出优秀作品予以表彰。 (2)结集出版的形式,即将学生围绕专题开展的调查研究报告汇编出来;或以班级为单位学生制作手抄报在班级宣传栏中展示出来。 2. "自我反思性"评价 评价指标为学生的表现与收获,评价内容为态度、知识、能力、情感等要素,评价方式是自我评价、小组评价相结合。 3. "资料档案袋"评价 建立并逐步健全学生的综合实践活动档案,搜集保存活动的原始材料和活动作品。这些资料重点记录学生成长的足迹,反映学生在活动过程中的表现。 4. "素养发展单"评价 《幸福街小学学生劳技素养发展评价单》主要包括知识与技能、态度与习惯、过程与方法、反思与评价、交流与合作项目,期末由任课教师根据平时课堂观察和学期末的考查情况做出恰当的评价,评价方式以给☆为主,充分体现了师生互动、家校联系的特点。
实施效果 及 其他说明	努力实践,探索收获。幸福纸艺课程的开发实施的步步深入,学生、教师、学校等方方面面都在发生变化: 一是幸福教师的科研能力得以提升。教师汇编了《幸福作业　我的最爱》《幸福课堂——基于幸福教育理念的课堂实践探索》等系列资料,记录实验的足迹。山东省首届特色课程二等奖、省优秀实践活动、威海市年度教科研创新成果、优质课程资源、威海市优秀社团、学生系列奖项等是对我们最好的鼓励。 二是幸福学子的综合素养大大提高。学生积极参与幸福纸艺创作、展示活动,在优秀传统文化的滋养和浸润下,陶冶了情操,也形成了素养。 三是幸福学校的办学品位上档升级。幸福课程开发与实施的研究,大大促进了学校办学水平的上档升级,也赢得社会和家长的普遍关注,从而形成了人人关心教育、关爱学生,个个支持并主动参与学校教育的良好局面。 总之,丰富多彩、意趣盎然的幸福纸艺课程,已经成为幸福校园一道靓丽的风景线,更是一张学校对外展示的"幸福名片"。相信,有了各级专家的指导,有了全校师生的努力,综合实践活动育人的探究之路会越走越宽!

第二节 基于学生兴趣 选择适切内容

什么时候,学校能成为吸引孩子的磁石,让孩子向往和留恋? 怎样才能培养学生的核心素养? 带着这样的问题思考,2013 年 5 月 19 日下午,幸福街小学在尚德楼四楼报告厅举办了"校本课程开发的策略"专题讲座,全体教职工参加了该项活动。

首先,学校领导组织教师观看了威海市临港区草庙子小学《鱼骨入画》,引领教师认识到校本课程就在身边。接着用深入浅出的语言结合自身的理解,阐述了校本教材的本质特征和特点,旁征博引地讲述了如何进行校本课程的开发、基本途径和校本课程的结构。

分管领导一边讲述,一边与老师们互动着。"依托学校现有特色,学校的顶层设计是如何确立的?""学校社团项目与校本课程之间存在什么样的联系?""校本课程与国家课程之间的矛盾冲突应如何解决?"

听完讲座,老师们不再认为校本课程的开发是高、大、上的事情,只要我们能够从"目标、内容、实施、评价"四个方面,着眼于学生综合素质的提高,充分发动家长、社会各类资源,就一定能打开另一扇窗户!

幸福纸艺校本课程,离不开学生的手脑并用。但由于学生的身心发展是有局限性的,每个年龄阶段都有不同的发展特征,所以每个年级选择什么样的内容开展主题活动,是需要深入思考的问题。

一、内容的选择,年级各不相同

低年级学生动手能力有一定的局限性,根据这个特点我们主要针对一、二年级分别开设智慧折纸、幸福剪贴这样的简单、直观的课程,充分引起学生的学习兴趣;中年级学生各项能力都得到了发展,课程难度进一步提高,以培养其思维组合能力为重点教授学生衍纸画的制作。高年级开展具有科学性质的、能够进一步引起学生兴趣的神奇的剪纸为主要课程,加强学生的动手能力和思维能力的组合。

二、纲要的拟定,力求具体翔实

精选内容后,学校组织骨干教师拟定课程纲要,尽力做到:课程开发的总体目标清晰具体,科学合理;课程内容依据目标,采用合作探究的研究方式;根据学生的认知水平确定具体的研究主题;课程评价依据课程目标关注学生的主体发展,并且能与关键目标对接,关注过程与结果,评价策略要清晰具体。

☞教学设计

一年级"智慧折纸"校本课程纲要

课程开发背景	折纸活动是指利用普通的纸张,经过折、剪、画等活动来完成一定物体造型的一种美术活动。折纸活动取材方便,操作简单,生动形象,易学易做,是儿童感兴趣和爱好的事情,既能锻炼儿童的手部肌肉,又能促进儿童大脑的发育;内容丰富,有很强的趣味性,是经千百年来劳动人民不断创造而流传下来的;它体现了劳动人民的勤劳和智慧,具有独特风格和鲜明的个性,而且活动形式符合孩子好奇、好动的心理特征。 　　智慧折纸是运用手的技能和使用简单的工具对材料进行加工与创造的造型活动。通过学习创意折纸、手工制作知识和技巧,掌握基本的造型规律与方法,提高平面造型的能力以及手、眼、脑协调活动的能力,使学生能在今后的工作实践中熟练运用这些技能进行教学活动。
课程目标	1. 了解有关的纸艺知识,自己动手,利用各种彩纸制作出绚丽多彩的纸艺作品装点生活、美化生活。 　　2. 培养想象力、观察力和创造力以及耐心、细致的个性。 　　3. 提供操作技巧,促进手脑协调发展,增强生活技能。 　　4. 尊重学生的个体差异,注重对个体发展独特性的认可,帮助他们在学习中不断认识自我、评价自我、树立信心、拥有自信。
课程内容及活动安排	课程内容: 　　折纸与绘画、美术欣赏等课程内容有着密切的联系。绘画为手工制作奠定了一定的造型能力基础,美术欣赏为手工制作提供了审美标准与取向。这就要求手工课教学要以绘画、美术欣赏为基础,并贯穿于手工教学的全过程。手工教学的内容丰富,形式多样。因此要求教师在教学过程中指导学生把握不同材料的特点和相应的加工制作技巧、掌握基本的造型规律与方法,提高平面及立体造型能力以及手、眼、脑协调活动的能力,使学生能在以后的工作中运用这些技能为幼儿制作玩具、教具以及布置幼儿活动的场所。

课程内容及活动安排	教学实施原则： 1. 教师的主导与学生的自主相结合。 2. 理论学习与实践活动相结合。 3. 科学性与趣味性相结合。 课程教学实施计划： 一、在制作前先构思 　　智慧折纸这节课上课之前需要孩子们先构思，也就是先要考虑这件手工作品要做什么、怎么做以及用什么材料等等。在幼儿阶段，孩子要做什么，大人们都会帮助他们去构思，这种帮助基本上是一种包办。到了小学阶段，老师要做的不是帮他们构思，而是帮他们划一个要构思的"范围"，接着引导他们在这个大范围内尽可能地发挥想象、进行思考。 　　那么如何启发他们去构思、去想象呢？我觉得示范起了很重要的作用。让孩子提高水平的方法有很多，其中一个方法就是要让孩子站在高起点上。老师的示范做得好，孩子作品的质量也会相应提高。 　　二、在制作中不断学习 　　1. 学会互助合作 　　创意折纸的过程就是把孩子的构思和想象变成实物的过程。在这个过程中，时间总是过得很快，有时孩子们还没有做完，下课铃声就响了。这个现象如果长久地出现，对孩子各种能力的提高是没有好处的，它不仅有碍于学生的制作技能、制作速度的提高，还会对双手协调能力的提高造成阻碍。要解决这个问题，除了可以使自己的课堂教学更加严谨和积极培养孩子的动手能力这些方法之外，还可以让孩子们以合作的形式完成一个作品。 　　合作可以使孩子接触到以后踏上社会所需的各种技能。合作可以使孩子忘却胆怯，大胆地把自己的见解说给伙伴听，组员们各抒己见、取长补短；通过最初级的分工合作，他们可以体会到团结的力量是巨大的；有时还可以把没带齐材料的孩子和带齐材料的孩子分在一起，互帮互助，让他们体验到同学之间的真挚友谊。 　　班级就像一个小社会，通过手工制作，孩子们初步体会到了与人合作的快乐，通过长时间的积累，他们与人合作的能力会有较大的提高。 　　2. 养成良好的习惯 　　小学阶段的手工课通常是运用一些简单的材料，让学生用做的方法在不知不觉中接触并学会本学科的学科知识。而这个"做"的过程也是学生养成一系列良好习惯的过程。 　　第一，手工课的材料虽然简单，但有时需要孩子们根据自己的构思收集自己需要的材料。所以只有手、脑结合才能做出使自己满意的作品。手的运动，能使大脑的大部分区域得到锻炼，当勤于动脑和勤于动手成为一种习惯，还会愁自己的双手或是脑子不灵活吗？ 　　第二，一年级新生刚开始上手工课时，教师会感到很头痛，因为教室的垃圾又会一下子增加不少，墙角、桌边到处都是。通过教师的引导，让孩子也养成了不乱扔垃圾和不浪费纸张的习惯；教育孩子收集一些可利用的资源，因为一些手工课的内容就是教孩子怎么变废为宝，孩子们可以用一些废弃物进行创造，做成独特的艺术品。 　　3. 在评价中得到提升 　　判定作品的好坏并不是评价的终极目标，手工制作的关键在于整个过程。而最终的评价是要孩子们相互找出作品的闪光点和有待改进之处。通过评价，孩子的语言可以变得越来越优美，条理也越来越清晰。而大量的作品赏析更会使他们的审美观得到提高。

续表

课程内容及活动安排	最终的评价对孩子们的再创作也起着相当重要的作用,因为那是身边的同学的作品,不像艺术家的作品那么"高不可攀"。"既然他能做出来,我为什么不能? 我一定要做个比他更好的!"这样的想法在很大程度上鼓舞着孩子们,让他们的创作欲望再次被激发,就更有信心创作一个有自己个性的作品了。 教学内容及教学进度: 第一单元:初识折纸 第二单元:折纸技法简介 第三单元:瓜果飘香 第四单元:动物乐园 第五单元:花草系列 第六单元:建筑系列 第七单元:生活用品
实施措施	1. 注意加强现场教学,指导教师要认真搞好教学设计,提前制作好手工作品,通过操作示范,使学生更好地掌握教学内容,并通过自身努力形成技能技巧。同时要注意改进教学方法,注重调控课堂,提高课堂教学的实效性。 　　2. 在手工制作活动中,教师要注意学生良好的操作习惯的培养,并与知识、技能的掌握有机地结合起来,努力做到实践性、教育性相统一,同时加强纪律、安全教育,初步培养学生的产品质量意识。 　　3. 教师要做好手工作品的收集存放工作,注意巩固和提高,并定时向学生开放展出,让更多的学生能受到艺术的熏陶。 　　4. 教师要抓好手工制作的考核与评价。每学期一次对学生的态度、操作习惯、作品质量、创新能力进行考核和评价,并对评选优秀者给予表扬。
课程评价	根据工艺造型和创造力实施正确评价,不仅要关注学生的作品成绩,而且要发现和发展学生粘贴方面的潜能,了解学生粘贴方面的需求,建立自信,发挥评价的教育功能,促使粘贴水平不断提高,使学生具有较高的审美能力。 　　1. 发展原则。评价不仅要检查学生知识、技能的掌握情况,还要关注他们在掌握知识、技能过程中的学习方法与学习态度,尽可能地发挥评价的"激励"和"改进"功能。 　　2. 自主原则。评价时还要重视学生的自我评价。学生的自我评价,不仅可以帮助学生认识自己的实际情况与目标之间的差距,而且还可以帮助学生逐步学会自我监控、自我调整、自我改造和自我完善,不断提高他们的主体意识和主体行为能力。 　　3. 过程原则。要努力将评价贯穿于教学活动的始终,在学习之前、之中、之后都可以进行,尤其要肯定学生在学习过程中所获得的宝贵经验和亲身体验。
预期效果	1. 学生走进折纸世界,享受折纸的乐趣。 　　2. 学生了解折纸作品制作的全过程、掌握折纸的制作技巧。 　　3. 学生的动手能力、观察能力和创新能力得到培养,学生的智力得到开发。 　　4. 学生热爱生活的情感得到培养,在交流展示奉献的过程中感受智慧劳作带来的幸福与快乐。

二年级"神奇剪贴"校本课程纲要

课程 开发 背景	由于一、二年级学生年龄小、专注时间较短,导致他们太难的东西做不来、太简单的又没有兴趣。而《神奇剪贴》是用七巧板和彩纸通过剪贴而制成的一种画,制作的工具与材料比较简单,只需一把剪刀、几张彩纸即可进行艺术创作,它做法简单,方式有趣,趣味性强。开展《神奇剪贴》教学非常适合低年级学生,并对培养学生的思维能力、专注能力、动手能力、审美能力有很大的作用。通过拼贴画作品的学习欣赏,尝试剪纸工具、材料与制作过程,塑造体验拼画、贴画学习的乐趣和方法,促进学生艺术的感知与欣赏能力、艺术表现与创作能力,形成基本的美术艺术素养。
课程 目标	1. 了解祖国传统文化的悠久历史和身后的文化底蕴,知道七巧板的演变发展历史。了解中国及国外拼贴画的历史文化,培养拼贴画的文化素养。 　　2. 了解拼贴画的相关知识,掌握一定的拼画、贴画技法,搜集有关制作拼贴画的图案与拼贴的方法、技巧。认识一定的拼贴语言和表现手法。 　　3. 培养学习兴趣,受到美的熏陶和感染,提升审美、观察、动手等综合能力,锻炼学生的意志。 　　4. 发展学生的个性,拓展其创新能力,学会欣赏作品,会制作一些自己喜欢的美术作品,形成制作习惯,陶冶审美情操。 　　5. 更多地体验成功的快乐,享受愉快的童年生活,培养热爱生活的情感。 　　6. 热爱拼贴画艺术,让拼贴画的艺术不断得以传承及创新。 　　7. 通过小组互动的集体制作,培养学生的团结协作精神,培养学生主动参与、大胆表现的意识。
课程 内容 及活 动安 排	见下表

周次	内容	备注
1	了解七巧板的来历与演变、组成、玩法欣赏拼贴画画	
2	按样拼图(动物)	
3	按样拼图(人物)	七巧板
4	按样拼图(日常用品)	拼画
5	按故事情节拼图	
6	小组自创拼画	
7	介绍剪纸粘贴画,欣赏美丽的粘贴画	
8	指导学生在彩纸上画出长方形、正方形、三角形和圆形,并剪下	
9	剪贴画《可爱的小动物》	
10	剪贴画《花园里》	
11	剪贴画《海底世界》	剪纸
12	剪贴画《美丽的新校园》	拼贴画
13	剪贴画《色彩的梦幻》	
14	剪贴画《我的梦想》	
15	作品展示	
16	评出有创意作品	

续表

课程 实施 措施	准备材料 1. 查阅相关书籍和上网搜集幸福剪贴画的相关资料。选好恰当的题材做教材。 2. 根据需要准备制作拼贴画用的工具原料,分别为七巧板、剪刀,美工纸或做手工用的色纸,强力胶及背景纸等。 3. 将活动队员分成小组,选出组长,明确分工。 课程实施 1. 课时安排:每周一课时,一学期共16课时。 2. 教学方式:通过示范法、讲授法、欣赏法、讨论法、演示法、训练法、小组交流、班级展示、运用操作等学习方式让学生进行学习。 3. 教学的组织形式:面向全体教学,分组教学、个别指导。阶段性进行一些成果展示,促进学生动手能力的培养。 4. 教学场地:班级教室。 5. 教学器材与设备:七巧板、剪刀、彩纸、背景纸、胶水。 6. 授课对象:1~2年级。 7. 在教学过程中,教师的教学方法按照学生的特点而确定,力争灵活多样,讲究趣味性,体现一个"动"字,本着"以学生为本"的原则,充分考虑学生需求,按编排、实践、调整、改进的步骤实施。
课程 评价	新课程评价关注学生的全面发展,不仅仅是关注学生的知识和技能的获得情况,更关注学习学习的过程、方法,及相应的情感、态度和价值观等方面的发展。因此在进行校本课程评价时,教师要从学生实际情况出发,看发展、看进步,让每一位学生都有成就感。 本校本课程的评价主要以学生为主体,在注重基本拼贴画方法的同时,根据学生作品以其独特的创意为主,进行自评、互评。 表格见下
预期 成果	学生了解拼贴画的基本制作过程,培养孩子们的认真专注的能力得到培养可以通过剪拼图形制作简单的作品。

各项指标	具体内容	自评	互评	师评	总评
参与情况	是否积极主动参与活动?是否保持对学习活动的兴趣?				
合作交流	是否愿意与同伴进行合作交流?是否认识到自己在集体中的作用?是否主动表达自己的想法?				
思维过程	是否有独特的创意?是否能够清晰地用拼贴图语言表达自己的观点?				
情感态度	是否对拼贴画有好奇心和兴趣?是否有独立思考的习惯和认真专注的习惯?				

三年级"幸福衍纸"校本课程纲要

课程开发背景	1. 衍纸艺术独特魅力的召唤。衍纸也称卷纸，是纸艺的一种形式，起源于18世纪流传于英国王室贵族间的一种艺术，它种类丰富，想象空间大，可塑性强，又因制作材料简单，作品实用美观而深受人们的喜爱和推崇。衍纸运用卷、捏、拼、贴等组合完成，常被运用于卡片、包装装饰、装饰画、装饰品等，又被称为卷纸装饰工艺。因衍纸艺术独特的魅力，我们选择了魅力衍纸作为我校的一门校本课程。 2. 学校特色发展的要求。幸福教师的动手操作能力较强，喜爱手工制作，而且之前我校也有巧手坊手工社团，孩子们特别喜欢手工制作，有了一定的手工传统课程为基础，推广衍纸艺术也就更加容易了。 3. 学生综合素质提高的需要。"儿童的才智反映在他的手指尖上。"换句话来讲，只有让孩子在操作中动手、动脑，多种感官参与活动，才能使他们的智慧和能力得到最大限度的发展。为此，我校开设魅力衍纸课程，是提高学生综合素质的最佳选择。衍纸艺术造型丰富、制作简单、作品精美，既能激发学生的学习兴趣，又能贴近学生的生活，为学生提供了艺术创作和发挥想象力的空间，使学生获得快乐和满足，这对学生身心健康的发展，创造能力和创新精神的培养有着巨大的积极作用。
课程目标	1. 积极参与设计，提高审美能力。审美体验是审美过程中所产生的心理效应。教学的各项内容各个环节中，倡导活泼趣味的个性创作。创设艺术化的教学氛围，师生共同感受艺术的魅力，从而完善学生良好的个性心理和人格。 2. 重视动手操作，提高实践能力。衍纸画是实践性、操作性很强的艺术活动。在教学中可以充分发挥学生的潜能，激励学生主动地参加集体、小组、社会的实践活动，进行探索性的学习，在活动中获取新的知识。 3. 提倡个性发展，培养创新意识。培养每个学生的创作意识和表现能力，充分发挥学生的个性特点，使学生在自由的创作中获得个性表达。
课程内容及活动安排	根据我校的实际情况，幸福衍纸课程的开设主要从以下几个方面展开：衍纸的起源、衍纸工具的认识、衍纸基本部件的做法、衍纸集中花朵部件的做法、衍纸作品的组合、自主创作图案。这样的课程设计由浅至深，让孩子们一步步爱上衍纸，走进衍纸的世界。 第一单元　基础造型 第二单元　葡萄 第三单元　花束 第四单元　漂亮的字母 H 第五单元　美丽的铃兰 第六单元　小海豚 第七单元　豌豆荚

课程 实施 措施	由于有了之前我校巧手坊手工社团的基础,幸福衍纸课程的推广相对来说难度不大,学校积极组织编写校本课程教材,进行各种学习和培训。教师们对衍纸艺术。的历史、文化以及制作技巧又有了更深的了解,保证了魅力衍纸校本课程的顺利实施。 　　通过摸索,找到适合的教学方法,逐步展现衍纸的魅力。 　　1. 培养自身对衍纸艺术的热爱。教师首先要全面、深入、正确地了解衍纸艺术,提高自己"教"的水平。要想有好的作品,教师要学会观察生活,从平时的生活中汲取灵感创作一些作品来为学生做好榜样,只有这样学生才能更加热情地投入到魅力衍纸的课程中来,从中使学生各方面的能力得到培养。 　　2. 注意衍纸与其他学科的融合。在新的教育形势下,综合素质越来越重要,任何知识都不是孤立存在的,所以在魅力衍纸课程中要多结合其他学科,培养学生的综合素质。 　　3. 结合学生特点,培养动手能力。教师在教学过程中要发挥学生的主体地位,在教学中采用多种多样的教学方法,使课堂生动形象,大大激发学生兴趣,在内容的选择上,可以选择一些孩子们喜爱的、较为简单的内容,让学生敢于动手,让他们体会动手的乐趣与成就感,激发他们的创造力。 　　开展幸福衍纸主题活动时注意: 　　1. 以点带面,以优促特 　　由于小学生对手工制作的动手操作能力不同、领悟能力有限,所以应给稍有进步的学生以大力的鼓励和支持,以一点的优势带动全体学生向其靠拢。要使领悟能力和动手能力都比较强的学生在制作活动中更有自信,充分发挥其特长。 　　2. 增进交流,相互学习 　　经常开展交流活动,让孩子们畅所欲言,谈制作的感受,讲制作时的技巧和应注意的问题,说制作时的想法和感受以及提出更好的建议。这样不仅能增进学生之间的交流和友谊,更能增强学生的语言表达能力和相互学习的强烈意愿。 　　3. 主动观察,感受美好 　　小学生的观察能力是非常有限的,对一种事物的观察往往不能很好地集中精力,甚至从来都不好好地去观察。因此,老师要多提供观察的图画和机会,帮助孩子提高观察事物的能力,让孩子们在观察中感受生活的美好,逐步养成观察的好习惯,做个人见人爱的有心人。 　　4. 佳作展评,学习提高 　　学生的表现欲望强,因此要经常对其作品进行必要的点评和展览。经常组织班级优秀作品展,以此激发学生的表现欲、提高学生的学习积极性。
课程 评价	方法方式:作品与平时表现相结合进行综合测评。 作品测评:学生作品为主。 平时表现测评方法:采取自评、组评、师评、家长评结合的方法。
预期 成果	幸福衍纸课程的开设,旨在引导学生感受到衍纸艺术的无穷魅力,体会动手创作的乐趣,逐步使学生的动手能力得到发展,创新能力和审美情趣大大提高,启迪学生的心智,陶冶情操,促进学生的全面发展。

四年级"趣味纸编"校本课程纲要

课程开发背景	纸编工艺品在原料、色彩、编织工艺等方面形成了天然、朴素、清新、简练的艺术特色。编织是深受人们喜爱的一种传统工艺,它通过挑、剪、编等方法巧妙地利用纸条制作丰富多彩的作品。其特点是造型别致,富有情趣,贴近生活。纸编使用的材料简洁轻便、成本低廉、易于采集又有利于教师的集体指导。 　　学习趣味纸编,旨在引领学生走进编织的世界,认识日常生活和周围环境中常见的纸编材料,了解纸编的常用手法和制作的一般过程,学习设计、制作简单的纸编工艺品,并做出评价和说明。通过动手体验和探究,激发学生对纸编技术学习的兴趣,初步形成科学严谨的态度与技术创新的意识。
课程目标	1. 了解一些有关编织的知识,认识编织在生活中的重要作用,为以后的学习和工作打下一个良好的基础,懂得如何按照美的规律去美化自然、美化生活。 　　2. 多动脑、多动手,能用简单的方法编织。 　　3. 养成耐心细致的学习习惯和积极向上的生活态度。 　　4. 开拓艺术视野,陶冶艺术情操,让知识启迪智慧,使生活更多姿多彩,锻炼手的灵活性,在编织过程中受到美的熏陶。 　　5. 自主解决制作过程中会遇到的各种问题,如怎么利用现有工具、材料解决等。进一步提高独立面对困难、动脑解决问题的能力。 　　6. 通过观察、搜集、欣赏了解家乡手工艺制作的发展轨迹,感受家乡文化源远流长。不断提高动手操作能力、观察能力、信息整理能力、审美能力和创新能力。
课程内容及活动安排	课程内容,由浅入深,逐步深入。具体安排如下: 第一单元:简单彩纸条编织 第二单元:纸条编织纸碗和小篮子 第三单元:纸编小鱼儿 第四单元:编织收纳筐 第五单元:简单可爱的小鹿 第六单元:纸编爱心(一) 第七单元:纸编爱心(二) 第八单元:纸编仙女花环 第九单元:纸编蝴蝶 第十单元:美丽手工挂饰
课程实施措施	1. 以班级社团为基点:教师、学生及家长都是纸编课程的研究者、创造者。在目标指导下开发和利用班级教育资源,提高活动成效,更好地促进学生的发展。 　　2. 以教育资源为线索:对家、校、社会中可利用的纸艺教育资源进行调查,找准切入点,以资源为线索进行拓展性整合,创建纸编特色。 　　3. 以文化建设为依托:重视营造纸艺艺术文化氛围,走廊、专用活动室、班级特色活动角、宣传橱窗⋯⋯从不同的角度展现纸艺艺术,成为实施纸编教育的主要阵地。 　　4. 以多样活动为载体:通过教研观摩活动、交流研讨活动、展示评比活动等,鼓励教师积极设计纸编艺术教育活动方案并审议筛选,择优编入成果。

续表

课程 评价	纸编活动中的评价不仅要对学生表现的好坏、作品的优劣进行简单点评，而且要充分考虑到评价的发展性，在评价中促进学生对于自身以及纸艺创作的深入认识。 　　1. 注重过程性 　　将形成性评价与终结性评价相结合，目的在于了解学生已有水平、学生在制作中取得的进步及存在的问题，以便及时调整教育策略，促进学生发展。其中突出的表现是：(1)注重阶段性——每学期应按固定时段进行总结性评价，可安排在学期初、学期中、学期末；(2)注重追踪性——成长的过程伴随学生的每时每刻，对学生纸艺活动进行评价要注重对学生过去的纸艺创作发展进行总结，为以后设计、实施纸艺活动提出合理化的参考依据。 　　2. 注重适宜性、多元化 　　要对学生纸艺活动的表现进行合情合理的评价，首先必须关注学生认知、情感、社会性、动作等方面的和谐发展，家长对评价的认同、关注度与配合意识的增强，注意评价的多元化。加德纳提出每个人都同时拥有相对独立的多种智能，不同个体在多种智能方面的拥有比重各不相同，因而对学生评价的标准也应是多元的，应该用发展的眼光看学生。其次要注意多主体参与。纸艺活动渗透于学生生活的方方面面，评价应以教师评价为线索，贯穿家长的评价，注重学生自身的评价。只有这样，才能用分析的眼光客观地看待学生个体，使其保持发展优势、发挥潜能。 　　3. 注重体现个性化 　　学生的发展表现往往在其日常外部行为中，因此应以学生在活动中自然呈现出的可观察到的外部行为为主要依据。档案袋评定是可供选择的重要方法，即教师有意识地将体现学生成长轨迹的作品和相关资料收集起来，有选择地放进学生多元成长记录中。这些资料一方面为学生发展评价提供原始真实的信息，另一方面教师运用这些信息既可以进行纵向比较评价，也可以进行横向比较评价，了解学生个体的同时，关注学生在总体中的位置。档案袋评价不仅对于学生的发展评价具有重要意义，也在一定程度上保证了教师选取纸艺活动的内容与技法的适宜性。除档案袋之外也可以使用观察评定，即让教师通过观测与记录学生在纸艺活动中发展指标方面的具体行为表现，做出学生发展的评价判断。 　　4. 注意有效方法 　　评价不仅是对学生活动结果的评价，也是对学生发展状况的把握，还是了解教育成效的一个重要途径。采用质性评价与量化评价相结合的方法，注重"时间成长的评价"与"学习过程档案的评价"相结合，由此经过长期有目的、有计划地搜集和积累，从而形成反映学生纸艺活动学习过程与成果的信息和资料，使量化评价方法科学、客观，使质性评价能弥补量化评价方法的不足，真实地反映纸艺教育现状，从而有助于调整和改进学校纸艺活动的设计与组织实施工作。
预期 成果	趣味纸编课程不仅锻炼学生的动手能力，也能提高其的审美及创新能力。引导学生用一双双灵巧的小手，把七彩纸编成一幅幅别出新裁的作品。每一幅作品都是智慧的结晶，是想象碰撞出来的火花，是创新能力凝聚的精华。

五年级"百变纸艺"校本课程纲要

课程开发背景	百变纸艺是以纸张为载体,运用多种艺术手段创造鲜活形象的艺术。其涉及的领域包括"造型·表现""设计·应用""欣赏·评述""综合·探索"等方面。本课题是以学校为基地,以教师和学生为参与主体,由家长、社区人士等共同参与,并结合各类纸的特性,进行纸艺的研究,目标是力求体现地方学校特色,促进学生对家乡的认识,对家乡的热爱。促使学生个性潜能优势的充分发挥,促进学生的个性全面和谐地发展。 　　纸作为学生最常见的美术工具,可以有许多种做法。把纸艺作为校本活动,就是为了让学生运用最普通、最平凡的美术用具尝试多种做法,体会美的不同形式,明白美是平凡的、有创意的,是无论哪个人通过努力尝试都可以体会得到的。
课程目标	1. 进一步引导孩子感受纸艺文化的丰富内涵,激发孩子对纸艺的兴趣、认同与归属感,提高审美情趣与能力,开发潜能,愉悦身心,促进孩子情感、认知、能力等方面的协调发展。 　　2. 建设一支具有纸艺特色文化素养的辅导老师队伍,能实施课程又能开发课程,促进我校纸艺文化的发展。 　　3. 进一步进行纸艺教育教学的开发与研究,使纸艺文化逐渐成为学校校本特色,推动我校文化建设,提升我校的办学品位与竞争力。 　　4. 通过活动后的展示评价,使学生体验到努力尝试的成就感,激发起学生继续进行美术实践创新的学习兴趣与自信心,达到校本活动与美术教材的融会贯通。 　　5. 通过纸艺与校园文化(幸福文化)整合的实践与研究,拓展多元艺术教育,扩大美育效果,增进学生对传统艺术文化的认识,养成主动观察、探究及创新的能力。
课程内容及活动安排	课程内容,由浅入深,逐步深入。具体安排如下: 第一单元　多彩植物 第二单元　可爱动物 第三单元　海底世界 第四单元　童话故事 第五单元　有趣游戏 第六单元　和谐家园 第七单元　美丽校园

课程 实施 措施	1. 教师在辅导学生实际制作时,要注重培养学生的创新意识,在作品的构思和制作上,要启发和鼓励学生大胆想象、大胆创新、科学合理。 2. 在教学中,师生之间、生生之间应建立民主、平等、友好、协作的关系。 3. 在讲授技巧时,要熟练演示、步骤清晰、讲解透彻、点拨精辟,充分调动学生的积极性,使学生主动地去完成。 4. 在学习过程中,教师要传授一些基本的制作方法,这些方法要有非常鲜明的实践性,要学以致用,尽可能地把理论和知识转化为能力。 5. 要注重学生在学习中是否积极参与,在创造过程中他们合作是否成功,在原有的基础上他们的动手、动脑能力和实践能力是否有所提高。 6. 让学生欣赏大量的优秀"纸艺"作品,是学生开阔眼界,陶冶情操,提高素养和创新能力的重要手段。
课程 评价	学习评价:用多种方式评价(学生评价、学生互评、教师评价等),有利于学生自主精神的培养,也有利于师生交流互动,更能充分发挥评价的激励、导向和信息反馈作用,能让学生更好地喜欢纸艺课,融入纸艺课堂。 评价方式因人而宜,分层评价,适当评价,使学生学会审美、发展视觉感性能力和语言描述能力。 教师观察记录。教师对学生在日常生活中表现出的情感、态度、能力、行为进行观察,并做记录。 描述性评语。在与学生进行充分交流的基础上,教师对学生在一段时间内学习校本课程的学习态度、表现等以描述性的语言写成评语,鼓励学生巩固进步,修正不足,继续努力。 学生自评。教师引导和帮助学生对自己在学习中的表现与成果进行自我评价,以提高自我认识、自我调控的能力。 学生互评。学生依据一定的标准互相评价,这种评价可以帮助学生逐步养成尊重、理解、欣赏他人的态度,相互促进。 作品评价。将学生调查、访问、收集资料等活动产生的作品进行展示和交流,师生共同进行评价。
预期 成果	指导学生创作时,除了教师的指导演示外,鼓励学生亲自动手尝试,对学生的探索尝试给予充分的鼓励支持,使学生从纸艺最初的摸索、尝试的过程中得到乐趣、增强信心,不断提高学习的兴趣,最重要的是学生可以自己动手创作新的作品。

第三节 按照年级安排 编写纸艺教材

神秘斑斓的纸艺世界浩渺广阔,为学生们带来了无穷的探索欲望,但你知道孩子梦中魔幻神奇的纸艺世界到底是什么样的吗?快来幸福街小学"衍纸手工课堂"吧!

"如何带领学生用自己的巧手,展开一场专属童趣的纸艺世界大冒险,让心灵之美在孩子们的指间流露呢?"这是本学期三年级校本课程衍纸手工课堂所探索的主要课题。

衍纸——也称卷纸,运用卷、捏、拼、贴组合完成,是纸艺的一种形式。衍纸作为一种创意性强、简单而实用的纸艺艺术,画面立体,风格奇丽,表达手法丰富,不仅可以提高孩子们的动手能力,更有益身心的发展、智力和思维开发。

本学期,三年级纸艺教研组的老师基于校本课程纲要,编写了《幸福衍纸》校本教材,面向三年级同学开设了"衍纸手工课",以期让学生们在专业老师的指导下、在实践和动手的过程中对美术产生更为深刻的理解,让他们在热爱美术的同时更加热爱生活、热爱校园。

在教师的指导下,孩子们用手中的缤纷彩纸,渲染出众多形象缤纷的纸艺作品。学生们纷纷感叹:"长长的纸条换个角度竟另有一番天地,绕来绕去的线圈也能画出美好的图片,在这一卷、一粘之间,一张小纸条完成了一次华丽的转身,普普通通的小纸条、绕来绕去的线圈经过创造竟能散发出如此耀眼的光环,"衍纸手工课"非常有魅力,我们都喜欢。"

妙趣横生、创意十足的衍纸手工制作课吸引了大批的"粉丝",同学们都积极参与其中。课堂时间有限,同学们就自愿地牺牲休息时间加班加点地"补课";作画水平不高,孩子们就用最稚嫩的小手不断雕琢,力求作出最灿烂的一幅衍纸画展现给大家。每一幅衍纸作品从内容布局的构思到创意的绘制过程,快乐创作,幸福推介,所有这些都倾注了同学们无数的心血与汗水。

幸福街小学的校领导表示,校本课程的活动范围是有限的,但它带给学生们积极向上的精神力是无限的。在同学们动手创意的同时,不仅仅培养了学生的创造精神,更提高了学生感受美、创造美的热情,净化了孩子们的心灵,也让更多的人认识到了幸福纸艺所展现的非凡魅力,让校园的幸福纸艺氛围变得更为浓郁,让佳作充盈在校园的每个角落。

　　幸福纸艺校本课程的内容，主要以自编的校本教材为主，以其他参考资料为辅。各册自编教材共由三部分组成。这三部分内容环环相扣，由易到难，循序渐进，尊重学生的身心发展规律，促进学生的个性发展。当然，在实际教学中不一定按照自编教材的内容课时进行，可以按照学生的实际情况选择相应内容上课。

　　因为纸艺方面的作品切合需要的不太多，各册教材中的一些图片选用了学校师生的幸福纸艺作品。这样既可以消除学生对幸福纸艺学习的畏难情绪，拉近与纸艺的距离，增强自信心，又可以让学生拥有成就感，获得成功的自豪感。实际教学中，教学进度可以按照自编教材编排的顺序，也可以根据学生的实际情况有选择地跳跃式进行。

一、幸福纸艺校本教材的编写方法

　　上海师范大学王大根教授在《校本课程任务书和设计模板》一文中，提出了校本教材的设计方法与步骤，从知识技能、过程与方法、情感态度价值观等三个维度来阐述校本教材的设计，从激趣导入、学习与探究、实践与体验三个方面展开。

二、幸福纸艺校本教材的编写原则

　　1. 目标性原则

　　为学校办学目标服务，幸福纸艺不仅引导学生学会一些纸艺技法，更重要的是培养学生严谨的学习态度和创新思维、热爱纸艺艺术的情感。与学校"幸福地教　幸福地学"的办学理念是一致的。

　　2. 实用性原则

　　教材内容能给学生以终生受用的知识与技能，帮助他们养成良好的行为意识，帮助他们更全面、更健康地成长。

　　3. 系统性原则

　　教材在编写过程中，尽量做到知识点的前后连贯、层层推进、适当重叠和延伸，在螺旋上升的过程中要有新意。

　　4. 通俗性原则

　　教材的编写要从学生的实际出发，无论知识点的难易程度还是图片选用都要站在学生的立场为出发点，深入浅出，通俗易懂，最好多引用身边的案例。

　　5. 趣味性原则

　　教材的编写要图文并茂，引用的案例要有独特的视角，能引起学生阅读的兴趣。

　　6. 开放性和前瞻性原则

　　多角度思考，能让学生广泛地参与到课程与教材的构建中，广泛纳入各种信息为校本课程的编写服务,给使用这套教材的教师和学生留下一定的拓展空间。此外。教材内容多选用当下社会热点现象或者前沿的艺术创作理念,引导学生眼要放长远。

7. 新颖性原则

校本教材应当以促进学生的学习为目的,而不应成为学生学习的累赘和负担。为满足学生的求知欲,教材编写时应当尽量避免学生学过的资料,要让他们觉得这是一门真正"全新"的课程,尽管有似曾相识的感觉,但能感受到其中的新意。因为学生对已经学过的知识不会有浓厚的兴趣。

8. 互动性原则

教材的知识点、作业要求、课后拓展等要留有师生共同探讨的空间。让教材成为师生交流的纽带和桥梁,以课堂交流为中心,以促进学生的健康成长为核心,真正地互动起来。

总之,教材是师生上课的依据,但教材也不是一成不变的,教师可以根据学生的实际情况做相应的调整、补充。

☞校本教材

《智慧折纸》

单元一:初识折纸

学习目标:

1. 初步了解纸的造型艺术与折纸工艺。

2. 在阅读中了解折纸及其发展史。

3. 在教师指导下,通过搜集资料、阅读、交流,培养做事有计划、有目的的意识和习惯。

4. 与家人共同分享学习的收获,体会传统文化的魅力;在探索实践中发现新问题,拓展新主题。

实践方式:资料搜集、观察体验。

学习准备:搜集的有关折纸的图片和文字资料。

学科整合:与语文、音乐、美术、信息技术等学科整合,运用调查研究了解折纸的来历;在参与学习交流中,提高综合素养。

课时建议:1 课时。

激趣导入

亲爱的小朋友,大家好!喜欢下面的工艺品吗?仔细观察,它们是由什么材料做成的呢?对了,是纸做的,这就是折纸工艺作品。从今天开始,让我们一起走进折纸工艺,探索学习怎样用自己灵巧的小手折出千姿百态的纸艺作品吧。

学习与探究

折纸工艺在我国历史悠久,下面我们一起来了解一下折纸的发展过程,好吗?

折纸的发展史

折纸的起源一般都认为是源自于中国。但真正把折纸艺术发扬光大的,却在日本。最初,折纸在日本是用于祭祀方面的,直至造纸普及后才盛行于民间。而大约于19世纪初,日本才出现了第一本有文字记载及以图示方式教导的折纸书籍。日本人一向把折纸视为他们的国萃之一,更是全国小学的必修科目。他们认为除了可保存固有的文化外,通过折纸可启发儿童的创造力和逻辑思维,更可促进手脑的协调。在日本,折纸技术的发展始于19世纪末。但真正的突破是来自一个名叫吉泽章的日本人(他亦被公认为现代折纸之父)。他自1930年代起便不断创作折纸,并将折纸技术提升至一个新的层面。当他的作品在西方展出后,引起了广泛的热烈回应。因而激发起一批来自西方的热心人士投身于折纸的创作及研究。在过去的几十年里,经过新一代折纸艺术家的不懈努力,现代折纸技术已发展到了一个前所未有的境界,甚至可以说是超越一般人所能想象的地步。很难想象那些极其复杂而又栩栩如生的折纸作品是由一张完全未经剪接的正方形纸所折出来的。因此,现代折纸已经不再只是儿童的东西,它可以是一种既富挑战性又能启发思维的有益身心的活动。

1927 年德国国立建筑学院(后世著名的包豪斯学院)的一次预备课程上,教师 Josef Albers(他战后成为耶鲁大学设计系的系主任)带着一卷报纸走进课堂,对学生们说道:"女士们,先生们,我们很穷,没什么钱。我们浪费不起时间,也浪费不起材料。所有的艺术都得从材料上开始动手,所以必须先来看看我们能搞到什么材料,不要直接想着去制作什么成品。我们目前先考虑的应当是巧妙地利用材料,而不是美。我们的学习应当引出建设性的思考。我希望你们利用这些报纸,搞出一些你们现在还没见过的东西来。我希望你们尊重材料,合情合理地使用它们,保持它们的内在特征。如果你们能不用剪刀胶水就更好了。"

有一些当时的学生作业被保存了下来。其中一份是这样的:在一张圆形纸片上画出一系列同心圆,沿着它们作为折痕依次交替折成峰和谷(考虑到折痕是曲线,这不太容易做到,但是并不是不可能的)。然后,一个出人意料的,呈现出马鞍形的漂亮结构出现了。在人们目前所知道的文献里,这样的折纸结构还是第一次出现。

我们每个人都知道怎么折一个纸飞机或者纸鹤,不过恐怕也仅限于此。折纸毫无疑问是一门历史久远得已不可考的艺术,在漫长的历史年代中,一些简单的折纸技术在中国和日本代代流传。1797 年日本三重县桑名市长円寺的僧人义道一円出版的《秘传千羽鹤折形》被认为是世界上第一本折纸书,记载了当时所知道的大量折纸图案。

人们意识到折纸有其技术上的复杂性,乃至科学上的应用和研究价值,还是相当近的事。20 世纪的日本折纸艺术家吉泽章被认为是现代折纸艺术的鼻祖。他一生发明出了超过五万种新的折纸图样,更重要的是,他建立了描述折纸技术的标准语言,至今仍旧为全世界所通用。在海外,他被广泛看作是日本的一名文化大使。1983 年,日本天皇授予他旭日章,这是日本国民所能获得的最高荣誉勋章之一。

到 20 世纪 80 年代,人们开始注意到折纸可以作为一个数学问题被加以研究。归根结底,一个折纸作品一旦被展开,就不外乎体现为一张纸片上的若干折痕,这些折痕满足某些特定的数学性质。反过来,给定一个人们心目中的折纸作品的模样,如何设计出相应的折痕,这在从前是一件完全依赖于折纸艺术家的经验的困难技巧,而今天却可以通过特定的方式转化为一种可以被标准流程所回答的数学问题。

20 世纪 90 年代,美国科学家 Robert Lang 写出了一个名为 treemaker 的电脑程序,允许人们输入任何自己心目中想要的形状,然后电脑会计算出为了折出该形状所需的折痕图样。从那一天起,折纸艺术彻底进入了自由王国。儿童通过折纸,培养自己的动手能力,而且"十指连心",通过动手,开发了大脑,使大脑得到了开发和锻炼,可以得到最大限度的利用,同时也促进了对其他知识的学习。折纸讲究对称,可以培养孩子的对称性;折纸需要耐心;可以锻炼儿童的耐心;折纸需要有一定的空间感,就可以培养儿童的立体感;折纸可以折出许多物品来,可以举一反三,会折飞机,就会折飞船,可以培养儿童创造性。

实践与体验

读了上面的介绍,你想说点什么呢? 是不是对折纸产生了兴趣?

单元二:折纸技法简介

学习目标:

1. 认识手工折纸常用的材料、工具。

2. 在参与体验中了解折纸材料和工具的性能和作用。

3. 在教师指导下,了解掌握折纸基本技法,锻炼动手操作能力。

4. 与家人分享体验折纸带来的快乐,体会传统文化的魅力;在探索实践中发现新问题、拓展新主题。

实践方式:参与实践。

材料准备:剪刀、双面胶、透明胶带、彩笔、铅笔、橡皮、白胶等。

学科整合:与语文、音乐、美术、信息技术等学科整合,在学习、欣赏、体验、交流的过程中,不断提高审美水平。学会用流利的语言描述常用的折纸折法,提高口语表达能力。

课时建议:2课时。

手工折纸常用材料、工具

学习与探究

小朋友们,下面的这些材料和工具你认识吗? 能说出它们的作用吗?

彩纸位置肯定占第一位的。一般常用的有 A4 大小的长方形彩纸,还有一些正方形彩纸,这些在文具店里都有卖。彩纸有双面都有颜色的,还有单面带颜色的(一面彩色,一面白色)。尽量挑一些花色好看的彩纸,折出来的作品会增色不少。有的折纸作品只要彩纸就可以折叠出来了,期间不需要其他工具材料。

剪刀在折纸过程中起到至关重要的作用,我们不要拿家里买的那种大剪刀来使用,不太方便剪纸,用这种轻便实用的小剪刀就非常合适。

透明胶带的牢固性比双面胶要大,因此在某些地方需要粘住,而且必须要牢靠的时候,通常会选择透明胶带。

画底稿的时候用铅笔,等完工后还可以用橡皮把铅笔线擦掉,这样更美观。

白胶粘着性比较大,比如一些花朵与叶子连接的时候可以用上白胶。

双面胶在折纸过程中用到的频率也是很高的,用双面胶的好处就是隐形的,外观看不出来,这个很棒!

彩笔比如画小动物的眼睛、鼻子、嘴巴时用得到,也有时需要画上一些花花草草的,或者比较萌的表情等等。

实践与体验

请你按照下面的要求来做一做:

1. 用铅笔在你的彩色纸上画一个圆。要尽量画圆哦,画歪了可以用橡皮擦掉重新画。

2. 用剪刀沿着你画好的线将圆剪下来。

3. 在剪下来的圆上用彩笔画上眼睛,眉毛,鼻子,嘴巴。彩笔可以选择自己喜欢的颜色。做成一个小面具。

4. 在另一张彩纸上画一个半圆。再用剪刀剪下来。

5. 用胶水或者胶带将半圆粘到刚刚做好的面具上。

6. 比一比谁做得更漂亮。

折纸基本技法简介

学习与探究

小朋友们,下面这些是折纸的时候常见的一些符号,你能分得清吗?

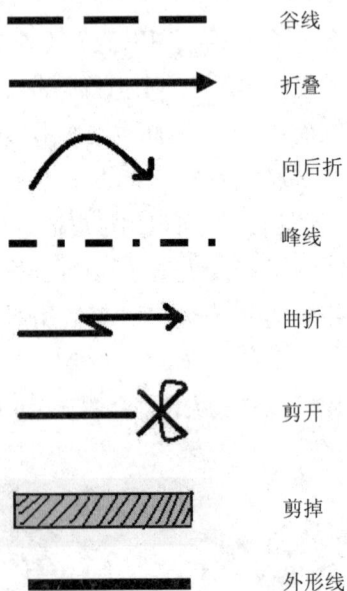

─ ─ ─ ─	谷线
──────▶	折叠
⌒▶	向后折
─ · ─ · ─ · ─	峰线
∿▶	曲折
──✕──	剪开
▨▨▨▨▨	剪掉
────	外形线

实践与体验

试一试,这些基本的折纸技法。

1. 对边折

2. 对角折

3. 两边向中心折

4. 向心折

5. 集中一角折

你学会了吗?要多练习哦!

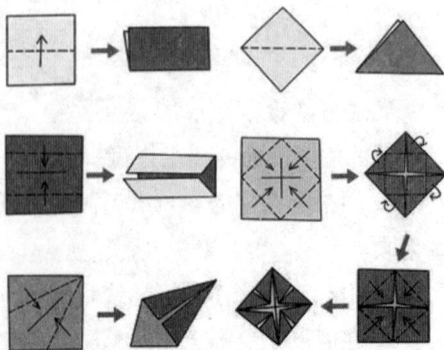

58

单元三:瓜果飘香

学习目标:

1. 学会手工操作的基本技巧和方法。

2. 锻炼动手能力,陶冶情操。兴趣中学习,学习中快乐,快乐中自信,自信中进取。

3. 提高动手能力、观察能力,同时也学会废物利用,提高审美能力和美化生活的能力。

4. 欣赏优秀的手工制作作品,从中体会到手工制作与民族文化、生活的密切联系,继承民族文化,热爱生活,热爱大自然。

实践方式:观察体验;动手实践;欣赏评价。

材料准备:折纸专用纸、剪刀、画笔、胶棒等。

学科整合:与语文、音乐、美术、信息技术等学科整合,通过学习、实践、交流提高语文素养;通过欣赏、展评提高学生的审美能力。运用摄影、信息技术保留制作过程中的瞬间,记录自己制作过程中的所见所感。能用流利的语言描述制作过程,讲述幸福纸艺小故事。

课时建议:3 课时。

纸香蕉

激趣导入

小朋友们,你喜欢吃什么水果? 香蕉在我们的日常生活中是一种非常美味又有营养的水果。瞧,这是什么? 对,纸香蕉! 今天,我们就一起来学习折纸香蕉吧。

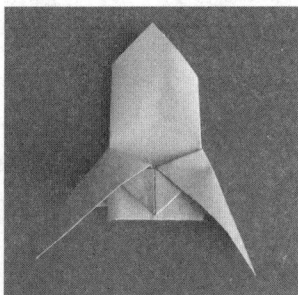

学习与探究

试着完成你的作品,并且秀一秀吧!

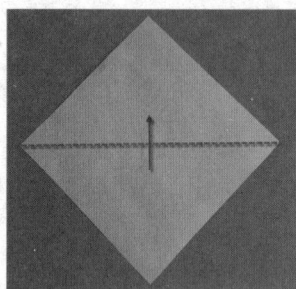

步骤1:将纸张裁剪成正方形,依照图示画上折叠线,然后沿虚线进行对折。

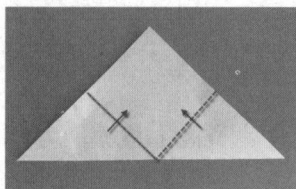

步骤2:依照图示在纸上画出折叠图示,沿着箭头和虚线的方向往顶角折叠。

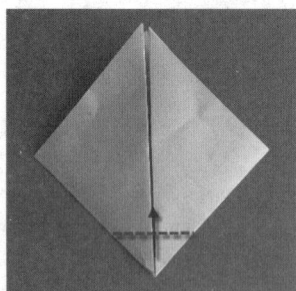

步骤3:沿着虚线把下方的箭头部分折上去。

步骤4:沿着虚线和箭头的方向进行折叠。

步骤5:将两边向后弯折,然后粘贴在一起。

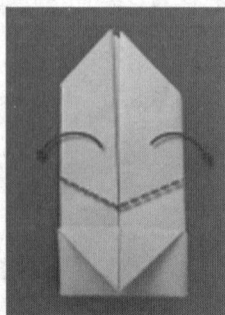

步骤6:沿着虚线和箭头的方向拉下来。

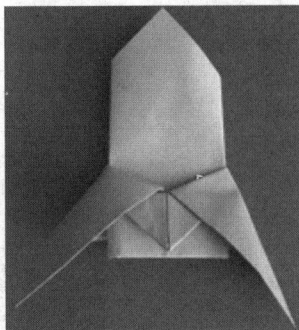

步骤7:完成。

实践与体验

试着完成你的作品,并且秀一秀吧!

大西瓜

激趣导入

小朋友们,在炎热的夏季,你最想吃的水果是什么呢? 西瓜的作用不单单是消暑,而且西瓜的营养价值也非常高。瞧,这像不像甜甜的、水水的西瓜呢? 今天我们就来学习如何折纸西瓜。

学习与探究

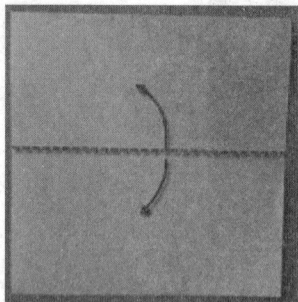

步骤1：将粉红色彩纸裁成正方形，然后对折。

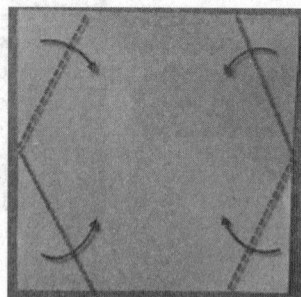

步骤2：展开对折的彩纸，沿着虚线处将四角折下。

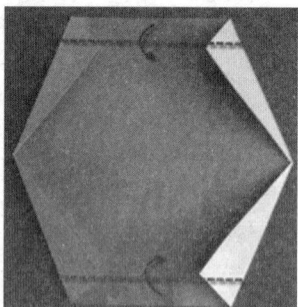

步骤3：沿着虚线上折。

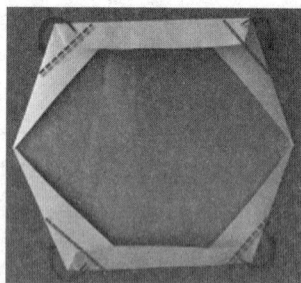

步骤4：沿着四条虚线向背面折。

步骤5：再沿着虚线向背面折。

步骤6：沿着中间虚线对折，彩色面朝外。

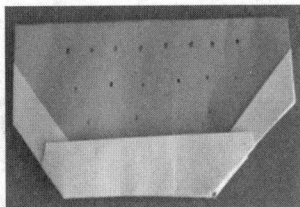

步骤7:点上西瓜籽,纸西瓜完成了。

实践与体验

试着完成你的作品,并且秀一秀吧!

葡萄

激趣导入

小朋友们,有了前几节课的经验,相信今天的学习你一定会更棒!瞧,纸葡萄!折纸的葡萄开始的模子更像是一个折纸的冰激凌,到后面葡萄的地方还是得要自己用手画上才可以的,毕竟折纸的葡萄也不是那么容易做的哦。

学习与探究

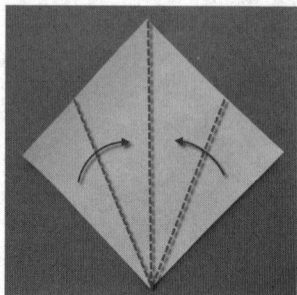

步骤1：将方形纸张左右两个顶角先进行对折，展开之后在垂直方向上面留下一条折痕。

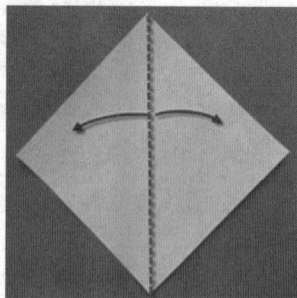

步骤2：接着将左右两个角向中间进行折叠。

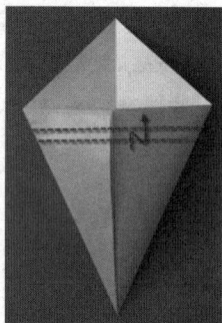

步骤3：根据箭头示意，将折痕所在的地方进行一次连续的折叠。

步骤4：然后把折纸用的纸张的底角向上进行翻折。

步骤5：当然DIY折纸用的纸张的顶角也向后进行翻折。

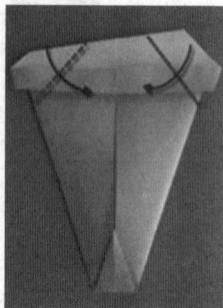

步骤6：将DIY折纸用的纸张上部左右两边向前面进行折叠。

步骤7:翻转 DIY 折纸用的纸张。

步骤8:用画笔画上葡萄的样子,好啦,一个折纸的葡萄就制作完成了。

实践与体验

试着完成你的作品,并且秀一秀吧!

单元四:动物乐园

学习目标:

1. 学会手工操作的基本技巧和方法。

2. 锻炼动手能力,陶冶情操。在兴趣中学习,学习中快乐,快乐中自信,自信中进取。

3. 提高动手能力、观察能力,同时也学会废物利用,提高审美能力和美化生活的能力。

4. 欣赏优秀的手工制作作品,从中体会到手工制作与民族文化、生活的密切联系,继承民族文化,热爱生活,热爱大自然。

实践方式:观察体验;动手实践;欣赏评价。

材料准备:折纸专用纸、剪刀、画笔、胶棒等。

学科整合:与语文、音乐、美术、信息技术等学科整合,通过学习、实践、交流提高语文素养;通过欣赏、展评提高学生的审美能力。运用摄影、信息技术保留制作过程中的瞬间,记录自己制作过程中的所见所感。尝试用生动的语言描述与表达制作过程,讲述幸福纸艺小故事。

课时建议:3 课时。

可爱的小青蛙

激趣导入

小朋友们,前面我们学会了很多水果的折叠方法,瞧,这是什么? 对,小青蛙!
今天我们就来一起折一只可爱的小青蛙。

学习与探究

步骤1:将方形纸张沿着虚线对折。

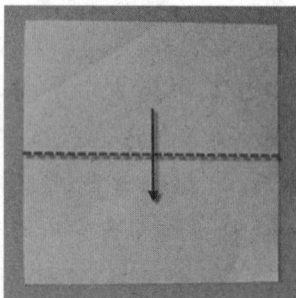

步骤2:接着将右上角沿着虚线向内压折。

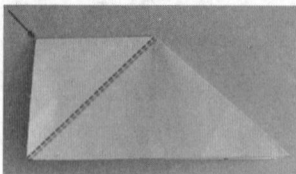

步骤3:将左上角沿着虚线向内压折。

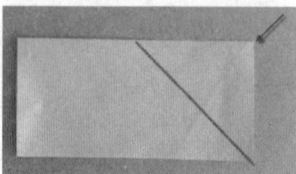

步骤4:将下面的两个角沿虚线向上折。

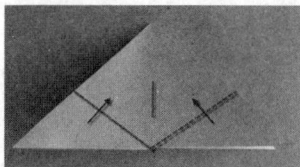

步骤5:翻过来,沿虚线向后折。

步骤8:用画笔画上眼睛,可爱的小青蛙做好了。

实践与体验

试着完成你的作品,并且秀一秀吧!

淘气的小鸡

激趣导入

小朋友们,瞧,这是什么? 对,小鸡! 今天我们就来一起折一只淘气的小鸡。

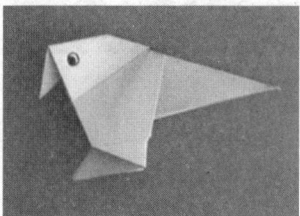

学习与探究

步骤1:将方形纸张沿着虚线朝箭头方向折。

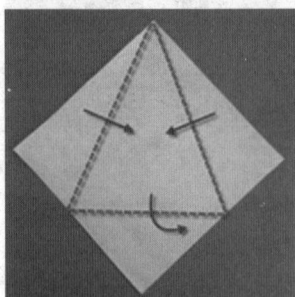

步骤2:折起两个角。

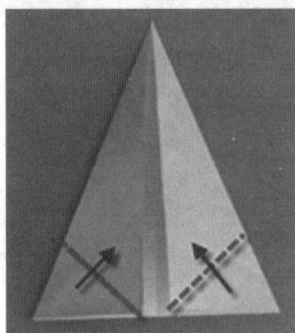

步骤3:沿箭头方向拉出。

步骤4:沿虚线朝箭头所指方向折叠。

步骤5:沿虚线对折。

步骤6:沿虚线朝箭头方向折下。

步骤7:画上眼睛,即成小鸡。

实践与体验

试着完成你的作品,并且秀一秀吧!

张牙舞爪的螃蟹

激趣导入

小朋友们,瞧,这是什么? 对,螃蟹! 今天我们就来一起折一只张牙舞爪的大螃蟹。

学习与探究

步骤1:将方形纸张沿着虚线折叠。

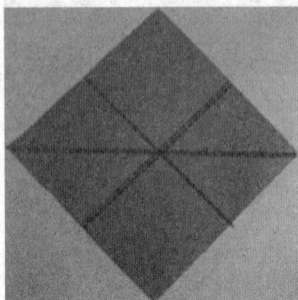

步骤2:沿虚线折叠,前后两层都折。

步骤3:按图示将前后两层都剪开,沿着虚线将中间两层朝箭头方向折叠。

步骤4:按照图示将横线部分剪掉,沿虚线折叠。

步骤5：按图示剪开，沿虚线折叠。

步骤6：沿虚线朝箭头方向折下。

实践与体验

试着完成你的作品，并且秀一秀吧！

单元五:花草系列

学习目标:

1. 学会手工操作的基本技巧和方法。

2. 锻炼动手能力,陶冶情操。在兴趣中学习,学习中快乐,快乐中自信,自信中进取。

3. 提高动手能力、观察能力,同时也学会废物利用,提高审美能力和美化生活的能力。

4. 欣赏优秀的手工制作作品,从中体会到手工制作与民族文化、生活的密切联系,继承民族文化,热爱生活,热爱大自然。

实践方式:观察体验、动手实践、欣赏评价。

材料准备:折纸专用纸、剪刀、画笔、胶棒等。

学科整合:与语文、音乐、美术、信息技术等学科整合,通过学习、实践、交流提高语文素养;通过欣赏、展评提高审美能力。运用摄影、信息技术保留制作过程中的瞬间,记录自己制作过程中的所见所感。通用生动的语言描述制作过程,讲述纸艺中的趣味故事。

课时建议:5 课时。

可爱的四叶草

活动目的:

1. 利用彩纸制作出纸艺作品装点生活,美化生活。

2. 培养学生的想象力,观察力和操作能力以及耐心、细致的个性。

活动准备:彩纸若干张。

课时安排:2 课时。

激趣导入

四叶草是车轴草属植物(包括三叶草属和苜蓿草)的稀有变种,也有五叶以上,最多是十八叶。在西方认为能找到四叶草是幸运的表现,在日本则认为会得到幸福,所以又称幸运草。四叶草会被赋予这些意义是因为极其珍罕性,大概一万株三叶草中

只会有一株是四叶的(也有的说十万株才有一株)。现在就让我们来折一束幸运草,让它把幸运带给我们身边的每个人吧。

学习与探究

步骤1:取一张正方形纸,对半折两次,展开会出现十字折痕。

步骤2:对准中线折痕往上折。

步骤3:然后翻到背面,右边以中线为准折出直角三角形。

步骤4:左边也是同样操作,得出两个直角三角形。

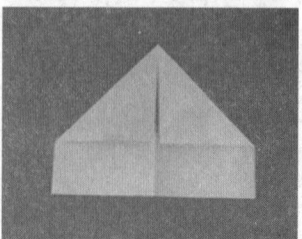

步骤5:然后返回到正面,把顶点的大三角形对准底边向下折。

步骤6:翻到背面,有两个长方形。打开其中一个长方形,以中线折痕为准压折下去,形成一个三角形。

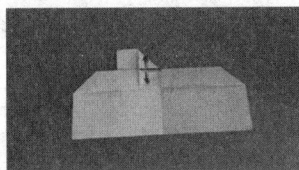

步骤7:然后把三角形多余的部分以三角形的底边为准对折,刚好与三角形形成一个大三角形。

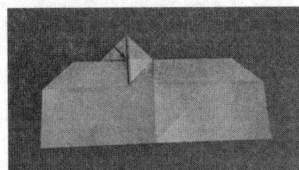

步骤8:把大三角形的顶点以三角形的底边为准往下折。

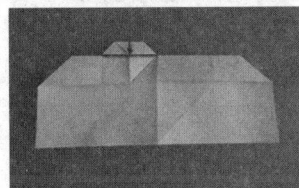

步骤9:右边也是同样操作。

步骤 10：把右边以中线折痕为准对折。

步骤 11：左边也是同样以中线折痕为准对折，然后翻面，四叶草的一片叶子就形成了。

步骤 12：然后同样的折法，分别再折出另外三片叶子，总共是四片叶子。

步骤 13：把四片叶子分别组装起来。

步骤 14：组装好后，四叶草就完成啦。

步骤15:顺便折根四叶草的茎。

实践与体验

试着完成你的作品,并且秀一秀吧!

美丽的枫叶

活动目的:

培养观察力、操作能力,以及耐心,细致的个性,提高口语表达能力。

活动准备:彩纸若干张。

课时安排:2 课时。

激趣导入

枫叶是枫树的叶子,一般为掌状五裂,长约 13 厘米,宽略大于掌,3 片最大的裂片具有少数突出的齿,基部为心形,叶面粗糙,上面为中绿至暗绿色,下面叶脉上有毛,秋季变为黄色至橙色或红色,但少量地区为深、暗绿色。

在春天和夏天,叶绿素在叶子中的含量比其他色素要丰富得多,所以叶子呈现出叶绿素的绿色,而看不出其他色素的颜色。

当秋天到来时,白天缩短而夜晚延长,这使树木开始落叶。在落叶之前,树木不再像春天和夏天制造大量的叶绿素,并且已有的色素比如叶绿素,也会逐渐分解。这样,随着叶绿素含量地逐渐减少,其他色素的颜色就会在叶面上渐渐显现出来,于是树叶就呈现出黄、红等颜色。

学习与探究

1. 观察枫叶。

2. 出示操作步骤。

步骤1:将纸张没有颜色的一面朝上,将顶角向底角进行折叠。

步骤2:将制作出来的三角形右角向左角进行折叠。

步骤3:然后参照白颜色箭头符号指向,辅助于折痕,将折纸用的纸张上半部分的三角形展开。

步骤4:根据黑颜色符号箭头的指示,将DIY折纸用的纸张压展平整。

步骤5:翻转 DIY 折纸用的纸张。

步骤6:根据白颜色箭头符号指向,将 DIY 折纸用的纸张上部的三角形展开,再压展平整,这一步的操作和第三步与第四步的操作很相似。

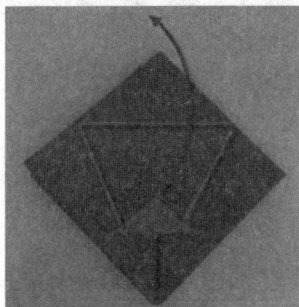

步骤7:将 DIY 折纸用的纸张上、左、右三个角分别向中间进行折叠,展开。

步骤8:将折纸用的纸张的上表面底角向上拉起。

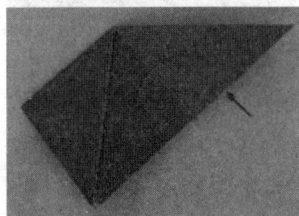

步骤9：在压展平整了之后，将 DIY 折纸用的纸张的顶部向下进行折叠。

步骤10：DIY 折纸用的纸张左右两个角向内折叠。

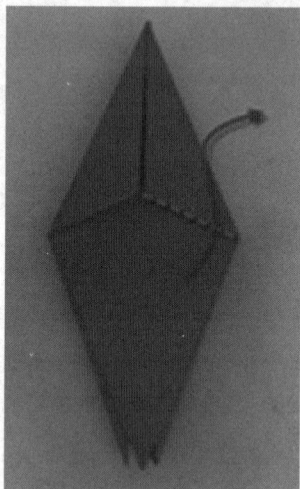

步骤11：将 DIY 折纸用的纸张侧面向上拉起。

步骤12:把 DIY 折纸用的纸张左边向右边折叠。

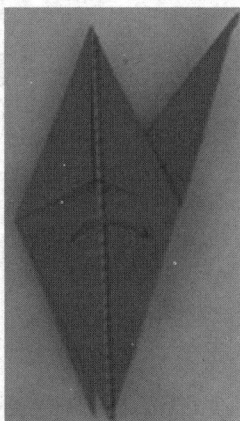

步骤13:将底角向上拉起。

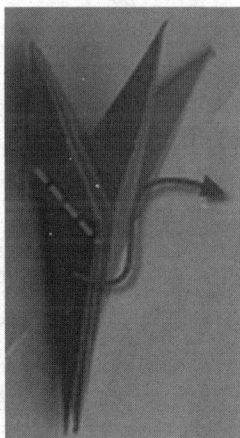

步骤14:左边的 DIY 折纸用的纸张向右边折叠。

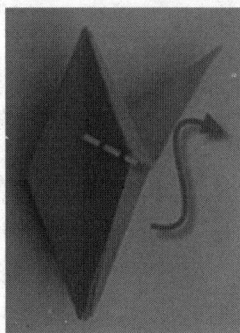

步骤15：把底角向上拉起。

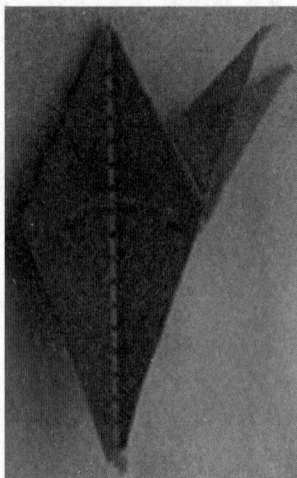

步骤16：把下部的底角向左边翻折。

步骤17：翻转 DIY 折纸用的纸张。

步骤18:这里还需要额外制作一个做手工折纸枫叶的叶柄。

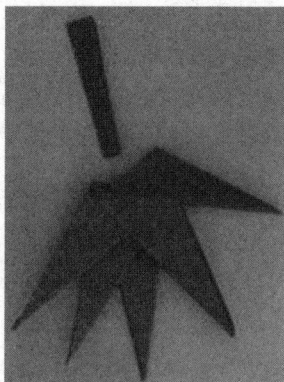

步骤19:可以看到一个简单的折纸枫叶可以轻松的制作完成咯!

实践与体验

试着完成你的作品,并且秀一秀吧!

知识链接

枫树的树皮为灰褐色,的表面逐渐随树龄的增长而出现沟纹和鳞片。花黄绿色,小,无花瓣,下部垂于细长柄上,春季随幼叶开放,呈开放型花序。果实具平行的翅,长2.5厘米,高度30米,宽柱形,落叶。

落叶树种在秋冬的时候,体内会产生一些化学反应,让原本树叶中所含的物质或部分组织分解之后回收,储藏在茎或根的部位,来年春天的时候可以再利用,叶绿体、叶绿素就是被分解回收的对象之一,因为叶绿素的含量较大而遮盖了其它颜色,使叶片呈绿色。因此当叶子里的叶绿素没有了的时候,其它色素的颜色彰显出来,如花青素的红色、胡萝卜素的黄色和叶黄素的黄色等。除此之外,枫叶中贮存的糖分还会分解转变成花青素,使叶片的颜色更加艳丽、火红。枫叶没有五个"手指"就不是枫叶,这是枫叶的特色!

竹笋

活动目的:

通过提供操作技巧,促进手脑协调发展,增强生活技能。

活动准备:彩纸若干张。

课时安排:2课时。

激趣导入

毛竹、早竹等散生型竹种的地下茎入土较深,竹鞭和笋芽借助土层保护,冬季不易受冻害,出笋期主要在春季。麻竹、绿竹等丛生型竹种的地下茎入土浅,笋芽常露出土面,冬季易受冻害,出笋期主要在夏秋季。

学习与探究

步骤1:在中间折上留下痕迹,复原。

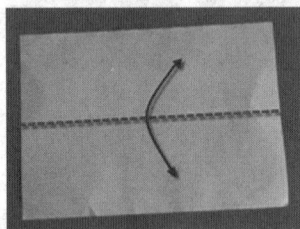

步骤2:在虚线上,向前面折。

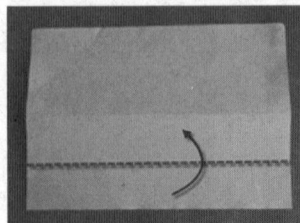

步骤3:在虚线上,向前面折。

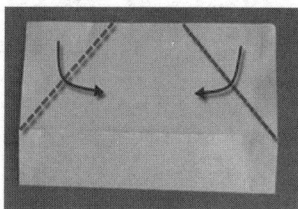

步骤4:在虚线上,向前面折。

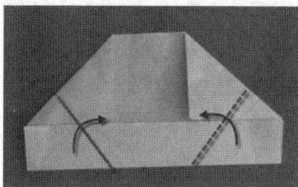

步骤5:在虚线上,向前面折。

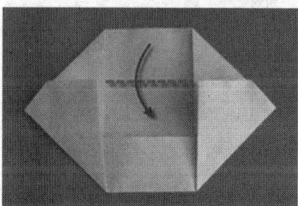

步骤6:翻过来,在虚线上,向前面折。

步骤7:在虚线上,向前面折。

步骤8：翻过来。

步骤9：在虚线上，向前面折。

步骤10：向前面折，插入。

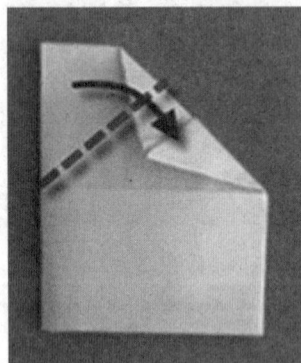

步骤11：翻过来。

步骤12:完成。

实践与体验

试着完成你的作品,并且秀一秀吧!

单元六:建筑系列

学习目标:通过本单元动手折房子、城堡等建筑,培养学生热爱生活的情感,增强学生审美能力、创造能力、动手能力、探究能力和合作能力。

实践方式:观察体验;参与劳动实践;分析归纳研究。

课时建议:3 课时

彩色房子

活动目的:

1. 通过折小房子,体验折纸的乐趣。

2. 喜欢参加折纸活动,愿意自己动手完成作品。

3. 锻炼观察能力和动手操作能力。

活动准备:正方形的彩纸若干,事先折好的房子、步骤图一幅。

课时安排:1 课时。

激趣导入

右图,这是小猪住的结实的房子哦! 它是什么颜色的? 你想试着折一折吗?

学习与探究

步骤 1:沿虚线对折。

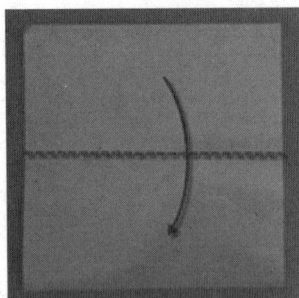

步骤 2:沿虚线对折。

步骤 3:折出压痕后打开。

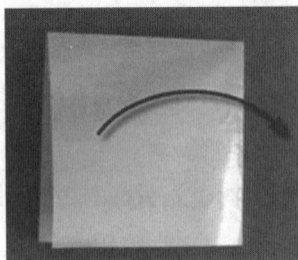

步骤4:沿虚线折叠。

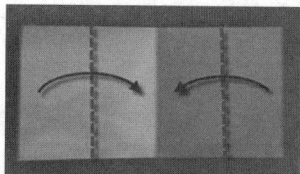

步骤5:折叠后拉开,沿虚线向里压。

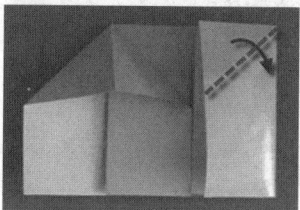

步骤6:右边折法与左边相同。

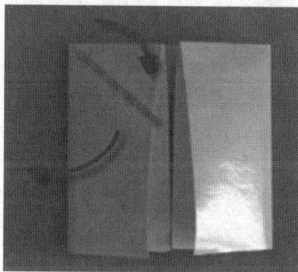

步骤7:完成。

实践与体验

试着完成你的作品,并且秀一秀吧!

楼房

活动目标:

1. 通过观察折纸步骤图、观看示范的形式,掌握折楼房的基本方法。

2. 对折纸活动感兴趣,养成仔细观察的习惯。

活动准备:纸、步骤图、油画棒(彩笔)等。

激趣导入

同学们,这个楼房怎么样? 楼房怎么折的? 你能尝试折出来吗? 试试看!

学习与探究

步骤1:先双三角形折,两角再向中心折,背面相同。

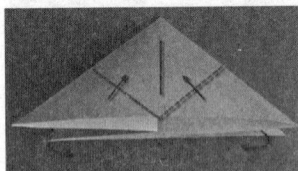

步骤2:拉折两角,背面相同。

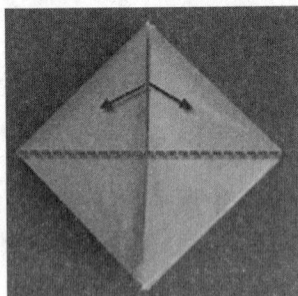

步骤3:沿虚线向后折,背面相同。

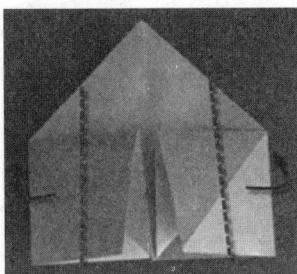

步骤4:拉折两角,背面相同。

步骤5:向上折。

步骤6:画上门窗成小楼。

实践与体验

试着完成你的作品,并且秀一秀吧!

单元七:生活用品

学习目标:通过本单元动手折小花伞、风车、灯笼以及衣服等生活用品,培养热爱生活的情感,增强审美能力、创造能力、动手能力、探究能力和合作能力。

实践方式:文献搜集、观察体验、参与劳动实践、分析归纳研究。

材料准备:手工纸、胶棒、水彩笔、各色卡纸、手工纸、双面胶、小剪刀、裁纸刀等。

课时建议:2课时。

小花伞

活动目标:

1. 学习用对边折的方法折出小花伞。

2. 在观察、讨论的基础上,尝试看图示折纸,体验折纸的乐趣。

3. 提高观察能力和动手操作能力。

活动准备:若干正方形彩纸,事先折好的小伞、步骤图一幅。

课时安排:1课时。

激趣导入

雨伞是很常见的一种生活用品,不过现在的雨伞大多数都是能够收缩的半自动的伞,以前的那种纸伞是不多见的了。你见过那种老式的油纸伞吗？没有见过的话,就来看一看这款折纸伞吧,很简单的一种折纸,大家来动手折出一把油纸伞出来吧。

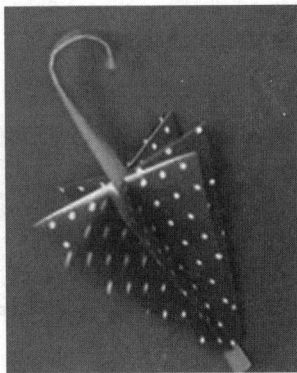

学习与探究

步骤1:将正方形纸对边折,注意对边折的时候边和边、角和角对齐。

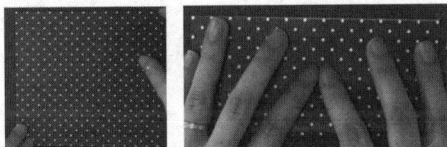

步骤2:将小正方形变成三角形。

步骤3：用一张纸卷成细细的柱形当做伞柄，用剪刀剪下一个小口，把伞柄插进小口里就可以了。

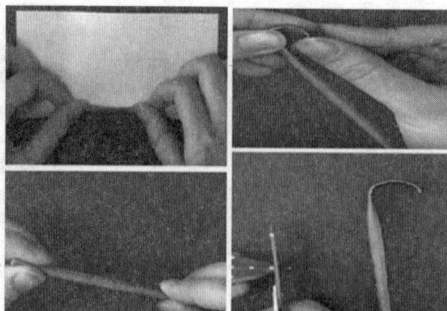

实践与体验

试着完成你的作品，并且秀一秀吧！

小衣服

活动目标：

1. 提高对折纸活动的兴趣和动手操作能力，开发学生智力。

2. 学习折衣服的方法，学会看过程图。

3. 养成细致、认真的手工习惯。

4. 提高对美的感受力和创造美的能力。

活动准备：

1. 正方型白纸、水彩笔或油画棒。

2. 衣服的折叠过程图及范例（经过装饰和没经过装饰的）。

课时安排：1 课时。

激趣导入

想不想学会折小衣服？

学习与探究

折上衣

步骤1:向心折。

步骤2:四角向后折。

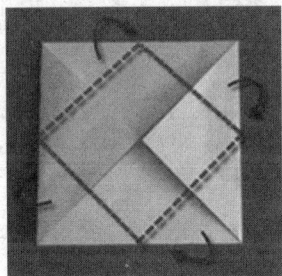

步骤3:再向心折,反过来。

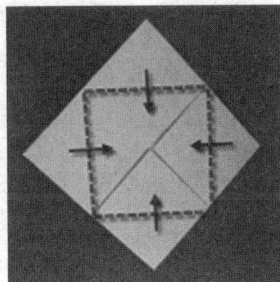

步骤4:四个角分别向外摊开。

步骤5:对边折,完成。

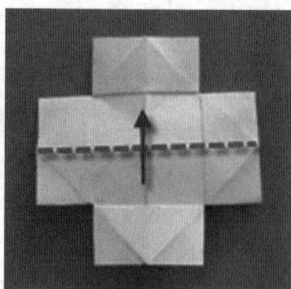

折裤子

步骤1:向心折。

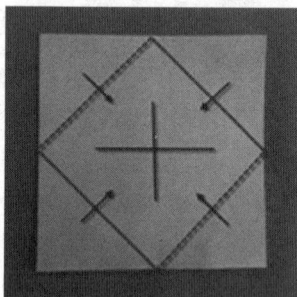

步骤2:四角向后折。

步骤3:再向心折,反过来。

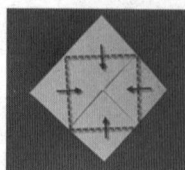

步骤4:上下两角向外摊开,左右两角向外拉开并向下折。

步骤5:向上边对折。

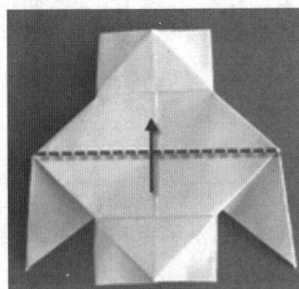

步骤6:完成。

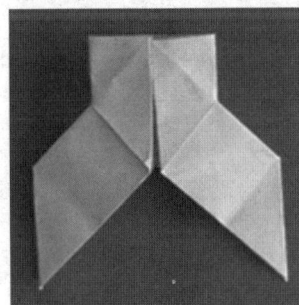

实践与体验

试着完成你的作品,并且秀一秀吧!

第三章　课程实施
以点带面推进　研磨幸福纸艺课堂

　　纸文化在我国有着深远的历史,从窗花开始就蕴含着极高的中华民族精神文明。幸福纸艺课程,蕴含着深厚的纸文化意蕴,将无限的自然造化浓缩到有限的校园里,又将有限的校园延伸到无限的生活和历史文化中,让学生置身于人文精神的熏陶,参与文化的传承与发展。幸福纸艺校本课程的实施,充分让学生体验和享受来自生活、来自自然、来自心灵的美感,并鼓励将这种体验流淌到平时作品中,使情感得到丰富、心灵得到净化。荣成市幸福街小学在借鉴美术创作规律的基础上,结合实践探索,以点带面,边摸索边学习,从另一个角度出发,长长的纸条就散发着独特的魅力,提升学生的思维水平,将纸艺真正融入学生的精神世界。

第一节 骨干先行研究 积累实施经验

一张彩纸、一束衍纸条、一双巧手，再加上一点创意，在荣成市幸福街小学首届趣味纸艺节上，普通纸张、纸条经过孩子们的一番改造，变换成了一件件精美绝伦的纸艺作品。不管是剪出来的美丽鱼儿，卷出来的海洋世界，还是编出来的守株待兔……无一不展示了孩子们丰富的想象力和创造力。在这里，孩子们通过"动手做"，舞动灵巧的小手；通过"自由想"激发思维的火花，最终收获成功带来的喜悦。

在幸福纸艺教学中，要采用传统技法，结合美术前沿的创作理念，让传统的纸艺焕发新的时代魅力。

王大根老师在其《论运用美术语言创作的教学》一文中指出，纸艺创作是作者借鉴某种艺术语言，运用相应的纸艺材料、工具，以及造型、设计或制作等手法，为描绘客观世界、表达主观情感与思想，美化环境与生活，所创造具有一定空间和审美价值作品的活动。纸艺创作是作者眼、脑、手高度协调的过程。一方面要从经典作品中学习其美术语言（风格、技巧及创作观）提高境界；另一方面要从现实生活中获取创作素材和灵感，并通过构思、收集资料等系列创作过程，完成作品，并在其中融入自己的个性、情感和思想，即创新。

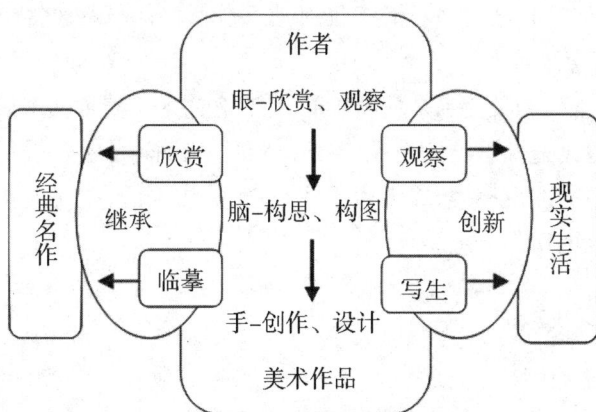

美术创作规律示意图

一、提炼创作方式

学校在借鉴美术创作规律的基础上,结合实践探索,总结出了以下创作方式:

1. 借鉴传统的工艺方式开展幸福纸艺教学

民间剪纸、脸谱等传统工艺,潜移默化地向人们进行艺术熏陶,进行美的教育,使人们的审美情趣不断提高,激发人们热爱生活,向往美好未来的情感。在幸福纸艺创作中应融合这些传统的文化方式,使其外部形式传达和表现一定的情绪、气氛、格调、风尚和趣味等,可以更好地满足我们的审美需求。

(1)借鉴传统造型

直接仿照成品造型,完成比较简单的创作活动。

(2)借鉴传统图案

创造一件精彩的作品,除了在造型和色彩上下功夫外,还可以在图案上做文章,有时图案可以成为作品的点睛之笔。中国传统图案丰富多彩,单独纹样、二方连续和四方连续等纹样,都可以借鉴,让作品产生独特的韵律美。

2. 融入后现代主义观念开展幸福纸艺教学

后现代主义艺术是一种对现代主义艺术表达方式、思维方式以及价值观的颠覆和反叛。幸福纸艺教学也应与时俱进,关注生活,关注社会变化。

(1)注重情感表达

纸艺创作过程也是艺术家情感流露的过程。在后现代主义影响下,艺术家不仅注重作品本身,更注重创作的过程体验,过程也成为作品的一部分,有些艺术家专门从事即兴创作。因而,幸福纸艺创作时,教师重视引导学生综合运用各种技法,酣畅淋漓地表达自己的内心情感,而不在乎作品的像与不像、合不合逻辑。

(2)强调观念注入

有人说,后现代主义美术是一场变革,是观念艺术。美术的本质在于创新,而创新主要表现在创造性思维的发展。在幸福纸艺创作中,融入后现代创作观,将有助于学生创造力的发挥,培养学生关注环境、关注生活、关注人类本身等现象,用艺术表达自己的所思所想。

二、课程实施建议

1. 课程实施原则

选择性原则:对教师而言,发挥各自的优势和特长,积极学习课程实施所需知识技能,更好地承担教学任务;对学生来说,因为有些纸艺创作需要很多时间,如果按课时进行完不成教材内容的学习,可以根据自己的爱好和特长选择相应内容学习,掌握关键技能。

实践性原则:在幸福纸艺课程具体实施过程中,强调以学生动手制作方式为主,欣赏、评论、运用文化内涵研究等方式为辅。

创造性原则:从学生的发展考虑,无论今后从事什么工作,学习动手进行幸福纸艺制作都是需要的。课程学习的目的不仅是完成几件纸艺作品而已,更重要的是培养学生整体统筹的能力、勇于实践和善于思考的品质。因此,教师要注重激励学生在学习中大胆探究、积极创造。

直观性原则:自编系列纸艺教材中运用了大量案例,附有清晰的制作流程,让读者一目了然,利于轻松自主学习。另外,教师的现场示范、纸艺原作的欣赏都能客观地呈现给学生,让他们切实感受到纸艺的独特性。

2. 课程教学方法

教师演示法:是指教师通过现场展示各种实物、教具,进行示范性操作,或借助现代化教学手段,使学生获取知识技能的教学方法。由于纸艺直观性的特点教师通过现场演示折纸、衍纸等的制作,能达到事半功倍的教学效果。

自主探究法:是新课程背景下的一种学习方式,主要指在教师的引导下,学生能主动地发现问题、解决问题,从而获取知识的方法。在幸福纸艺课程教学中,引导学生通过解读教材范例,自主学习相关知识技能并探究出新的创作技法最后完成纸艺作品的设计制作。

小组合作法:是世界上比较流行的教学方法之一,指以合作学习小组为基本形式,系统利用教学中动态因素之间的互动,促进学生的学习,以团体的成绩为评价标准,共同达到教学目标教学活动。因此,在幸福纸艺校本课程学习中,学生以4人为小组合作的方式开展思考讨论、查找资料、分工创作纸艺作品,旨在培养学生的团队合作精神。

走访调查法:指通过书面或者口头的形式,实地走访了解被调查者的看法和经验的方法。在幸福纸艺校本课程学习中,主要引导学生走访纸艺名人,收集各种纸艺作品及相关信息资料。

三、骨干带头先行

学校骨干教师先行开始幸福纸艺课堂实践,不断积累课程实施经验。

1. 尝试:边摸索边前行

在幸福街小学三年级孔丽娟老师的办公桌上,摆放了很多小纸张,平时没事的时候,孔老师总喜欢折折叠叠、卷卷贴贴,构思各种各样的几何图形。"我是一名数学老师,在一次教学中,我发现把数学教学与折纸相结合,可以将抽象的数学概念具体化,使学生更容易理解,也对学习更加感兴趣。"孔丽娟老师说。

正是出于"让孩子在快乐中学习"的初衷,在孔丽娟老师的带领下,学校陆续在综合实践活动课中开设了纸艺教学。一方面提高了学生的学习兴趣,另一方面也培养了学生的动手能力、思维能力和审美能力,让学生能够静下心来自由发挥想象,创造自己想要表达的东西。

为了使这一活动能够持续有成效地开展下去,学校还成立了以孔丽娟为骨干的兴趣小组,挑选有纸艺特长的老师担任授课教师,每周进行一次纸艺课程的教学,通过剪、折、撕、拼、叠、编织等手段指导学生制作各种平面的或立体的艺术品,让有天赋、有兴趣的学生不断提升纸艺水平。

如今,幸福街小学精心设计、打造的"幸福纸艺文化"已经小有所成,通过一件件生动形象的作品展示了纸艺本身的魅力,同时幸福纸艺特色教学也获得了学生和家长们的一致认可和欢迎。

2. 研究:纸艺提升思维水平

(1)纸材联想,触发创作灵感

在大部分学生认知经验里,纸无非是卡纸、铅画纸、彩色折皱纸、包装箱的瓦楞纸等普通的材料,能想到用来制作工艺品的基本上是彩色纸、铅画纸,所了解的制作技巧无非是剪、贴、折。其实,纸艺的材料五花八门,方法也多种多样,艺术造型千姿百态。

首先,指导教师从网络、相关书籍中搜索许多纸艺作品的图片、或者艺术创想等视频,及各种变废为宝的纸工艺品,一边引导学生欣赏,一边一起讨论分析,这些作品是用什么材料、什么方法做的? 面对那么多精美作品,学生们赞不绝口、感慨万千:"旧挂历纸、商品包装纸、纸盒、纸杯等这些废旧物品竟然能旧貌换新颜,普普通通一张平面的纸可以变出美妙绝伦、造型复杂的立体造型的艺术品。"大量的实际作品,激发了学生的好奇心和学习兴趣,也培养了他们善于发现的眼光。一张糖纸、一段包装纸绳、一个购物袋、包装盒在他们看来都能变废为宝,变成艺术品。

其次,再发动学生课余用慧眼寻找收集周围各种所能发现的纸材,然后集中起来互相交流,鼓励学生可以看看纸、摸摸纸、试试纸的特性。进而,教师又展示各类纸材制作的工艺品,让学生对照实物和各类纸材,仔细观察,认真思考纸材和作品的关系。让学生们在视觉、触觉刺激下,创作灵感源源不断,培养了学生善于发现的眼睛、敏锐的触觉,有效激发了学生的学习兴趣,进而引发学生的纸艺创作灵感。

(2)技法尝试,开拓发散思维

学生能否掌握各种方法，制作出不同的纸艺作品，不在于技巧的高低，而在于观察力、理解力是否敏锐。课堂上，教师出示范作后，先让学生说说用什么方法做的？并让他们试一试，在试的过程中发现有难度了，再具体指导制作要领。折纸造型的作品很多，实际操作下来，发现其实折纸还是有一定规律的。大多数造型中包含了许多基本折法，如双三角、双方形、双菱形、双船型、对角折、对边折、向心折等。练习了多次折纸后，学生们可以掌握这些基本折法，更心灵手巧。

剪、折、贴是纸艺制作的常用技法，但纸的可塑性非常大，通过切、揉、卷、撕、编、搓等手法也能使其变化出丰富多样的形态。如何利用纸的特性进行创新，需要学生打破固有思维，借鉴其他工艺品，大胆尝试。"试一试，变一变，让你的纸艺作品大变样。"这是老师经常提醒学生的话。幸福纸艺制作，重要的是让学生去思考、去尝试，善于借鉴其他工艺制作方法，才能有创新。

（3）形式多变，展现多维想象

一件独具魅力的纸艺作品，其表现形式必定有独创性。学生掌握了一定技能、积累了一定经验，经过老师的启发和指点，便能自由地发挥想象，尽自己能力去创造。每件纸艺作品，教师需要求学生能综合运用各类技法，自己设计造型。平面的剪纸可以被赋予立体形象，而普通的立体造型也可以采用镂空纹样的装饰，更显雅致通透。

学生在实践中丰富了技能，拓展了新的创作空间，多维想象得到了发展、完善和升华，创新能力得到了不同程度的发展。

☞感受衍纸

小议衍纸魅力

一、初识衍纸

长长的纸条换个角度竟有另一番天地，我第一次见到衍纸艺术作品就被其独特的制作形式、随光线变化而变化的画面效果所吸引。绕来绕去的线圈也能画出美好的图片，在这一卷一粘之间一张小纸条完成了一次华丽的变身。回想第一次亲手制作衍纸画时，我被自己感动了，普普通通的小纸条、绕来绕去的线圈换个角度竟能散发出如此耀眼的光环。衍纸的制作过程是纸卷在指尖舞动的同时流露出制作者的心灵之美，这也是衍纸纸艺的艺术魅力所在。

二、探究衍纸足迹

衍纸又叫卷纸，是一种古老的手工纸艺。衍纸工艺已经有非常长的历史了，众多资料显示纸艺来源于古埃及。

衍纸的流行和普及过程比较曲折。据记载,衍纸被人们熟练掌握并成为一项较成熟的手工技艺是在16至17世纪,当时法国和意大利的修女们利用卷纸来装饰圣物盒和神画,其上会贴上金和更多的装饰物品。同时斯图亚特王朝时的贵妇人和乔治王时代的妇女们也很擅长这项手工艺,之后随着殖民侵略而进入北美洲,现在这项特殊的手工技艺又再一次流行起来。

由于衍纸材料与工具简单,做法容易掌握,且变化丰富,现在已成为深受大家喜爱的一项手工艺术。

三、衍纸艺术魅力

纸艺因其超强的塑造力丰富了它的表现能力,衍纸在制作时的表达手法显现了其包罗万象的表达力。因为衍纸过去被用于宗教圣物的装饰,一直以来都被看成是一种优雅、高贵的艺术体现手段。自从衍纸技艺流入民间,不但体现形式变得多元化,而且设计本身也更加巧妙地将纸的特点发挥得淋漓尽致。

衍纸艺术融合了雕塑和绘画的体现形式,但其体现方式却更加丰富。衍纸艺术不仅可以以平面形式体现,还可以是立体的。小小的纸条在指尖卷动,指缝中流淌的是作者优雅的气质和对生活的热爱,而在底板上留下的就是一幅幅生动、有趣的衍纸艺术作品,这也是衍纸艺术吸引我的理由之一。

衍纸艺术在我国还没有得到广泛传播,很多人看到衍纸作品会发出惊叹声,为其复杂多变的造型、生动有趣的形象而赞叹,但是真正动手制作的人少,探讨这门艺术的人就更加少了。只是大家在看到衍纸作品时都认为如此复杂的造型,制作起来肯定很困难,好多人便知难而退了。其实衍纸艺术在操作起来并不难,比剪纸艺术和折纸艺术都要简单。复杂的是构思,一件衍纸艺术作品若要具有较高的欣赏价值,就要求作者眼、脑、心、手熟练配合,这样才能制作出优秀的艺术作品。

衍纸工艺是将雕塑艺术和绘画艺术的体现方式转换为纸,但其在艺术体现力方面并不落后于其他艺术形式。因其独特的制作形式与体现方式,衍纸艺术一直被认为是纸艺中的边沿艺术。传统上,我们会将衍纸称为卷纸,因为制作的基础材料是被卷曲的纸带。

衍纸像任何其它纸艺一样,有其特殊的工具和专门的技术。衍纸艺术由于本身独特的魅力,让很多玩家都爱不释手,而且有的技艺较为高超的人已经将衍纸制作作为谋生的手段了。当快乐和财富均可兼得的时候,生活就变得更加生动有趣了。衍纸由于材料较好准备,很多玩家都非常喜爱衍纸制作,不过单有好的材料还不够，更多的是需要作者有好的创意，就像好的绘画作品往往更加能够打动人的是其独特的创作构思。

小小的纸卷散发出的魅力是无限的，在制作过程中不仅被它半立体式的造型所吸引，由于光线的变换所展现出的不同色彩效果也令人折服。虽然刚接触衍纸时间不长，但我会经过自己的努力使自己的衍纸技能得到更进一步的加深。

衍纸艺术，让人惊奇！

你或许和我们一样惊奇于它的美丽！

再仔细看看！

是的！没错！它的确是用纸做的！

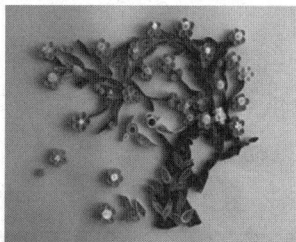

这幅画用了多种不同颜色的纸条，运用不同的制作技法完成的。衍纸又叫作卷纸，是纸艺大家族中比较独特的一项。衍纸是一门非常古老的手工艺，有很多资料都显示纸艺来源于古埃及。

衍纸是将雕塑和绘画技艺承载体转换为纸，但是在艺术表现力方面不落后于其它艺术形式。传统上，我们会将衍纸称为卷纸，因为制作的基础材料是被卷曲的纸带。更加吸引人的是，由于衍纸本身独特的魅力，让很多人都爱不释手，当快乐和成就感一并收获的时候，生活就变得更加生动有趣了。衍纸由于材料较好准备，很多玩家都非常喜爱衍纸活动，不过光有好的材料还是不够的哦，更多的是需要好的创意，心灵之美在指尖的流露就是纸艺，快来享受这样的宁静与快乐吧。

纸艺的魅力就在于其无限的表达能力，而多样的表达手法更凸显出纸艺的包罗万象。衍纸一直都被看作是纸艺大家族中优雅的典范，毕竟过去纸艺是用作宗教圣物的装饰，并且自从衍纸技艺流入民间之后，不但表达方式更加多元化，巧妙的设计本身更是将纸艺固有的艺术气息展现得淋漓尽致。对衍纸作品本身的欣赏也是提高衍纸技艺的关键部分。

准备好了吗！来吧！一起玩纸吧！

魅力衍纸 巧绘多彩童年

为了丰富孩子们的视野，提高孩子的动手能力、思维能力、创新能力以及感受生活的能力，我们的校本课程一直在摸索中前进，从最开始的乒乓球社团、跳绳社团等运动类社团，到现在的巧手坊手工社团、美术社团、音乐社团等艺术类社团，我校在开发适合本校校情的校本课程之路上从未停歇。

魅力衍纸课程的开设是在原有手工社团的基础上开发的新课程，深受孩子们的喜爱。

一、魅力衍纸之开设意义

那么,魅力衍纸课程的开设到底有什么意义呢? 我们主要有三点考虑。

首先,我们要从衍纸的历史说起。衍纸也称卷纸,是纸艺的一种形式,起源于18世纪流传于英国王室贵族间的一种艺术,它种类丰富,想象空间大,可塑性强,又因制作材料简单,作品实用美观而深受人们的喜爱和推崇。衍纸运用卷、捏、拼、贴等组合完成,常被运用于卡片、包装装饰、装饰画、装饰品等,又被称为卷纸装饰工艺。衍纸作为一种创意性强、简单而实用的纸艺艺术,画面立体,风格奇丽,表达手法丰富,不仅可以提高孩子们的动手能力,更有益身心、开发智力和思维。

其次,小学生单纯可爱,有无限的开发潜力,并且在家娇生惯养,备受父母长辈疼爱,不会动手干活,更别说是独自完成手工制作了。通过这门校本课程,可以帮助孩子提高自己动手的能力,提高孩子们对生活的热爱、对美的无限追求,不断地发展孩子的特长和兴趣,帮助孩子们树立学习的信心,感受学校的美好,体味同学间的友谊。

最后,"儿童的才智反映在他的手指尖上。"换句话来讲,只有让孩子在操作中动手、动脑,多种感官参与活动,才能使他们的智慧和能力得到最大限度的发展。为此,我校开设的魅力衍纸课程,是提高学生综合素质的最佳选择。衍纸艺术造型丰富、制作简单、作品精美,既能激发学生的学习兴趣,又贴近学生的生活,为学生提供了艺术创作和发挥想象力的空间,使学生获得快乐和满足,这对学生身心健康的发展,创造能力和创新精神的培养有着巨大的积极作用。

二、魅力衍纸之开设实施情况

综合上述考虑,根据我校的实情,魅力衍纸课程的开设主要从以下几个方面展开:衍纸的起源;衍纸工具的认识;衍纸基本部件的做法;衍纸集中花朵部件的做法;衍纸作品的组合;自主创作图案。这样的课程设计由浅至深,让孩子们一步步地爱上衍纸,走进衍纸的世界。

校本课程的顺利开展更是离不开好的教师,我校教师兢兢业业,没有机会参加衍纸方面的专业学习和培训,老师们就利用网络学习、交流讨论、自己制作等方式不断学习,为我校魅力衍纸校本课程的发展做出了非常多的牺牲。我们的具体分工是:唐晓华老师担任组长,负责魅力衍纸校本课程的整体调控与督导,负责魅力衍纸教材开发与实施以及学生衍纸制作过程中的辅导等;张向荣老师担任副组长,负责校本课程的实施与监督、活动宣传和活动开展等工作。

三、魅力衍纸之教学方法探索

通过摸索,魅力衍纸课程越来越成熟,我们也找到了适合自己的教学方法。

1. 培养自身对衍纸艺术的热爱。教师首先要全面、深入、正确地了解衍纸艺术,提高自己"教"的水平,要想有好的作品教师要学会观察生活,从平时的生活中汲取灵感创作一些作品来为学生做好榜样,只有这样学生才能更加热情地投入到魅力衍纸的课程中来,从而使学生各方面的能力得到培养。

2. 注意衍纸与其他学科的融合。在新的教育形式下,综合素质越来越重要,任何知识都不是孤立存在的,所以在衍纸课程中要多结合其他学科,培养学生的综合素质。

3. 结合学生特点,培养动手能力。教师在教学过程中要发挥学生的主体地位,在教学中采用多种多样的教学方法,使课堂生动形象,大大激发学生兴趣,在内容的选择上,可以选择一些孩子们喜爱、较为简单的内容,让学生敢于试手,让他们体会动手的乐趣与成就感,激发他们的创造力。

四、魅力衍纸之孩子们的成长

衍纸课程的开设,不仅让学生感受到衍纸艺术的无穷魅力、体会到动手创作的乐趣,而且也使学生的动手能力、创新能力和审美情趣大大提高,启迪学生的心智,陶冶情操,促进学生的全面发展。

1. 促进学生各项能力的发展。首先是促进孩子们的动手能力,比如要完成一副衍纸蝴蝶,需要学生先构思,画出草图,然后制作各个部件,再进行拼合,每个过程都需要孩子们的精细动作,需要孩子们每只手上的 28 个关节和 33 块小肌肉都充分动起来,这样的动手操作是从简单到复杂一步步积累起来的,一幅幅优美的衍纸艺术品在孩子们的手中诞生。其次是促进孩子们的创新能力。衍纸作品的创作需要孩子有充分的创新能力,发挥自己大胆的想象力,在基础造型的基础上,创作出更有创意的作品。最后是促进孩子们的审美能力。衍纸是一门艺术创作,衍纸的美使多少人沉迷其中,小学生喜欢衍纸课程就是被这种美吸引了,他们陶醉于美的创造,他们制作的作品要根据个人的喜好和作品颜色搭配的需要进行选择,不知不觉中他们的色彩感受能力就变强了,审美能力也就增强了。

2. 促进孩子身心健康发展。每个人都渴望成功,对于小学生而言,成功的喜悦是一种美妙的滋味。在衍纸课堂上,他们卷、捏、粘,通过自己的努力让手中的衍纸变成一件件的艺术品,他们拥有的不仅仅是一件艺术品,更是一份成功、一份喜悦、一种成就感。开设衍纸课程之后,校园里更加多姿多彩了,那一根根的纸条经过同学们的卷、捏、压、摆、粘等,慢慢形成一朵朵小花、一根根枝蔓、一个个形态各异的动物,他们还自选材料,为老师们制作一张张精美的卡片,连带着感恩之情送到了一位位老师手中,温馨的师生情谊在校园蔓延……

魅力衍纸,多么精致的艺术;魅力衍纸,多么有创意的艺术;魅力衍纸,多么高雅的艺术;魅力衍纸不仅培养孩子们的创造力,更提高孩子们感受美、创造美的热情,为孩子们建立了一片精神的乐土……

综实课上的"衍纸秀"

今天综实课,我们师生一起上演了一出"衍纸秀"。

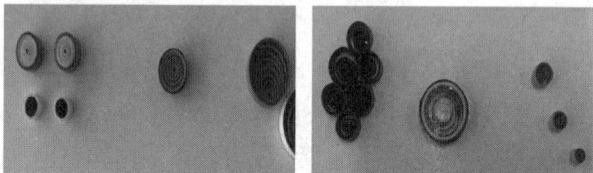

第一关是比赛卷基础卷。随着我的一声令下,同学们便飞快地行动起来。只见房诗岩撇了一眼同桌刘东,看见他拿着不同色彩的衍纸比比划划,立刻明白他在配色,也赶紧把选好的蓝、紫、黑色截成不同长度粘起来,接着一边转动衍纸器一边四下观望。看大家卷得差不多了,我喊了声"停",大家陆陆续续举起了自己的基础卷,"哇!"学生们叫着,五彩缤纷,确实好看。

进入第二关:想象大战。刚开始学生们还不敢说,我引领着前面几个学生,慢慢地大家就有想法了。红色卷像太阳,黄色卷像十五的月亮,许多学生都是好几种颜色搭配的,更漂亮! 这个说像月饼,那个说像蝴蝶花纹的,还有说像小鱼吹泡泡的,就连从来都不动手的唐红也举着缠得紧紧的五彩卷叫着:"棒棒糖! 棒棒糖!"教室里不时爆发出热烈的掌声。许多平时不言不语的孩子关键时还挺会想会说的呢!

第三关是变魔术。一听"变魔术",教室里立刻沸腾起来。人家说"给点阳光就灿烂",他们是"给个机会就嘚瑟",不过不用理他们,我自己先变起来吧。这招管用,教室立刻安静下来,看见老师三下两下就

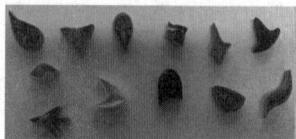

变出个小鸟,他们都看傻眼了,我又变了个小猫,看大家已经跃跃欲试了,就让他

们自己试着摆弄摆弄。孩子们有自己琢磨的,有同桌结伴做的,还有小组一起探究的,我边巡视边简单提示,一些孩子立刻想到几个松卷变形组合小花,有的人说做小草,大家兴致勃勃地变着魔术,王怡菲的小花很快就做好了,正美着呢,回头一看,大阳在做小兔,王欣妍貌似做了只螃蟹,都是高大上的活儿,她立刻又行动起来,我探身一看,做蝴蝶呢,谁让花儿太美,这不把蝴蝶都招来了吗!

看到大家做得差不多了,我打开了展台,一幅幅作品就要和大家见面了。有做小鱼的,有做大虾的,有做小鸡的,有做小鸭的……林全军制作的狮子真像,赢得了大家热烈的掌声,林建云说是做了一只乌龟,可我们没找着头,大家笑着说:"这是一只缩头乌龟!"张雨涵的金鱼本来拼得好好的,可他是个急性子,抢着往讲台上跑,所以展出时就成分解的金鱼作品了……

这节综实课在大家的笑声和掌声中结束了,但它留给我们的是无尽的回味,是勇敢的探索。我们的"衍纸秀"很成功!

哇,太棒了!

一连几天的衍纸画探究,孩子们基本上都学会了基础卷法。不过奇怪的是,学会后的他们反倒没了先前的热情。怎么回事,基础卷做腻了? 可现在学做衍纸画还真有点难度。想起研修学习的《纸飞机》的案例,学生是通过欣赏作品、拆作品、看视频等方法主动探究,学习热情十分高涨,我何不也来个照猫画虎?

经过两天的精心准备,周一综实课我带着几幅衍纸画走进了教室。"哇——",不出所料,学生们个个眼圆口方,异口同声地叫起来。"老师这么行,您以前是教美术的吧?""太好看了! 我也想做。"大家七嘴八舌。颇有美术天分的鑫磊说:"什么时候老师看到我的作品也这样'哇!'一声就好了。"话音落地,大家都很激动,"老师,等着瞧吧,明天纸艺活动,我们'鑫阅工作室'的作品肯定会让您惊呼。""老师,你的作品能借我们研究一下吗?""老师,我也想让大家这样'哇'。"我笑着不住点头。目的达到了。

没了初学时的新鲜,孩子们对基础卷兴致不高,而我却不理会,自顾照着计划领他们各种花样地卷,难怪孩子们感到无趣。其实他们可能早有创作情景画的欲望。想到这儿,我故意激将他们:"想让老师'哇'可不是那么容易的,既然夸下了海口就赶紧做些准备吧。""行,没问题!"

你可别小瞧这些孩子,他们可机灵着呢! 瞧,几个社团团长领着几个骨干一直研究我的画作,有的学生还不时跑过来问我那些不同形状的纹理是怎么做成的。最可贵的是,临放学前他们又碰了头,商量着谁设计整幅画的底稿,谁准备什么材料……说实话,看到这些,我真有点期待第二天的纸艺活动。

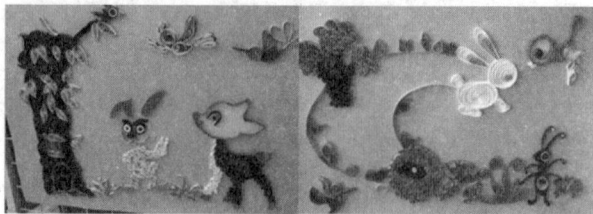

更让我吃惊的是周二纸艺活动课上,几个社团的成员提前就拼好了桌子,而且准备了一堆形形色色的基础卷。真的是攒足了劲儿想让我惊呼啊!我一边得意自己的举措一边自责为何没早点这样做。学生们那么在意老师的评价,万一他们做出了一些不像样的作品,我该怎么说,还"哇不哇"了?好在有几个一直没学会的学生由我单独辅导,我想起码他们在我的帮助下,能编出一幅完整的作品来。

其实,结果你肯定已经猜到了,孩子的作品不仅让我惊掉了下巴,就连他们自己看到拼贴好的主题画时都忍不住"哇"起来:"太棒了,太精彩了!"

"哇,太棒了!"这是我发自内心的赞叹,也是我听到的最自信、动人的话语。

指间的艺术

衍纸,是纸艺大家族中比较独特的一项,是通过卷曲、弯曲、捏压而形成原始设计形象的一门折纸艺术。想要学好衍纸,需要首先学会用薄的纸条制作各种基础造型,然后利用这些基础的造型按照事先设计好的图纸制作出我们想要的衍纸作品。衍纸作品色彩鲜艳,造型美观,利用各种颜色的纸条卷成不同的形状拼接、镶嵌、组合而成的,变化多端、想法奇特,富有创造性,是一项极为细致的手工活动。

活动一开始,孩子们沉迷于卷纸这个动作,对想要做什么没有明确的目标,只是下意识地将大小纸卷随意拼接,最后觉得像什么就是什么,就像低幼宝宝最早期的绘画涂鸦一样。这些作品无一例外地都是利用大小不同的纸卷拼接而成,虽然有些微变化,但是雷同现象还是比较普遍的。如果不提出更高要求,孩子们在造型上无所突破,他们很快就会失去兴趣。

在孩子们熟练掌握了梭子形和水滴形等更多纸卷的制作技巧后,他们的创作热情又一次高涨。这次他们不再是无意识地拼接,而是先有了制作目标,有意识地做想要做的东西了,比如玉米、向日葵、葡萄等,都是孩子们自己想出来的。不过在最后的作品完善上还需要老师给予一点点帮助,因为有些时候孩子们能想出来,却并不能如愿地制作出来,需要老师的指点,才能顺利地制作出自己想要的东西。

经过一段时间的制作练习,孩子们不再满足于花花草草的制作了,他们对自己的制作水平发出了挑战,要用衍纸艺术的方式制作小动物。这可不是件容易的事,动物都有眼睛、嘴巴、耳朵等器官,而且不同的动物五官的位置也不同,形状更是各具特点。花草的制作方法有些雷同,稍微变动花瓣的形状或组合方式就能得到一朵形态有别的花。但是,制作动物就没这么简单了,几乎每做一个动物都是一次新的挑战。孩子们的想法非常好,自己却不容易做出来,就在他们感到束手无策的时候,我的加入起到了很好的引导作用。我先跟孩子们一起商量,从简单的动物做起,逐步摸索。大家都想到了"鱼",它没有竖起来的耳朵,眼睛也只要做一只,只要大小不同的两个圆圈或三角形就能拼出一条鱼的雏形来。但是就在用大圆圈或三角形做鱼的身体时发现了问题,原来用的彩色打印纸做小些的纸卷正好,做鱼的身体就太软了,太容易变形了。在反复试验后,我们选定了卡纸,硬度够,能保持造型。鱼的身体很快就做好了,其他部位就简单了,鱼鳞用彩色大纸卷代替,鱼的眼睛用两个大小不同的纸卷套在一起……在师生共同努力下,一条可爱的小鱼就"新鲜出炉"了。有了这条小鱼的制作经验,孩子们触类旁通,创作灵感不断涌现,陆陆续续做出了兔子、孔雀、鸭子、蜗牛等动物,造型生动、形象,显示了孩子们日趋成熟的制作技巧。

随着衍纸艺术作品的不断增多,越来越多的孩子被吸引了过来,这使我倍感欣慰。其实,这个灵感来自于班级小制作比赛,有两名学生的作品就是衍纸,我借来给孩子们欣赏后,大家都觉得很美,然后就想自己做。一开始我觉得很难,孩子肯定做不起来。不曾想我低估了孩子们的能力,他们的小手那么灵巧,小脑袋那么灵活,制作水平完全超乎我的想象。从中我也深深感受到孩子们的学习能力是多么强,作为他们的授业之师,我们应该用发展的眼光看待孩子,要充分相信他们的能力,相信他们强大的创造力。

小贺卡　大情谊

"如何带领学生用自己的巧手,展开一场专属童趣的纸艺世界大冒险,让心灵之美在孩子们的指尖流淌呢?"这是本学期幸福街小学衍纸校本课程衍纸手工课堂所探索的主要课题。

记得,在教学"衍纸贺卡"一课时,正临近母亲节,于是我在新课开始时,告诉学生并问他们:"你想送给妈妈什么礼物,和她说些什么?"在学生回答后,我说:"如果我们能把这些话写在美丽的贺卡上送给妈妈的话,她一定会很开心很感动的!今天就让我们一起来制作衍纸贺卡吧!"简单的几句话,在引入新课的同时,又牵出了学生们对母亲发自内心的爱意。通过图片欣赏色彩斑斓的衍纸贺卡,孩子们边看边发出惊叹的声音。我知道这时他们的好奇心出现了,有了好奇心就肯定会有兴趣的,只要孩子们有了兴趣,我就不用担心这个衍纸手工课孩子们会不喜欢了,不用担心做不出合格的作品了。接着,引领学生观察贺卡的制作和我们原来学习的有什么区别,学生很快就发现了,这些作品利用松紧、长短、层次、色彩等不同的纸卷让作品更加丰富。在之后的基本技法讲解中,学生们听得尤为专注。

在我的指导下,孩子们用手中的缤纷彩纸,渲染出众多形象缤纷汇聚的纸艺作品。我适时提醒孩子们:制作起来比较简单,但要想完成一幅完美的作品,最重要的就是要细心、细致。从他们闪亮的眼神中,我看到了可贵的"感恩之心",看到了一张张精致美丽、饱含深情的衍纸贺卡。孩子们制作的母亲节衍纸贺卡,画面清新靓丽,创意独特、很具美感,体现了作者的精巧手工和心灵之美,每一幅画作都是他们的才思、灵感与心血的结晶。

在孩子们动手创作的同时,不仅培养了学生的创造精神,更提高了学生感受美、创造美的热情,净化了孩子们的心灵。

花花世界我做主

剪纸艺术是我国工艺美术中很有研究价值的艺术之一,同时也是我国深受群众喜爱的民间艺术。剪纸的材料和制作较为简单,一把剪刀、一张纸而已。因此,中小学美术课本都其列为重要的内容之一。由于制作简单,且不需要很高深的美术知识,学生乐于学、喜欢做,效果显著。

一、引导学生多欣赏

在学生欣赏的过程中一定要让学生理解,由于被纸的材料所局限,剪纸艺术又产生了"千刻不落,万剪不断"的特点,这种特点的运用又丰富和促成了剪纸画面的紧凑和完整感。这样,也就使剪纸的构图有别于一般性绘画,它运用整体构图,适当的手法,并且由于纸的特点,大多数作品以"满"为美。

剪纸作品中的夸张是非常重要的。民间艺术家对夸张有十分丰富的经验。艺谚说:"十斤狮子九斤头,一根尾巴背石头。"类似于文学作品中的"燕山雪花大如席",给人以强烈的印象,在这里要让学生体会到利用适当的夸张打破正常的比例关系,强调整体而明显的形态动态并与其气息相通的线条来概括。在欣赏过程中,还要让学生体会剪纸艺术中锯齿纹和月芽纹的美感。这两种纹样在植物和动物表现上最为常见。这些纹饰都是刀触的产物。

二、从简单图形入手

在让学生了解了上述剪纸的美感特点后,学生有点迫不及待,很想自己也剪出一些剪纸作品来。对于这点,教师应告诉学生,从简单的图形入手,由简单到复杂。

剪纸作品中最简单的,又最容易学会的图形是团花。团花——顾名思义是成团状的纹样,有圆形、方形、五角形等样式。要剪好团花,首先要将纸折好,折的方法不同,剪出的图形也就不一样。一般可折三至四次。然后无论你怎么去剪,只要求"千刻不落,万剪不断",就一定能剪出造型各异的团花剪纸作品,这样一来,不存在学生是否聪明的问题,只有仔细剪刻和不仔细之分,也有的学生忘带剪刀工具,这时老师会对他说你只要有手,同样可以制作出来,不过它不叫剪纸,而叫撕纸而已,且制作出来的图形是另外一种风格,它显得古朴、稚拙,有很强的艺术感染力。

三、掌握创作的流程

学生了解了团花的剪纸创作和方法后,老师要因势利导,让学生由此及彼去掌握剪纸作品的创作过程。我在课堂上结合学生的实际,在演示一幅作品的制作过程中,结合剪纸的特点,让学生理解剪纸作品要对物象做高度的概括、夸张其主要部分。例如人物,头部是主要部分,因此夸张头部,对人的身体、脚,做大胆的概括,虽然头部是主要部分,但头部不能不分主次。在头部中,相对来说是眼睛更应突出,因此要夸张眼睛,从而启发学生对生活素材进行取舍,设计稿的过程也是概括和提炼的过程。在演示中将这些具体而清晰地表现出来,学生看得见,印象深,难点自然就迎刃而解。

学生要掌握剪纸原则,创作理想作品,在剪纸的整个操作过程中,学生的情绪一直是高涨的,有的学生不冷静,急于求成。为此,老师要反复告诉学生要谨慎从事,操作中严格遵循"由小到大,由里到外,由局部到整体"这一与绘画完全相反的原则,要提醒学生下刀要准,一刀一剪的操作均要衔接紧密,这样剪纸才会干净利落,恰如其分地表现出作者对自然对社会的审美感受。

折出来的精彩

折纸是一种材料简单、操作方便、效果显著的手工创造劳动,是深受学生喜欢的一种小工艺。通过折纸活动,能锻炼手的触感和动作的准确性,培养学生的注意力;通过纸张的千变万化,可以培养学生的创造性思维能力。

在实际的教学过程中,一开始学习折纸的时候我们班的孩子兴趣是很浓厚的,但是掌握的还不是很好,因为我们班的学生都是一年级的孩子,对他们来说还是有难度的。在日常的教学中,我发现了几个问题,例如:1. 角和角、边和边对不齐。2. 折纸活动难度大,费了很大的功夫,可最后往往只有几个孩子能掌握,达不到预期的效果,到最后,孩子和老师都失去了信心。3. 折纸不灵活,过分依赖老师的示范和指导。在折纸过程中教师的示范是一种引导和启发。有一部分的学生在我上课示范的过程中思想不集中、东张西望,导致我示范之后还是不会折。因此,在折纸的教育过程中要找到一种适合学生的学习方法。那怎么样才能使学生喜欢上折纸,愿意折纸,并且能一步一步地把它折好呢?在多次的观察和积累中,我感觉到折纸不是一朝一夕能练成的,必须以激发孩子折纸的热情为目的,采取一些有针对性的措施。

学习前我会让学生先看着我折一个作品,让学生仔细观看和感受,然后激起学生的兴趣。在这两个月的折纸课中,孩子们相互学习,巩固经验,体验成功的快乐。我让学会了的学生就可以做小老师,激发学生的强烈兴致,希望通过他们自己的努力而成为"小老师",从而鼓励他们认真学习。课堂上我会用竞赛的形式,加强学生对折纸的积极主动性。同时,我在课堂上也特别注重展示环节,让学生上台展示一下自己的作品,并且让大家来找一找,评一评,说说自己最喜欢的作品,这样可以培养学生对作品的欣赏水平。在折纸活动中让学生获得成功和满足,促进学生动脑、动手以及对他们探索能力的发展。学生在折出漂亮美观的作品后会情不自禁地向大家喊:"我折出来了,我折出来了。"

总之,折纸能够通过各种感官,让学生亲自动手动脑去尝试,探索并发现各种问题,享受活动的快乐和成功的乐趣。孩子心目中都有一个美好的世界,而我们老师就是引导他们去到这个美丽世界的人,我相信通过自己的不断努力,以孩子为本,在教学活动中通过细致观察,总结、探索,就能找到适合孩子的教育方法,让他们找到心中那片美好的世界,并创造出更美好的天空。

美,就在指尖!

喜欢花丛中翩翩飞舞的蝴蝶,恬静而安详。

那天在上课时,想给学生捉一只蝴蝶,引导学生好好观察生活中的蝴蝶是怎样的,才发现城市中已容不下蝴蝶了,只有高楼大厦、呼啸而过的汽车和匆匆忙忙的人群。于是我们决定自己用衍纸制作一组蝴蝶。

先拿一条白色和一条粉色、红色、黑色、黄色的衍纸,用卷笔卷白色衍纸(卷的紧一点)。在接口用白乳胶连接粉色衍纸,继续卷到底。卷完后手不离开卷稍微放开一点,再用白乳胶粘好接口,如此做一些衍纸卷。将制作好的卷在接口处用手捏一下,这就制作好蝴蝶的下翅膀了。取黄色衍纸两条,用卷纸笔卷好,用同样的方法放大一些然后粘好接口(注意要放的比下翅膀大)。制作两个,将制作好的卷在接口和接口的对面双手捏一下。再取白色衍纸,在衍纸的一头卷起,卷一半。用尖笔在圆心松一松,用镊子在没卷的一半夹到头,制作两个。再把制作好的蝴蝶部位粘好,衍纸蝴蝶就制作好了。

美,就在指尖!

编出神韵 织出乐趣

我一直以为,编织是一种艺术,它和体育、音乐一样,是没有国界的,它是一种使用普通材料传递美妙信息的特殊表达方式。

记得孩提时,我和小伙伴拿刀劈那种成段的小树枝,打磨成棒针的样子,拿来线团学大人的样子乱织一气,自然感觉很美;后来长大一点看到朋友的手工书,自己又买来针线,好一阵穿针引线,忙得不可开交,可最终也没能织出个玩意,最后干脆连针带线都送了人……

自从我校开展手工编织课以来,我的手工编织情节又重新被拉回,正是这种领导带头老师们积极参与的良好氛围使我重新踏上了学习手工编织的路途。这次我是真正地开始了学习,内心充斥着一种久违的愉悦与冲动,自己在努力学习手工编织基础知识的同时,与大家在一起互相分析研究、交流体验,其中的欢欣与忙碌萦绕在整个校园里,不时被一种祥和、欣慰与成就感所笼罩着。编织,使我体验宁静、悠然致远;编织,让我远离浮躁、洗尽铅华;编织,带我修心养性、如练瑜伽;编织,还我自然恬静、优美舒展。她展示了无尽的才艺,启迪了潜藏的智慧,美化了纯净的心灵,靓丽了美丽的校园。

编织校本真正走进了幸福街小学,走进了课堂,也走进了家庭,走进了社会。学校本着让学生学有所长的原则,凸显办学特色的宗旨,反复研究、实践、创新,使手工编织愈发显示出其独特的魅力。

两年来,我校的幸福纸艺校本课程不断创造出可喜的成果。师生作品不断推陈出新,屡获佳绩。相信我们手工编织的艺术之路会越走越远!

"编织"梦想,放飞希望

手工编织是一种体现民族传统文化的古老艺术,它所编织出来的作品有着无穷的魅力。手工编织作为我校的校本课程,今年也走进了我们二年级三班。教育局基础教研室领导也提出了具体要求,就是让孩子在学会基本功的同时,发挥想象力,进行创造,"编织"自己的梦想,放飞心中的希望。

刚一开始。我们每位辅导老师心里都在打小鼓,孩子那么小,能模仿就不错了,还创造,一个字——难!

先从基本功开始吧!

第一节课,我们欣赏了学校传统文化宣传片——手工编织,孩子们个个看得目瞪口呆,赞不绝口,羡慕不已。我趁热打铁,告诉学生,这些都是我校同学亲手制作的手工艺品,同学们不约而同地感叹"啊!"我顺势引导:"你们想学吗?"同学们齐声高喊:"想!"我说:"让我们带着这份热情和制作的强烈愿望开始学习编小辫吧!"话音刚落,十几个小手高高举起,并且说:"我会,我会!"我及时地肯定:"没想到我们班有那么多小巧手!"我马上让会的同学当小老师,分组进行编织。同学们挥舞着手中的彩绳,小老师边编织,边解释,有模有样;小学员仔细倾听,用心观察,不时地还站起来……不知不觉,孩子们手中的彩绳变成了长长的小辫,第一节手工编织课就结束了!孩子们仍然余兴未尽……

课上孩子们那股投入的神态,让我深思:学生用心地倾听,仔细地观察,小老师耐心地解释,小学员不停地询问,这样用"耳"、用"眼"、用"口"、又用"心",不就组成了一个"聪"字吗?这不正是新课标要培养的学生要"学会合作,学会学习"精神的落实吗!小编织,大收获!

再试着让学生创新!

第二节课,仍旧编小辫。课程开始,班内安安静静。每个同学都在熟练地编织着小辫,小辫在不断地延长着……,五分钟过后,孩子们按捺不住了,开始说话,有的干脆停下来,左顾右盼,烦躁的表情写在脸上!于是,我马上让学生停下手中的编织。我说:"同学们是不是有点厌倦了?"学生低声答道:"是!""那你们能不能用手中的小辫编成你喜欢的东西?"学生一阵沉思!我马上启发说:"小辫圈起来像什么?"同学们有的说:"像蜗牛的壳,我可以编个蜗牛!"有的说:"像太阳,我可以编个太阳!"有的说:"小辫两头系上蝴蝶结,戴在头上,就是头饰!"……同学们议论纷纷,大胆想象!思路一旦打开,就像开闸的洪水,势不可挡!接着,孩子们大胆想象,动手编织,热情重新被点燃,大家投入地编织着自己的梦想!蜗牛、太阳、杯垫、小花等,一个个栩栩如生。还有一些只有孩子自己读懂的作品……再津津有味地给同学们介绍着!我深刻地意识到:孩子们的想象力不可低估,更要注意保护、开发!因为想象力比知识更重要!知识是有限的,而想象力概括着世间的一切,推动着世界的进步,并且是知识进化的源泉!

在手工编织中,我们的孩子能够创新!我开始认可了各级领导的要求,并将其内化为工作的理念!认识到模仿只会使人成为奴才,而我们要培养社会需要的人才!相信我们的孩子在模仿的基础上,一定能创造!一定要让学生发挥想象力学会创造!进行创造!

给孩子一个机会,孩子会还给我们一个奇迹!这才是我们手工编织的真谛所在!路漫漫其修远兮,吾将上下而求索。手工编织让孩子们编织着梦想,放飞着希望!

这就是纸编艺术,是一种可以发挥我们想象力和创造力的艺术。"一左一右编下去,红配黄,黄配绿。红橙黄绿青蓝紫,练技巧,练配色,你配粉来我配紫。五彩缤纷来装扮,巧夺天工我最棒。"只要我们掌握基本要领,发挥我们的想象力和创造力,我们就可以做出很多具有艺术性、可视性的艺术品。生活中到处都是美好的东西,只要我们勤观察、多动脑,开发自己潜能,就一定能够做出更多更好的作品。通过纸编活动让我们在艺术的海洋里不断探索、遨游,在艺术之巅峰里采集属于我们的灿烂,让我们的生活里到处都有艺术,到处都有我们的灵感。看着我们成功的作品,我们喜悦、自豪、自信。

牵手教研 让我们共同成长

近日,市综合实践教研会在我校召开。会上,教研中心张春芳老师做了重要讲话,我校和其他四所学校领导也分别进行了经验交流。

会后,他们观赏了我校的纸艺作品,参观了纸艺社团的现场制作,大家边看边议,借机研讨。在我校开综实教研会,作为综实教师兼幸福纸艺社团指导者的我,深感责任重大。刚开学,纸艺社团的元老所剩无几,新补充的小队员几乎没有一点儿基础,这可愁坏了我,怎么办?我一面布置三年级的队员回家买衍纸条、卷纸器、镊子和乳胶等材料,一面把三、四、五年级的队员合理搭配,争取每组都有老队员,活动时可以以老带新,互助提高。我从基础卷教起,每学习一种基础卷都启发学生:"用它可以做什么?"例如,学紧卷,大家想到了眼睛、花芯,稍加变通还可以做成立体的花瓣、圆形的头、半圆形的身体,大家练习卷紧卷的同时就能做出许多物品。短短几天,孩子们已初步掌握了基础卷的卷法,尽管制作得不够精美,但至少已燃起了大家制作衍纸画的兴趣。

为了避免学做基础卷的枯燥,我经常进行一些有趣的比赛,例如:每人做6个菊花瓣,比比谁做得又快又好。花瓣做好后,看看哪组的造型最美观,同学们饶有成就感地相互比较着谁做得花瓣均匀、造型漂亮。就这样,几天时间,大家已经能够自主制作出心形卷、水滴卷、弯曲卷、月形卷、三角形卷、正方形卷、鹅掌形卷等造型。

接下来,我利用晚上和双休日亲自为每个学生制作画样。根据孩子们的水平选取他们喜欢的小动物、花草及卡通图案等,画下来修改好后再拓印在各色卡纸上,最后沿外轮廓线剪好。花样虽很精美,但学生拿到手里却有点"老虎吃天无从下口"的感觉,不是你问怎么弄就是他问这里应卷什么卷,看来,基础卷虽然学会了,但怎样用到实物图中,学生还需进一步引领,我感觉自己有点着急了。还是先从模仿开始吧。

我加班加点为每组孩子做样本,一些不容易做的部分让他们能近距离观看、学习、借鉴。活动时,我则重点培养小老师,鼓励大家互相帮助,结伴边商量边制作,短短几天,活动就能顺利开展了。现场会那天,老师们边参观边拍照,不住地啧啧称赞,有些老师还跟学生讨教制作技巧,学生一点儿不怯场,边演示边制作,说得头头是道,做得有模有样。

光知道听课教研能促进提高,不成想一次现场会的到来也会给我们纸艺社团带来这么大的推动力,忙忙碌碌后反思,颇有收获。此次活动,为综实教师互助成长、共同提高搭建了平台,促进了教师之间的沟通,实现了牵手教研,共同成长的目的。

携手共进　助推综实课程从常态到优质

近日,荣成市中小学综合实践培训会议在我校举行,来自市教育教学研究中心的领导、教研员和全市小学、初中、高中和综合实践教育中心的200多名分管领导、专兼职教师参加了活动。

一、活动概览:培训引领,大开眼界

本次培训活动的主要内容有四大项,简要概述如下:

1. 经验交流,彰显特色

首先,我校与府新小学、石岛实验小学、十四中学4所学校的分管领导分别介绍了学校劳动与技术教育课程整体实施、多肉植物的种植研究、海洋剪纸文化的创建、葫芦的种植及烙画实践的一些做法,旨在分享经验。

我校分管领导以《开创多彩天地 凸显劳技本色——"一主多辅 三环联动"劳动与技术教育模式的实践探索》为主题进行了交流。综合实践课程框架体系下的劳动与技术教育是学生认识世界,习得技术,锻炼手脑的一个窗口。近年来,我校把劳动与技术教育有机融入学校教育、家庭教育、社会教育中,挖掘兴趣之源,架构特色课程体系;铺筑探究之路,引领学生快乐前行,逐步建构起"一主多辅 三环联动"劳动与技术教育模式,也较好地凸显学校特色。今后,学校会更加注重迎合时代的步伐,把劳技课上得生动、上得有实效,学生真正感到学有所用、学有价值、学有所成,努力打响实践育人品牌,以形成学校独有的劳动文化。

2. 优课研磨,凸显细致

会上,威海市优课获奖的4位教师就自己所上报的课例进行了有重点的说课,内容具体翔实,为大家提供了好的范例。

3. 专家引领,方向清晰

接着,学科教研员张春芳老师简要解读了德育课程实施一体化纲要的有关内容,并就新学期的综合实践工作进行部署,给各学校以方向上的引领,对综实课程实施做了精细引领。

4. 成果展示,亮点纷呈

最后,与会领导、老师参观了幸福街小学劳动与实践课程实施初步成果展。本次展示除了幸福纸艺外,"多肉植物的移栽和养护"探究活动也是亮点。学校养肉专家——刘海霞老师在五年级四班细致指导,每个学生都在尝试移栽小苗,老师随时提醒应该注意的一些问题,每个学生都能积极参与。

栽种成功后,孩子们通过相互交流懂得了"种花容易、养花难"的道理。在老师的引导下,孩子们还成立了爱花、护花小队,负责精心照顾这些娇嫩的幼苗。并希望在自己的精心呵护下,认养的多肉小苗能逐渐长大。

虽然只有短短的一节课,但刘老师表示,这节课让孩子们真正体会到爱护植物、爱护环境、爱护生命的使命感。学校幸福纸艺项目和多肉植物的种植与养护等项目都彰显了特色，得到与会领导、老师的一致好评。

二、我的思考：常态实施，走向优质

综合实践活动课是一门必修课，是每个学生必须参与的课，保证学生人人参与是综合实践活动"常态化"教学的一项主要指标。为保证学生能人人积极参与，在实践过程中不断建立和完善管理规范，并使综合实践活动的实施能够规范化、制度化、有序化和科学化。

1. 管理网络，环环相扣

课程实施小组由各科室分管人员组成，负责组织综合实践活动课程的日常操作以及管理教师的调配。课程研究小组由校内外专家组成，主要负责课程研究和提供理论指导。教研组由教研组长负责，由一线的专职教师和专业指导教师组成。在课程领导小组的领导和课程研究小组、课程实施小组的协调下，教研组具体落实课程实施方案，制订实施计划，并及时总结教师在实践中的成功经验。这样"环环相扣"的管理网络，为综合实践活动课程在我校的顺利实施提供了有力保障。

2. 目标定位，逐年推进

综合实践活动课程的目标是：从学生的实际情况和认知规律出发，让学生获得亲身参与实践活动的积极体验和丰富经验，形成对自然、社会、自我等之间内在联系的整体认识。我校综合实践活动课程目标涉及了多元的发展领域，体现三维目标和阶段性目标相结合的原则，而其中知识与技能、过程与方法、情感态度和价值观的发展尤为突出。

3. 课时管理，内外结合

适当增加"大主题、长作业"的活动主题，保证每个学生每学期深度参与一个活动主题的完整实践过程。以正式课时利用为主，合理利用假期和课外活动时间，不将综合实践活动在时间上"课外化"，避免出现学生课外学习负担过重现象。

4. 任课教师，人人参与

综合实践活动课程跨学科、跨领域的高度综合性，打破了传统教师单一的、相对独立的工作方式，一方面对教师提出了资历和能力的高要求；另一方面使教师之间的交流协作逐渐频繁。所以我校根据专职教师和专业指导教师相结合的原则，建立了"人人参与"的教师体系。信息技术和劳动为学生的实践活动需要提供帮助，解决小组成员之间的分歧，引导课题研究实践活动的完成，促使每一个学生完成活动目标，指导与帮助学生完善研究方案和研究成果，参与课题论证和点评。

这种"人人参与"的教师体系为学生创造了一个素质全面提高和个性优化发展的学习环境,为教师的全面发展、共同进步提供了一个平台,也是综合实践活动课程"常态化"发展的必要条件。

5. 资源保障,全面配套

做好后勤保障工作,包括图书资料、实验器材、药品、研究经费和校内外活动场地等。另外学校的图书馆、计算机房、各实验室等,适时对学生开放。

争取社会力量支持,根据学生活动研究的需要,学校主动积极地向社会争取人力、物力及财力上的支持,以确保学校课题研究的顺利进行。

6. 安全管理,周到有效

加强学生安全教育,加强学生纪律教育,提高学生安全意识,编印若干外出参观和调查的注意事项,每次活动印发《告家长书》。

7. 激励制度,科学合理

为了课程有序、有效地开展,学校补充和修改了学校奖惩、教研等制度,为学校课程建设和特色形成创造了有利条件。

总之,相互交流、共同学习、实践反思,此次培训会富有实效,必定对我市中小学综合实践活动课程的常态化实施会起到较好的推动作用。相信各校都会扎实课程实施,逐步形成独具特色的综合实践课程文化。

和学生一起体验幸福纸艺课程的无限魅力

近日,全市综合实践教研会议在我们学校举行。作为三年级班主任的我,要给学生上第一堂综合实践课,同时也是展示课,我心里有些许紧张,生怕因为自己准备得不充分而影响了学校的形象。

我提前两天就备好了课,同时也给孩子们下达了任务:回家买衍纸条、卷纸器、镊子和乳胶。布置任务的时候,为了减轻家长的经济负担,我让小组的同学一人买一种颜色的衍纸条,课堂上可以合在一起,大家共用。没有想到,第二天我检查的时候,孩子们大多数都一人拿了一整套套装的,粗略统计了一下,大部分30元左右,家长对我的工作特别支持,感动!

展示那天,一下课,大家就迫不及待地拿出了材料,安静地坐好。我呢,打开自己制作的课件,教给学生基本卷的制作方法。首先,带领大家认识衍纸工具的用途:卷纸器是用来卷纸的。尖嘴的镊子是用来夹取小衍纸卷的,同时也可以粘贴衍纸条;锥子是用来蘸取乳胶的,还可以用来整形;蘸取乳胶的时候最好先倒出来点放在纸片上,一次不要蘸取很多。学生认真地听着,默默地记着。

接下来,我教给孩子们怎样制作基本卷。先卷一个紧卷,大家卷得还行。突然，一个孩子跑过来，举起他手中的卷："老师，你看。"但是，他没有按住紧卷中间的心抽取卷纸器，结果紧卷变成了螺旋卷，引来同学们的一场大笑。安静下来之后，我又介绍需要注意的事项。再学习松卷，这可是做所有卷的基础呢，我先在展台上示范了一下，接着孩子们做。为了调动孩子们的兴趣，同时也为了学习后面的卷做准备，我们进行了一场比赛：每人做 10 个卷，看看谁做得既快又好。比赛开始，同学们飞快地卷起来。伴随着优美的音乐背景，一个个颜色各异的松卷在孩子们手中快速地形成了。做完之后，同学们饶有成就感地相互比较着谁做的松卷卷曲得均匀漂亮。

我拿出来自己预先做好的 10 个卷，变魔术般地，两手拇指和食指捏住一拉，瞧，像什么？一个眼型卷形成了。接着，我右手拇指和食指捏住向上拉，左手拇指和食指向下拉，眼型卷又变成了波浪卷，哇，同学们大呼衍纸技艺的神奇。最后，我把所有卷的图片出示给大家，大家在认真观察形状后，能够自主制作出心形卷、水滴卷、弯曲卷、月形卷、剑形卷、三角形卷、正方形卷、鹅掌形卷……

一堂课转瞬即过，整堂课，学生在愉快的氛围中度过，在带领学生学习综合实践这门课上，可以说，开了一个好头。以后，我也将会不遗余力地带领孩子们更加深入地了解和学习更多的技艺。

学有所用才是真

开学这几日，每天都忙而充实。今年教五年级综实，学生的衍纸制作（我校特色课程）有一定的基础，一切还需我亲力亲为吗？暑假研修时，一位男老师《学做纸飞机》的课至今印象深刻，学生用拆作品的方式自主学习，合作探究，学者有趣，教者有度。这一方法何不借鉴，学有所用才是真！

开课前几天，我就布置学生回家买衍纸条、卷纸器、镊子和乳胶，自己也精心备了课。

一进课堂，发现大家早把材料摆在了桌上，有的已经开始了制作。我打开课件，先来欣赏一下衍纸作品吧。学生们兴致勃勃地看着，一边看一边小声地交谈着。

我结合课件带领大家复习了常见的几种基础卷，什么心形卷、水滴卷、弯曲卷、月形卷、剑形卷、三角形卷、正方形卷、鹅掌形卷……大家说得头头是道，我趁势激将："光说不练假把式，动动手、做做看！"一动手就看出来有些学生根本不会，放在以前我一定会让大家停下来自己亲自示范，可这次我也要偷偷懒，不会就小组合作互相学，俗话说："三个臭皮匠抵得上一个诸葛亮。"何况我们每组四个人呢！别说，学生热情真高，会了的同学有模有样地当着小老师，不会的也很虚心，边看边跟着做,不时地微笑、点头,气氛很融洽。

　　一堂课转瞬即过,整堂课,学生在愉快的氛围中渡过,也让我感受到自主探究、不断创新的魅力。

心智在指尖上灵动

　　在陶行知"教学做合一"思想指引下,我有幸参加了教育局组织的"好看的剪纸"活动,以"做"为核心,让学生真正自己动起来,在"自动"的过程中培养兴趣,通过兴趣这一孩子最好的老师调动学生学习的自觉性、主动性和创造性,培养锻炼学生的动手能力、思维能力和实践能力。

　　的确,一张纸,一把剪刀,都可以随手拈来,随意能剪。通过剪纸,不仅能训练学生的观察力,想象力和创造力,更能让学生在锻炼中手眼协调,提高动手能力,促进大脑的发育,开启心智,剪纸活动中,学生手眼协调能力、左右手协调能力得到提升。我们非常注意教学生学习怎样在剪纸时把纸转起来,不转就剪不下来,并按轮廓线剪出物体的基本形状,不然就会剪断,而且剪纸难以修改。引导学生剪形状各异的窗花,并鼓励学生自己大胆设计更漂亮的花纹,然后再剪左右对称的图形,如苹果、花儿朵朵等,要求学生目测好形状剪下,强化手眼协调能力。最后教学生剪长条的对称鱼、娃娃等,只要孩子愿意尝试,他就能成功;只要孩子认真剪,有创意,我都给予表扬鼓励。就这样,学生自己动脑创造了各种作品,既新奇又美观。这些剪纸作品深受孩子的喜爱,这是因为在活动过程中,学生都是自己动手,完成这些作品后都非常有成就感。

　　在剪纸过程中,要重视学生良好的剪纸习惯的培养,比如:我们非常注意在学习活动中教学生怎样安全地使用剪刀,怎样保持桌面和地面的整洁;在活动结束后,又怎样收拾整理学具,有意识地培养学生良好的剪纸习惯。剪纸活动最后,老师和学生将每个学生创作的剪纸作品集中展示,并讨论和交流,"哪一幅作品你最喜欢,为什么?"这样可以使学生有更多的机会听取别人的意见,反思自己的作品。

　　通过剪纸活动,学生集中注意力的时间长了,观察事物的能力得到了提高,学生的操作能力及动作的协调性也提高了,想象力和创造力也得到了发展。总之,剪纸活动促进了学生全面和谐的发展。剪纸特色活动的开展,让我认识到,民间剪纸在学生美术教育之中的重要作用及其美术教育的价值。它在培养孩子耐心及细心结合,动手与动脑结合的同时,也提高了孩子的审美能力和创造能力。

又见基地

前一次来到基地，是领着学生体验生活，那时就羡慕基地的老师心灵手巧，不管怎么手拙的孩子，在他们的指导下，都能做出精美的作品。感谢领导又给我一次机会，让我再一次来到基地。立体折纸，是深受学生喜爱的一项手工活动，一个个小小的三角形能拼插出花瓶、天鹅，甚至是惟妙惟肖的十二生肖。

培训老师首先出示了一些折三角形的步骤，随后采用边讲解边示范的方式，由易到难，生动形象地进行折纸教学，我学会了直插法、羽插法、递增法、递减法，并且练习了拼插蜻蜓，所有参与人员体验了一回"玩中学"的乐趣，而每个老师认真参与的态度让我深深感动。

教学相长　衍伸智慧

最近，学校举行了综合实践活动课程成果展示活动。我提前就准备了课件，布置学生准备了衍纸资料，学生的兴致很高。活动后，我收获了很多。

周二第四节课，班级展示活动开始了。我们三年级展示的内容是学习衍纸的基本卷法。心理学认为，兴趣是一种积极主动了解探索某事物的认识倾向和积极的活动倾向。学习兴趣能使学习态度变得积极主动，从而获得良好的学习效果。因此，我们在衍纸教学中努力设计好教学的每一个环节，尤其是导入环节，力求结合学生丰富的生活情感，利用新颖、耳目一新的形式，直观、生动地展现在学生面前，从内心深处激起学生的求知欲，让学生积极主动地跟随教师一起去进行新知的学习与探究。上课了，我首先展示了上一届学生的一些优秀作品，学生一边看，一边发出羡慕的惊呼："哇！"我趁势说："大家想学吗？"同学生高呼："想！"

有了这一环节的互动，学生学得格外认真。我先用课件演示了一遍紧卷的卷法，然后又告诉学生，把紧卷放松一下，就得到了松卷，松卷还可以捏成各种形状，比如叶形、月牙形、水滴形等。接下来，学生开始自己动手卷纸卷了。刚上三年级的学生毕竟年纪太小，他们遇到了各种问题，胶水拧不开啦，纸卷夹在卷纸器上取不下来啦，忙得我团团转，替他们解决各种问题。不过很快，学生就掌握了卷纸的基本技法，他们同桌二人两两合作，你卷花，我卷叶子，很快就有几幅像模像样的作品成型了。我连忙让做好的同学展示给大家看，孩子们的劲头更足了。有的学生还发挥自己的创造性，在画面上黏上了太阳、蝴蝶等。

下课了，学生们意犹未尽。我让他们收拾好工具，搞好卫生，把没完成的作品回家后接着做完。孩子们小心翼翼地收起了自己的作品，十分珍爱。

衍纸是通过卷曲、弯曲、捏压而形成原始设计形象的一门折纸艺术。衍纸实践活动的价值:传承文化,衍伸特色。衍纸课程的开发:教学相长,衍伸智慧;活动实施效果:享受艺术,衍伸快乐,生动地阐述了衍纸为综合实践活动课程带来的另一片天地。

第二节　由点及面突破　全面扎实推进

近日,幸福街小学组织全体综合实践教师进行常态课研讨活动,市教研中心综合实践教研员张春芳老师亲临指导。

首先,唐老师执教了《插上想象的翅膀——主题衍纸画大海》。这是一堂平实的常态课,唐老师从欣赏五一班的当堂衍纸作品入手,当学生从色彩的搭配、形态的变化进行评价后,唐老师及时肯定了大家的鉴赏能力,又提醒大家赏评作品不仅要关注局部还可以从整体布局上提出自己的见解。老师的提示并没有让学生心领神会,当大家不知所措时,教师不失时机地呈现出五二班的作品,这是继五一班之后他们做的相同的主题,但因为教师指导策略的改变,学生得以主动参与、大胆想象、积极构思、合理分工,因此作品在整体布局单品造型上有了很大的改观。学生一下子就看出了两幅作品的差异,在对比鉴赏中感受到想象的神奇魅力。这一小环节很平常,但足以让我们感受到老师及时反思了自己的课堂,及时调整了自己的授课思路。

课堂给人印象深刻的"想象"一词。纵观课堂始末,各个环节都紧紧围绕"想象"展开,从"我会想":大屏幕呈现出大的小的,紧的松的,多色搭配的,多卷组合的各种基础卷,教师引领学生从最具体的想象开始,逐渐过渡到学生各自亮出自己的基础卷,大家的发言变得热烈起来:老师,这红色的偏心圆像一轮冉冉升起的太阳;我觉得这个黄色基础卷像十五的月亮;我做的是块圆月饼;我觉得它更像小动物的头,像蝴蝶身上的花纹,像小鱼吹出的泡泡,像成熟了的葡萄。由"我会想"到"我会变",再到"合作创作衍纸画",每一环节教师都力求为学生插上想象的翅膀。

课后,大家进行了评课活动,张老师就"课堂教学的目标与载体"这一话题和与会教师进行了深层探讨,大家积极参与、畅所欲言。孔丽娟老师还谈到平时自己教学中的一些困惑,张老师也一一做了详细的解答。

这次活动,虽然只听了一节课,评了一节课,但老师们纷纷表示收获很大,张老师面对面地现场指导、答疑解惑帮助大家解决了许多平时课堂上的实际问题,相信综实常态课也会由平实走向精彩。

有了骨干教师的引领,如何推进幸福纸艺课程的实施,是我们着力思考的问题。

一、以主题教研为抓手，推动幸福纸艺课程实施

幸福纸艺课程实施过程中，学校以主题研究为核心，通过备课、教学、反思、总结等活动，有计划地针对教学提出研究课题，开展研修活动，通过课题小组的互帮、互学、互动、互相促进，达到骨干教师与一般教师的业务水平相互提高，并在教研活动中分享研修成果。主要分享内容有：我的作品，我的课例、我的读书心得、我的案例反思、我的教育教学故事、我的课件、我的听课评议、我的学生作品等。在主题教研活动中，激发了教师们的问题意识，生成了系列小专题研究，如：幸福纸艺美与生活美整合教学研究；挖掘教材幸福寻找纸艺美拓展学生创新意识；幸福纸艺教学之美感渗透；因势利导，挖掘儿童剪纸的潜质；运用幸福纸艺美诱发学生的创造潜能；幸福纸艺教学有效作业探究等，这一系列的专题研究，催生了更深沉的问题，进而转化为课题，构建了"教研修"三位一体的校本教研，渐进式地提升了学校的教研文化品位。总之，学习型、教学型、研究型校本教研呈三位一体关系，在实践中是相辅相成、相互促进、相互渗透的关系，各个阶段有所侧重，这使得幸福纸艺教学研究呈渐进式的推进。在寻找幸福纸艺美的过程中教师的专业素养也随之渐进上升，而学生的动手能力、思维能力和向往美的品质也得到逐步提高。

二、以专题研究为突破，彰显幸福纸艺课程亮点

新时期的教改提倡学科之间的整合，在幸福纸艺课程实施的过程中，我们将它与语文教学中的口语交际和写作进行了有机整合。如何通过纸艺操作，让学生的"说"有感而发？怎样借助纸艺作品，让学生的"说"水到渠成？围绕"在纸艺实践活动中培养小学生口语表达能力"这一小专题研究，各年级的课程实施老师也在深入研究。

1. 回顾技法，以"理"促说

纸艺具有艺术的韵味，是深受一至五年级学生喜爱的艺术表现形式。你都学过了哪些技法？还想学习什么技法？都可以引导学生做一做、说一说，在梳理中促进表达能力的提高。

2. 交流评价，以"做"促说

以做促说，是这样做的：

（1）结合老师的作品。人脑信息的70%～80%是靠眼睛获得的，教学活动中教师应有目的地训练学生观察周围的事物。这样看说结合，既教会学生观察的方法，增长了知识，又训练了语言表达能力。比如，有时老师出示范作后，引导学生尝试说说范作的制作流程，讲讲作品的主要内容，从而大大激发学生的想象力。

（2）结合自己的作品。凡是学生亲身经历或亲手做过的事，说起来常常是绘声绘色，感情真挚。纸艺活动中，指导老师特别注意引导学生手、脑、口并用，边做边说，或做完解说。互相评一评个人或小组的作品，旨在引导每个社团成员充分感受到自己的进步，发现彼此的能力和才干，那幸福之情总是溢于言表。

3. 展示推介，以"展"促说

小学生争强好胜，通过作品展评可以为他们提供创设展示自我的空间，也让其有一种成就感，激发其更大的参与兴趣。为了以"展"促说，能将展示与推介有机结合。并且推介中，不仅要介绍作品是怎样完成的，还需要说说作品的主题，作品里融入了什么有趣的故事。这样的要求，对于每一个小组都是一种挑战，因此小组成员更会齐心协力，一起想、一起做、一起说。在系列的研究、编制、展示活动中，学生不仅可以展开丰富想象，也能发散思维，提高语言表达能力。

4. 形成文字，以"说"促"写"

成功地完成了"做"与"说"之后，接下来就是将说的内容形成文字来展示。在老师的引导下，有能力的孩子把自己创作的整个过程记录下来，形成一篇篇图文并茂、兼制作技术与趣味故事为一体的佳作。

幸福纸艺校本课程充分激发了学生对纸这种常见材料的创新思维与表现能力，丰富了学生的创作空间，创作技法，提升了学生的综合素养。

荣成市幸福街小学
劳动与技术课堂教学评价表

评价项目	评价要点	符合程度	
		基本符合	基本不符合
教学目标	1. 符合课标要求和学生实际的程度		
	2. 可操作的程度		
学习条件	3. 学习环境的创设		
	4. 学习资源的处理		
学习指导与教学调控	5. 学习指导的范围和有效程度		
	6. 教学过程调控的有效程度		
学生活动	7. 学生参与活动的态度		
	8. 学生参与活动的广度		
	9. 学生参与活动的深度		
评价项目	评价要点	符合程度	
		基本符合	基本不符合
课堂气氛	10. 课堂气氛的宽松度		
	11. 课堂气氛的融洽度		
教学效果	12. 目标的达成度		
	13. 解决问题的灵活性		
	14. 师生的精神状态		
学科特色	15. 教学内容贴近学生实际,具有学习价值		
	16. 课堂教学结构设计		
	17. 技术操作能力的培养		
其他			
评价等级	A	B	C	D

评语:

☞ **教学设计**

《守株待兔》折纸教学设计

教学目标：

1. 通过教学使学生掌握纸兔的折法，并对其进行装饰美化。

2. 在幸福纸艺活动中，结合成语学习，每位学生制作成语折纸，明白成语的解释。进行交流欣赏，寓教于乐。

3. 借助纸艺制作提高学习成语的兴趣，主动去查阅成语词典，提高语言表达能力。

教学准备：正方形彩纸，水彩笔，胶棒，多媒体课件等。

教学时间：1课时。

教学过程：

一、谈话激趣，导入课题

师：孩子们，我们已经折了好多的关于成语的折纸，那还记得都有什么吗？

生（可能交流）：如鱼得水、坐景观天、鸟语花香等等。

师：今天呢！老师给你们带来一个新的成语故事。

一起读：守株待兔。

师：那你们听过这个故事吗？谁愿意给大家讲一讲。

生主动讲一讲。引出《守株待兔》成语故事：

宋国有一个农民，每天在田地里劳动。

有一天，这个农夫正在地里干活，突然一只野兔从草丛中蹿出来。野兔因见到有人而受了惊吓。它拼命地奔跑，不料一下子撞到农夫地头的一截树根上，折断脖子死了。农夫便放下手中的农活，走过去捡起死兔子，他非常庆幸自己的好运气。

晚上回到家，农夫把死兔交给妻子。妻子做了香喷喷的野兔肉，两口子有说有笑，美美地吃了一顿。

第二天，农夫照旧到地里干活，可是他再不像以往那么专心了。他干一会儿就朝草丛里瞄一瞄、听一听，希望再有一只兔子蹿出来撞在树桩上。就这样，他心不在焉地干了一天活，该锄的地也没锄完。直到天黑也没见到有兔子出来，他很不甘心地回家了。

第三天，农夫来到地边，已完全无心锄地。他把农具放在一边，自己则坐在树桩旁边的田埂上，专门等待野兔子蹿出来。可是又白白地等了一天。

后来，农夫每天就这样守在树桩边，希望再捡到兔子，然而他始终没有再得到。但农田里的苗因他的忽视而枯萎了。农夫因此成了宋国人议论的笑柄。

师:很好,今天呢,老师给你们带来了一个关于守株待兔的动画片,想看看么?
(学生交流)

播放动画片——

师:同学们猜一猜,"株"是什么意思?

生(可能交流):树桩。

师:"待"呢?

生(可能交流):等待。

师:那你们知道"守株待兔"比喻什么吗?

生(可能交流):比喻希望不经过努力而得到成功的侥幸心理。现也比喻死守狭隘经验,不知变通。

师:真好,那今天呢! 我们就折这个故事的主角,你们猜一猜是谁?

生(可能交流):兔子。

师:对,今天我们就来折这只兔子。(同时贴上守株待兔完整画的作品。)

二、动手操作,同折作品

拿出彩色正方形纸一张,在一些简单的折叠步骤上,老师适当地请学生上台来完成;在复杂的折叠步骤上,老师与学生一起来完成。教师反复地演示几次,注意对准(边线)、比齐(折痕)、压平。

师:好,请同学们准备好一张折纸。

(讲解折纸过程,老师同时辅导)

师:好了,兔子折完了,还差什么呀?

生(可能交流):眼睛。

师:画这个眼睛有艺术,想画奔跑的兔子(圆点)还是死的兔子(横线)呢?

师:那接下来呢! 又到了完成作品的时间了。那在画之前,你是如何想的呢? 想如何画呢? 谁愿意和大家分享一下?

(分别让学生发表自己意见。)

师:说的很好,那开始吧!

三、贴图填画,完成作品

折完之后,把小兔贴在图画本上,同时在画纸上,画出树桩和人等,形成一个完整的作品。

四、展示评价，共同欣赏

老师选了几幅做得比较好的，同学们一起欣赏一下，让学生点评一下，哪好或不足，要是你是老师给他几颗星。

（一颗星：加油！两颗星：真棒！三颗星：冠军）

采取自评——互评——老师评的方式进行评价，评出折纸小能手。

五、续编故事，拓展提升

学生通过讲解自己的作品并续编《守株待兔》这个故事，来锻炼孩子们的表达能力。

《我是折纸小能手——折纸马》教学设计

教学内容：

校本课程第九课《我是折纸小能手——折纸马》。

学情分析：

通过前段《智慧折纸》的教学，学生已经具有了一定的动手操作能力和视图能力。一年级学生年龄小，活泼好动，教学应采用小组合作、讨论探究的学习方法，以调动学生学习的积极性，引导他们在玩中学、在乐中做，愉快地掌握所学知识。

教学目标：

1. 引导学生进一步熟悉折纸方法，学会折叠纸马，并初步学习使用剪刀剪纸。

2. 培养和发展学生观察、比较、分析、概括和动手操作的能力。

3. 逐步培养学生的审美观、合作意识、劳动兴趣和创新精神。

教学重点、难点及关键：

教学重点：一是撑开、压平等技巧的运用，二是沿虚线从两面剪开。

教学难点：折纸马的第四步沿虚线从两面剪开和第七步马头、马尾的折叠方法。

教学关键：借助多媒体、实物等直观演示，让学生弄清怎样剪、剪到哪儿为止以及马头和马尾的折叠方法。

教学准备：

教具准备：多媒体辅助教学软件；正方形彩纸、剪刀、折好的纸马等。

学具准备：每人3～5张正方形纸（大小不限、颜色不一）、剪刀、胶水等。

教学过程：

一、创设情景,复习引入

1. 创设情景,激发兴趣

出示课件。

教师讲故事:请小朋友们看屏幕。几匹小马在一起快活地奔跑、玩耍(定格在一匹红色的纸马上)。这匹"小红马"由于贪玩,跑得太远了,迷了路,失去了伙伴,在痛苦地嘶叫着,哭喊着。"小红马"多可怜呀! 热心的小朋友,你们愿意用自己灵巧的小手折一匹纸马,作为"小红马"新的伙伴吗?(板书课题:折纸马)

2. 回顾旧知,掌握要领

启发谈话:我们学习了哪些折纸的方法? 折纸的要领是什么? 你能给大家折一折、说一说吗?

小结强调:折纸的要领是边角对齐,折痕压平。

(设计意图:利用多媒体创设情境,可以极大地调动学生的积极性,激发探究新知的欲望,引导学生一上课就进入最佳学习状态。)

二、自主合作,探究学习

1. 自主探究,尝试操作

(1)启发谈话:看着这幅折纸图(屏幕显示),你能折出一匹漂亮的纸马吗? 请小朋友们拿出一张正方形纸,试着折纸马。遇到困难时,可以看一看折纸图,也可以拆一拆桌子上折好的纸马(每组桌上都预先放一匹折好的纸马),还可以问一问同学或老师。

(2)播放音乐,学生试折纸马,教师巡视指导。

(3)启发质疑:在折的过程中你遇到了什么问题? 和老师折的纸马对比一下,有什么不同? 问题出在哪儿?

(4)归纳集中学生可能提出的问题:折的纸马为什么不像? 马头怎么比马尾还低? 马肚子怎么这么大? 马腿却又短又瘦……

2. 合作探究,掌握方法

(1)小组学习。议一议,这些问题你能解决吗? 请在小组内讨论一下,看哪个小组的办法最好。

(2)小组汇报。启发学生在实物投影台上演示,边演示边讲解。(遇到困难时,师适时点拨)

(3)教师重点演示:沿虚线从两面剪开的方法。注意提醒学生:要从两面剪,千万不要图省事两面同时剪,否则就会把马剪坏了。

（4）启发求异思维，发展学生个性。

师追问：马头、马尾还有别的折法吗？说一说你是怎样折的？

（设计意图：此环节是在教师的指导下，讨论探究，自主发现新知的过程，改变以往教师演示一步，学生跟着做一步的教学方法。学生看图思考，自主尝试，目的在于给学生创设主动探究、自主学习、合作研讨空间，引导学生展开想象的翅膀，创造出第二种或更多种马头、马尾的折叠方法，培养学生的求异思维。）

三、操作实践，形成技能

1. 动手做一做

师：用刚才所学的方法自己快速地折一匹纸马（纸的颜色、大小不统一要求），看谁折得最漂亮、最精神？每组选一件最好的参加全班评比。

2. 作品展评比一比

师：看谁折得最好？还有什么问题？

启发学生评价，教师及时表扬鼓励。

（设计意图：目的在于使学生获得成功的喜悦，进一步激发学生的学习兴趣。）

四、鼓励创新，发展能力

1. 比一比看谁的手最巧

师：请小朋友们拿出一张纸，会折纸鹤的折纸鹤，会折小鸟的折小鸟，你会什么就折什么，愿折什么就折什么。

（学生展示作品）

2. 构图看哪组的作品最有创意

（1）摆一摆。小组合作，用折的纸马、纸鹤等在制作板上摆一幅图。

师：看哪一组摆得图案最漂亮？布局最合理？

学生自由想象。自主创作。

（同时启发一组学生在黑板上创作。）

（2）评一评。

师：哪个小组构制的图案最漂亮，布局最合理。哪匹纸马折得最美、最健壮？

表扬鼓励。

（3）说一说。启发学生根据自己构思的图案说出创意或编一个小故事。

（设计意图：在此把空间留给学生。让学生充分想象，发明创造出多种精美的图案，以发展学生的个性，进一步培养学生的审美观、合作意识和创新精神。）

五、课后延伸,强化技能

即兴谈话:这节课我们不仅为"小红马"找到了新的伙伴,还为它建起了美丽的家园。"小红马"可高兴啦,你听它在说什么?

出示课件:小朋友们,谢谢你给我找到了新的伙伴,建起了美丽的家园。我想和你们交朋友,你们愿意吗? 不过,我得给大家出一个问题:下课后请小朋友们用灵巧的小手,折一个自己喜欢的小物件,并写上一句祝福的话。折纸马的小朋友可以送给自己的爸爸、妈妈,祝他们马到成功、鹏程万里! 折纸鹤的小朋友可以送给爷爷、奶奶,祝他们身体健康、万事如意! 折其他小物件的可以送给自己的好朋友,祝他们好好学习、天天向上! 可以吗?

(设计意图:设计此环节目的在于使课内学到的知识延伸到课外,进一步培养和发展学生动脑、动手的能力,强化本节课的教学目标。)

折纸主题之《森林舞会》教学设计

教学分析:

1. 教材分析

本课以"森林舞会"为活动主题,以狮王二十八世十五岁的生日,即将召开森林舞会创设情境,激发学生折几只小动物去参加舞会的欲望。"学习与探究"部分让学生学会简单的单菱形折法和内翻折;"读一读"是对折纸的技巧做进一步了解,怎样让折纸作品更加美观;"实践与体验"环节是让学生在学会单菱形折法和内翻折的基础上,对啄木鸟从形象到抽象,进行思维加工,尝试折叠啄木鸟作品;"一点通"部分继续给学生技术方面的指导,既有安全方面的要求,又有美观方面的提示;"总结与交流"部分用自评和互评的方式,展示作品,找出优点和不足;"拓展与创新"让学生在学会简单的啄木鸟折法的基础上,举一反三,折出更多小动物作品。

2. 学情分析

一年级学生对折纸有了初步的认识及了解,尤其通过前两个活动主题的探究,掌握了一些简单的折纸技法。本课在学生具备了一定的折纸技法基础上,进行折叠纸的再次尝试练习,让学生对折纸造型有一个全新的认识。

教学目标:

1. 学会读简单的折纸符号,掌握折纸的基本折叠方法:单菱形折法、内翻折,并能运用此方法创作简单的折纸作品。

2. 通过自主探究、小组合作探究出折纸的基本方法,动手动脑大胆创新创作出简单的折纸作品。通过上网、查阅资料等方法了解折纸的有关历史。

3. 通过实践活动,对折纸产生浓厚的兴趣,提高审美能力,在折纸的过程中,提升学生合作、创新能力。

本课重难点:

1. 重点:在单菱形折法和内翻折的基础上学会折叠啄木鸟作品。

2. 难点:在折纸的基本技法基础上学会举一反三,自主创作折纸作品。

教学策略建议:

1. 教法建议:教师演示和学生读图解、练习相结合,充分尊重学生已有经验,引发学生折纸欲望。

2. 学法建议:自主探究与小组合作相结合。

教学资源与环境建议:

本课教学资源建议:

1. 教具准备:多媒体课件,各种示范作品。

2. 学具准备:各色正方形彩纸、剪刀、彩笔等。

本课环境准备建议:多媒体教室。

教学评价建议:

评价标准:

引导学生从折纸的速度、作品的工整程度、啄木鸟的脚和眼睛是否协调等进行评价。

评价方法建议:强调学生在教学过程中的主动参与,注重对学习过程的评价。关注学生个体差异,注重评价激励性、多元性、开放性,在自我评价的基础上,尽可能采取小组讨论交流的形式,鼓励同伴之间充分发表意见和建议。

教学课时建议:

1 课时(40 分钟)

教学过程:

一、创设情境,导入新课

学习指导语:同学们,狮王二十八世十五岁的生日就要到了,一年一度的森林舞会马上开始,小动物们跃跃欲试都想参加。今天这节课,我们就来练习折只小动物去参加舞会。

课件出示文中的图片 1。

问题:

1. 都有哪些小动物愿意去参加舞会呢?

2. 折小动物对纸张有什么要求吗?

3. 我想折一只啄木鸟,应该怎么折呢?

课堂小结:(出示一只折好的啄木鸟)大家看,这是森林的医生啄木鸟,它第一个报名想参加,今天就让我们试着折一只啄木鸟去参加舞会吧!

(设计意图:根据三年级学生年龄特点,利用生动有趣的故事,激发学生学习探究的欲望,为下面的活动做好情感铺垫。)

二、学习与探究

学习指导语:以小组为单位,把教师折好的啄木鸟拆一拆、看一看、议一议。阅读有关折纸资料,并试着自己折一折。

教师留心观察学生的学习困难点,并演示两种折法,讲解注意事项。学生边听讲解,边看演示,了解造型要点和技法、步骤,练习单菱形折法和内翻折折法。

1. 课件展示两种折纸的方法:单菱形折法和内翻折。

2. 读一读。

折纸有很多小技巧:

1. 要理解折纸图例中使用的符号和学会基本的折纸方法。刚开始折纸选择边长 15cm 左右的正方形纸比较好,等熟练以后尝试使用大小不一的纸。另外,可以使用正反不同颜色的纸,这样比较好确认作品的内外。

2. 折纸最重要的一点是折叠要精确。边角尽量做到仔细对齐,这样的作品才会工整、美观。折痕要制作得非常明显,用指尖在折叠处来回划几次,以便于后面的操作。

问题:

1. 你认为单菱形折法和内翻折折法什么地方最难折?

2. 折纸时对纸张的选择有什么要求?

3. 怎样做才能让折纸作品既美观又工整?

课堂小结:掌握了单菱形折法和内翻折折法,再巧妙组合,就能完成啄木鸟的折叠过程。现在就让我们用灵巧的双手试着折叠一只啄木鸟吧!

(设计意图:综合实践活动强调学生的亲身实践,在学习与探究环节,让学生自己去拆一拆、看一看、议一议,让学生主动对知识技能进行构建,可以最大程度地发挥学生的主观能动性。但综合实践活动又离不开必要地教,这里的教,要建立在学生通过自己的探究仍然无法掌握、获得的基础上,也就是要教在学生学习的困难点上。)

三、实践与体验

学生指导:学生根据所学知识进行动手实践。发挥小组合作的优势,完成任务较好的同学帮助动手较慢的同学。

教师巡回指导,对大胆富有个性的设计给予肯定,对遇到困难的学生给予鼓励与指导,及时解决出现的问题,提高学生的实践与动手能力。

1. 课件出示折啄木鸟的步骤图及温馨提示:

(1)先想好折什么,再动手折。折时注意各部分的比例。

(2)在使用剪刀的时候,一定要小心,注意安全!

(3)沿着画好的线剪啄木鸟的脚,会更准确,注意不要剪到翅膀。

2. 对折好的作品进行整理、添画,并注意保持室内清洁卫生。

问题:在剪啄木鸟的脚时,怎样才能做到不剪到啄木鸟的翅膀?

课堂小结:同学们在做任何事情的时候,只要细心、持之以恒,就一定能把事情做好。

(设计意图:学以致用,让学生在学会简单的单菱形折法和内翻折的基础上,练习折叠啄木鸟,巩固新知,形成技能。)

四、总结交流,评价作品

学习指导语:下面要选择一只最好看的啄木鸟去参加舞会,请每组同学选择一两件作品粘贴在做好的森林粘贴板上。我们都来评一评吧! 选出折得最好的同学,介绍一下自己是怎样折的,说说自己的经验。

评价标准:引导学生从折纸的速度、作品的工整程度、啄木鸟的脚和眼睛是否协调等进行评价。

问题:

1. 在折叠啄木鸟时,你遇到什么困难了吗?

2. 你成功的经验是什么?

课堂小结:同学们通过今天这节动手实践课,有什么收获吗?(学生可以谈自己对折纸活动的心得,也可以谈自己在折纸过程中的收获)

(设计意图:注重了评价的多元化,评价者可以是自己,也可以是老师、同学。评价的内容也是多元的,既包括作品本身,也可以是学生在参与过程中的情感态度。)

五、拓展与创新

同学们看我们的森林里,现在只有啄木鸟可以去参加狮王的舞会,还有许多小动物,像长颈鹿、小灰熊、小狐狸、七星瓢虫等都想参加森林舞会呢,你能用你灵巧的小手帮帮他们吗? 看看谁的作品最可爱,最有创意。

(设计意图:我们这节综合实践课,决不能把目标定位在会折一只啄木鸟上,而应该是通过折一只啄木鸟,激发学生继续探究的欲望,培养学生对折纸的兴趣,给学生提供一个更大、更广的创作舞台,提高学生的动手能力、审美能力、实践能力。)

六、板书设计

森林舞会

啄木鸟:边角对齐　折痕清晰

注意:眼睛、脚

《巧穿编　展创意》教学设计

指导思想与理论依据:

1. 指导思想:综合实践活动作为素质教育的切入点,不以掌握知识的多少为目的,也不以能否对知识进行复述为标准,而是着眼于逐步完善学生的素质结构,秉持多元智能理论,追求学生独具特色的全面发展。

2. 理论依据:综合实践活动主张实践式学习,面向学生完整的生活领域,关注学生现实与未来的需要,努力追求学生独具特色的全面发展。

教学背景分析:

1. 教学内容:纸是生活中极为常见的一种材料,纸张种类繁多,取材容易,成本低廉,运用非常广泛。将纸裁成纸条进行穿编制作,既可以培养学生灵活的思维和丰富的情感,还可以锻炼学生的双手,促进学生手脑并用能力的提高。《巧穿编　展创意》一课分为 2 课时,第一课时指导学生学会用"一压一挑"的方法把纸条穿编成一个正方形,第二课时首先教师引导学生充分发挥想象力,把正方形的作品设计成一个独具匠心的形状,最后自愿结合成小组,把几个人的作品经过加工后合成一幅漂亮的纸条穿编壁画。

2. 学生情况:小学四年级的学生已经具备了一定的美术知识和手工劳动技能,他们有丰富的想象力和非常强烈的创作欲望,在解决问题的过程中能较好地与同学合作,在参与活动的过程中学习运用自己学到的知识。

教学方式：

本节课主要采用教师示范、学生自主创新、合作学习的教学方式。

教学手段：

教师利用多媒体演示纸条穿编作品的制作过程，学生可以模仿或进行创新完成自己的作品，然后自由组合成合作小组共同完成一幅完整的壁画作品。

技术准备：

多媒体、剪刀、胶棒、彩笔、彩纸等。

教学目标：

1. 学会用写、贴、画的方法制作纸条穿编壁画。

2. 在学生掌握用纸条编织的基本方法后，设计制作纸条穿编作品，积累制作经验。

3. 引导学生在创作过程中，享受成功的愉悦，产生创造意识、环保意识、合作意识。

教学过程：

首先复习纸条穿编的方法，然后教师示范如何把一个正方形的纸条穿编作品制作成一个其他形状的作品，接着引导学生充分发挥想象力，把自己的作品设计成一个独具匠心的形状，最后自愿结合成小组，把几个人的作品经过加工后合成一幅漂亮的纸条穿编壁画展示给大家看。

一、温故知新，导入新课

师：我们上周学习了把纸条纵横穿编在一起的方法，这种方法是什么呢？

复习穿编一压一挑的方法。

师：这节课我们继续学习"巧穿编　展创意"一课。（板书课题）

二、创设情境，引发兴趣

师：我们已经把纸条穿编成了方形的，怎么才能让这些方形的作品变得有创意，我们得动动脑子，请看老师这里的作品。

课件出示精美的壁画作品，欣赏壁画作品，说说这些作品的主要制作方法，了解生活中的穿编作品。

师：大家想不想动手做一个呀？请你认真看老师示范制作过程。（教师示范）

学生观看教师演示。

师：老师现在想考验你记住过程了没有？

欣赏作品可以降低学生创作的难度，让学生复述老师的制作过程，目的是让学生掌握制作方法。

师:掌握了制作过程,就请你创作一幅属于你的纸条穿编作品,请听制作要求:一、使用剪刀注意安全;二、完成后在作品背面写上名字;三、完成后把废弃物收拾到盒子里。

自己设计制作,培养学生的创新能力和动手操作能力,积累制作经验。

三、展示作品,交流评价

介绍为什么制作这个作品,并请大家评价自己的作品,体验成功,互相学习。

四、课外延伸,拓展提高

师:同学们用自己的创意,制作出了一个个漂亮的纸条穿编作品,你知道吗?如果你再加一点点创意,这些作品可以被制作成精美的壁画,请看这些作品。(课件出示作品后,再现场出示一幅作品,介绍作品的制作方法。)

师:美好的生活,用巧手创造,现在就请你和身边的同学一起设计制作一幅独具匠心的壁画作品吧!

制作要求:合作时声音要小,不要影响其他人。

五、课堂小结,归纳提升

师:这节课,我们用自己的创造力设计出了一幅幅美丽的纸条穿编壁画,你一定有许多感受,谁愿意和大家分享?

(学生交流收获,学会及时总结自己的得失)

师:下课后,如果你有兴趣可以用废纸再制作一个纸条穿编作品。

学习效果评价设计:

1. 评价方式

根据本节课的特点,我对学生的评价坚持过程性评价与结论性评价相结合,根据学生的特点我对学生的评价多以鼓励为主,调动学生的积极性。强调过程评价,注重学生的体验和感受,只要学生能够积极参与就给予肯定。辅以结论评价。

2. 评价量规

评价内容	自评	互评	师评
参与程度			
小组合作			
创新能力			
作品评价			

教学设计特色：

1. 渗透德育教育。在学生完成作品后,提醒学生要清理自己的桌面,把废弃的纸条收集起来,渗透了保护环境的教育。

2. 促进全面发展。学生们为了完成自己的作品,就会自觉地运用学会的美术知识、劳动技能,并发挥自己的创新能力才行,学科领域的知识在活动中得到延伸、综合、重组与提升。

3. 提高合作能力。为了培养学生的合作意识和合作能力,教师鼓励学生自愿组成合作小组,使具有不同智力倾向的学生通过交流和合作互相启发、取长补短,创作出更优秀的壁画作品,使学生的能力得到最好的发展。

《编编乐》教学设计

课型设计说明：

在之前的活动中,学生对纸的各方面知识已有了全面的研究,对纸的回收再利用也有了理论层面的了解,如何借助本研究主题让学生获得积极的劳动体验、形成良好的技术素养,把理论与实际结合起来呢？为此,我们开设了把知识研究与劳动技术相结合的手工纸艺制作课。

学习目标：

1. 通过观察、猜想、实践,探索趣味纸编的基本步骤和方法,学会在具体图形上合理设计边框和线条,培养学生的观察力、分析思考的能力和探究推理的能力。

2. 掌握改变编织条的形状和灵活变换穿插的制作方法,培养学生的审美情趣和创新能力。

3. 在活动过程中,使学生感受到纸编的乐趣,增强手工操作的技能技巧,提高表达与交流能力。

4. 在小组合作中学会互相帮助,互相学习,团结合作的精神。

学情分析：

学校在初级阶段开展的纸编兴趣小组活动存在了一些问题。首先,兴趣小组的活动侧重于模仿操作,缺少创造性作品,不能体现学生学习的主体性和创造性。其次,兴趣小组的活动缺乏必要的系统性,教学安排缺乏整体的计划,活动比较随意。为此,我们认为有必要对纸编活动进行教学内容的系统编排。纸编活动课程的开发,纠正了这几方面的不足。

教学重难点:

教学重点:通过观察、猜想、实践,探索趣味纸编的基本步骤和方法,学会在具体图形上合理设计边框和线条,培养学生的观察力、分析思考的能力和探究推理的能力。

教学策略:制作方法的探究过程是本节课的重点,要引导学生通过观察、猜想、讨论等方式进行探索,对于制作过程中出现的各种问题,由学生自主发现并提出来,然后想出解决优化的方法,从而培养学生严谨细致的科学态度,并在此过程中向学生渗透数学知识,沟通各学科知识之间的联系。

教学难点:掌握改变编织条的形状和灵活变换穿插的制作方法,培养学生的审美情趣和创新能力。

突破方法:通过提供欣赏素材,引导学生观察、分析,并在此基础上进行创新、设计,鼓励学生大胆猜想、勇于探索与众不同的设计方法。

教学准备:

教师方面:用纸条编织成的材料框、各种颜色的编织条、刻刀、双面胶、垃圾篓。(每个小组提供一组)

学生方面:用卡纸剪出的个性图案。(每人一幅)

评价设计:

1. 通过"猜想交流"环节,完成对目标1和目标4的检测;

2. 通过"欣赏作品、拓宽思路"环节,完成目标2的检测;

3. 通过"实践体验,动手编织"和"欣赏作品,互相评价"环节,完成目标3和目标4的检测。

教学过程:

一、复习旧知,导入新课

师:前面,我们学习了一种纸编的方法,大家还记得是怎么编的吗?

1. 制作的时候,先要切割编织条,剪编织条的时候要先画好宽度再剪,这样省时美观。(板书:切割)

2. 把编织条穿插交错在一起,就可以编出漂亮的图案。(板书:穿编)

3. 要一条一条有规律地编织,第二行与第一行要一上一下相互穿插起来。

4. 编织的时候,动作要轻一点,不能把编织条碰断了;还要把编织条向上推,收紧了。(板书:推紧)

师:看来,大家都掌握了纸编的小窍门了。今天这节课,我们就利用这些方法继续创新,设计制作出更加新颖有趣的纸编作品。

二、引导探究,完成创作

1. 猜想制作过程

师:老师剪了两朵向日葵。(板贴两朵,第一朵没编,第二朵是编过的。)你觉得哪朵好看? 好在哪儿呢?

师:这朵向日葵要变成这样,中间需要做哪些工作呢? 小组同学互相说一说。哪个小组发现了其中的秘密?

小组交流、互相补充。

师小结:先打好底稿再动手刻,这是个好办法。(板书:设计底稿)

由于我们是初学,一般把范围规定为长方形或正方形区域就可以了。

(设计意图:通过观察对比,让学生发现加入纸编装饰的向日葵色彩更加和谐,形象更加逼真,这样,可以激发起学生的创作欲望。在此前提下,引导学生通过观察、分析、思考和小组讨论,探究出制作的步骤。这个过程尊重了学生的心理和思维发展的需要,培养了学生的合作意识,提高了他们的探究能力。)

2. 尝试做外框和画线

在每个小组的材料框里,有几只杯子的图形,学生两人一组,在杯子上面确定出编织范围,然后以1厘米的宽度来找点画线。(师巡视,收集典型作品)

师:好,停。咱们来看看这几个同学的做法。

(1)外框太靠边

师:生发现这个长方形画得太靠边了,刻的时候容易把图形撕破了。大家同意这个建议吗? 是的。

(2)把底稿画在了杯子的正面

师:最好画在反面,这样,正面会比较整洁好看。

师小结:我们画的线都应在图形的背面,包括编好后剩余的编织条,都要留在图形的背面用胶固定住,这样,正面才能更整洁更美观。

(3)请画得又快又好的小组到前面介绍演示方法。

师小结:在设计时我们可以运用数学中的对称和垂直的知识。看来,画线也有很多的技巧。

师:需要改进的同学赶快修改一下。

（设计意图:此环节是本节课的重点,由于初次设计,难免会出现各种问题,这些问题由学生自主发现并提出来,然后想出解决优化的方法,从而培养学生严谨细致的科学态度,并在此过程中向学生渗透数学知识,沟通各学科知识之间的联系。）

3. 欣赏作品,实践体验

（1）出示作品,引导生欣赏评价:说说你最喜欢哪件作品,它最特别最吸引你的地方是什么?

①手套。它纸编的部分是斜着的,很特别。

这时,师板贴两只蜗牛图片。你有什么发现?

（第一个边框是正的,第二个边框是斜的）

引导学生猜想第二种边框是如何设计的。

小结:有时,一个小小的改变,就可以令你的作品与众不同。

②喜欢那棵大树,它纸编部分是弧形的。

那线条除了可以画成直线、弧线以外,还可以画成什么样的呢? 大胆猜一猜。

折线、波浪线……

师出示不规则的线。师:这样画行不行?

师板贴作品,生惊叹。

小结:有时,不规则也是一种美。

你喜欢葫芦,它上下两部分都有纸编部分……

师:这些作品各有各的美,老师相信同学们做得比他们还好。

（设计意图:通过观察分析,拓宽学生的创作思路,发展学生的想象力与创造力）

（2）同学们在课前已经设计出了自己喜欢的图形,举起来,互相看一看。（兔子,萝卜,蘑菇,汽车,房子）

师:你能通过纸编让它们变得更加多姿多彩吗? 好多同学都在摩拳擦掌,迫不及待了,在开始创作之前,有几点需要大家注意的问题,小声读一读。

开始做吧!（播放音乐）

师巡视指导,提示:注意安全、材料的节约与回收、作品的整洁与美观。

（设计意图:通过温馨提示对创作过程中的细节问题加以强调,进一步培养学生的环保意识、安全意识、审美意识。）

三、欣赏作品,互相评价

师:完成的同学把作品贴到展板上,和大家共同欣赏。

（展板布置差不多了）（音乐停）

师：由于时间的关系，今天我们就做到这儿，没完成的同学请课后继续完成。瞧，这么多漂亮精致的纸编作品已经汇集到展板上，蓝天白云，绿树碧水，小动物们生活在绿色家园里，多幸福啊！下面我们来开一场趣味纸编展示会。

（课件出示标题，播放音乐。）

师：大家都来当个小小评论家，评价一下吧。

教师引导生从边框的设计、颜色的搭配、编织的技法、图案的组合等方面进行评价。对做得好的同学加以表扬和赞赏，存在问题的同学可以共同分析原因并进行作品的再加工，使每位学生都能有所思有所得。

（设计意图：引导学生充分地看、想、说，对作品进行鉴赏和再加工，让学生体验到成功的喜悦，同时也提高了学生的交流与表达能力。）

引导学生讨论：这么多精美的作品我们可以干什么？

（装饰房间、做挂件、书签、贺卡等）

师课件展示经过再加工的纸编作品：挂件，制成贺卡，还有手镯、帽子等等，体会其在生活中的广泛应用。

四、课后拓展，积极尝试

出示一个纸编的双层爱心，仔细观察，它有什么用途？

师：它是怎样做出来的呢？有兴趣的同学，课后可以仔细研究研究，破解一下制作的秘密，如果有困难，可以动手拆一拆。

小小编织，创意无限，动动手，动动脑，我们就会在编织的过程中收获很多的快乐。

（设计意图：让学生跳出本节课的思维圈子，打破课堂的局限性，让学生的学习从生活中来，再回到生活中去。）

《巧手生花——纸百合花的设计制作》教学设计

《巧手生花》当中的"花"指的是纸艺花，随着DIY（英文 Do It Yourself 的缩写，意思是：我自己动手做）时尚概念的流行，人们已经不再满足于购买花卉的方式，而是通过自己动手做，随心所欲地制作出自己喜爱的花卉来。纸艺花卉的产生，正好迎合了人们这一需求，而随着教育的多元化，社会对学生的要求从趋向于动脑转化到动脑与动手能力相结合，因而对手工制作课的要求也相应提高。纸艺花卉是一种新颖且环保型的手工制作，我们大胆地把这种时尚带到课堂当中来，让学生通过欣赏各种材料制成的纸艺花作品，激起他们的学习兴趣；通过师生间的互动制作纸百合花的过程,懂得动手制作纸百合的方法。把环保意识和思想品德教育渗透于教学中:通过制作纸百合花,培养学生热爱生活,热爱设计艺术的情感,并能体验动手制作的收获与乐趣;通过利用废旧材料为纸百合花设计个性化的艺术造型,培养学生的环保意识,学会利用各种材料,因地制宜,变废为宝,变废为美。

教学目标:

1. 欣赏各种材料制成的纸艺花作品,懂得动手制作纸艺花的方法。

2. 通过观察,知道纸百合花各个组成部分,学会用各种材料,使用各种方法设计制作纸百合花,并为纸百合花设计个性化的艺术造型。

3. 通过制作纸百合花,培养学生热爱生活、热爱设计艺术的情感,并能体验动手制作的收获与乐趣;通过利用废旧材料设计制作花盆(花束或卡片等),培养学生的环保意识,学会利用各种材料,因地制宜,变废为宝,变废为美。

教学重点:

学会用各种材料、使用不同的方法设计制作纸百合花,并为纸百合花设计个性化的艺术造型。

教学难点:

1. 制作纸百合花。

2. 为纸百合花设计个性化的艺术造型。

教法学法:

在教学中,要更好地突出重点,突破难点,体现课程设计注重人文关怀,侧重学生的体验过程,针对小学五年级学生的心理特点和认知规律,遵循"教师为主导,学生为主体"的教学思想,通过情景创设,引导学生主动探究,体验学习的过程,培养自主学习主动探究的意识;通过师生间的互动,一起制作,体会制作的快乐;通过评价鼓励,引导学生在小组中积极互动,体会设计的乐趣,发展学生的想象力,提高学生的创造力与动手能力。

将校本课程内容与学生的生活经验紧密联系在一起,强调知识和技能在帮助学生美化生活方面的作用,使学生在实际生活中领悟到美术的独特价值,并把环保意识和思想品德教育渗透其中。

教学准备:

1. 教师准备

(1)了解有关纸艺花的知识,搜集鲜花与纸艺花的部分图片。

(2)手工制作两盆纸百合花。

(3)课件:各种鲜花与纸艺花的图片等。

(4)准备白纸,竹签,棉棒,纸胶带等各种可用于制作纸艺花的材料供学生选用。

2. 学生准备

(1)在家长的协助下,通过上网或查书了解有关纸艺花的知识。

(2)材料准备:课前收集一些饮料瓶,一次性碗或饭盒,废旧盒子,广告纸,包装纸等可以用于制作或设计花盆、花束等的材料。

(3)工具准备:剪刀,双面胶,油画棒或水彩笔,铅笔,各色油性笔。

教学程序:

一、激趣导入,欣赏感受

师:同学们,请闭上眼睛跟老师一起来欣赏一段音乐(30秒)。好,现在请同学们慢慢睁开双眼,你看见了什么?

老师点击课件,大屏幕上出现各种各样的鲜花。

教师引导:看了这些花,你有什么感受?(让学生各抒己见)是啊,这些花确实是太迷人了,它们以其多姿多彩装点我们的生活,给我们带来了美的享受。自古以来,多少文人墨客对花赋予了深厚的情感,他们写下了许多跟花有关的诗词歌赋,你们知道哪些呢?

学生交流关于花的诗句。

老师引导:这些诗句把花描述得多美啊,可是,花虽美,却正如李商隐所写的"相见时难别亦难,东风无力百花残"。鲜花虽美,却容易消失,那么怎么办呢?我们利用奇妙的纸和我们灵巧的手就能弥补这点不足,做出永不凋零的花。

师:同学们,今天老师就让你们的巧手"生"出这样的花来。(点击幻灯片,出现课题"巧手生花"。)

教师引导:现在先让我们来看一看生活当中一些巧手生花的例子。(点击课件,展示各种各样的纸艺花。)

学生欣赏各种各样的纸艺花图片,观察纸艺花的造型,感受纸艺花的美。

教师引语:同学们,看,这大屏幕上有六幅纸艺花作品,它们都是用纸做成的,做得很逼真吧?像上面这三幅,把做好的纸花分别插到竹瓶、玻璃杯、木盆里,就可以摆设在家里，用来布置居室，而下面这三幅，又是不同的造型了，把做好的纸花粘贴到卡片上、相框里就成了一幅美丽的美术作品，这又体现了纸艺花的另一个装饰作用，除此之外，你们想想看，要是把一束颜色鲜艳的纸花用包装纸给包装起来，又可以当礼物送人。纸艺花跟鲜花一样美观、漂亮，却又比鲜花更耐久，真是实用。

二、观看分析，了解方法

师：你们想不想也来做一做这样的纸艺花呢？我们今天就来尝试一下做纸百合花。

师：今天老师带来了自己所做的纸百合花，你们想看一看吗？（拿出手工制作的两盆纸百合花）

学生了解纸百合花的组成部分。

（给每一小组发一支已经制作好的纸百合花，让学生看一看、摸一摸，老师引导学生观察分析纸百合花的制作材料和制作方法）

师：这花是用什么材料制作的？（白纸、竹签、棉棒、绿色胶带）那这个瓶子跟这个花盆又是用什么材料制作的？（废旧的手电筒外壳，一次性碗）

引导学生灵活采用各种材料，做到因地制宜，变废为宝，变废为美。

三、动手实践，完成作品

第一，教师与学生互动完成纸百合的制作过程。（在课件上展示纸百合花瓣的制作步骤）

1. 制作百合花瓣。（选稍厚的正方形白纸来折，根据需要染上颜色）

2. 制作百合花梗。（选烧烤用的竹签，绕上绿色胶带）

3. 制作百合花叶。（用绿色小纸片，剪出树叶，粘贴在花杆上）

4. 插上百合花蕊。（选一次性卫生棉棒）

第二，学生完善纸百合花的造型。

1. 教师巡视指导。

2. 学生完成后，教师进行小结，对做得好的同学进行表扬。

第三，学生分组开展"创意大比拼"活动。

1. 教师出示活动内容，并提出要求。（内容展示在多媒体课件上）

（1）内容：为纸百合花设计个性化的艺术造型。

（2）要求：

①利用废旧材料，选用不同的方法给百合花设计造型。（一盆/一束/一张等）

②纸百合花的数量适中。

③整体造型美观,色彩鲜艳。

2. 教师组织引导学生进行设计制作分工。

3. 学生动手制作,教师巡视指导。

4. 教师在巡视的过程中,用有趣的语言,让学生积极参与小竞赛活动。

5. 指导学生合理运用各种废旧材料,采用各种方法装饰纸百合花。

四、作品展示,交流评价

教师宣布比赛结束,组织学生把完成的作品摆放到指定的位置上进行展示,并引导学生对作品进行观摩评价。

评价标准:

1. 作品是否赏心悦目?

2. 数量是否适中?

3. 造型是否有创意?

4. 色彩是否鲜艳?

评价方法:

1. 教师引导学生在组中选派代表进行自评。

2. 教师提问学生对其他组的作品进行评议。

3. 教师组织学生对作品进行投票。

奖励方法:评出最佳创意奖,奖给一个小礼包。(里面是另一种纸百合的折纸步骤)

五、教师小结,分享收获

师:同学们,今天开心吗?你们学会了什么?以后在一些重要节日里,诸如母亲节、父亲节大家就不用愁要送什么东西了,这纸百合就是最好的礼物。同学们,只要我们做个生活的有心人,常动脑多动手,就会创造出更多有特色的东西。

六、课后拓展,自主创作

再尝试用各种不同的方法设计制作各种纸艺花。

《衍纸祝福卡的制作》教学设计

主题背景：

本次活动主题的确立源于刚刚过去的母亲节，许多孩子给妈妈的祝福卡不是体现孩子们能力与创意的天然、质朴、原生态的手工画和卡片了，而大部分是从印刷厂里走出来的产品，不能很好地表达特别的心意了。但深入孩子们中间，我发现，不是孩子们不想动手，而是在商品的充斥下、学习的压力下、父母的唠叨中已经不知道自己还能动手做什么。我认为这正是用综合实践活动来再次唤醒孩子们动手动脑发掘自身潜力的大好时机。我们学校一直把纸艺作为我们综合实践活动的特色之一，孩子们本身对纸有一定的了解，这次用纸艺家族的年轻成员——衍纸来作为活动内容，既不让孩子们对造型各异的艺术作品感到陌生，又能调动孩子们多动手动脑的兴趣，提高孩子主动创作和自我表达的能力；除了学习衍纸基础卷的制作，我还设计了利用学习的衍纸基础卷制作一张祝福卡，这样孩子们不但可以在观察中提出问题，还能在思考中寻求问题的答案，在动脑动手的同时提高与人合作的能力，还能在今后的生活中挖掘自身更多的灵感与创意，不必为毫无个性的礼物而发愁了，更能激发学生不断地进行创新，把对纸的探究深入下去。

活动目标：

1. 欣赏美丽的衍纸艺术作品，激发进一步学习和研究的兴趣。

2. 通过观察、动手体验发现衍纸基础造型的制作方法，锻炼学生发现并解决问题的能力和动手能力。

3. 在小组合作完成一张小组创意的祝福卡的活动体验中，进一步激发学生的创造力，用基础造型创造新的形状，同时锻炼小组团结协作的能力。

4. 通过展示和送祝福卡的活动，进一步激发学生发掘自身更多的灵感与创意。

活动准备：衍纸、白胶、彩色卡纸、彩笔、开口棉签。

活动时间：1 课时。

活动对象：三年级（4）班学生。

教学过程：

一、激发兴趣，导入课题

1. 师口头调查，送学生小礼物——衍纸祝福卡。

2. 欣赏作品，简单了解衍纸，引入课题。

师：在资料中，我们了解到很多信息，衍纸表现力丰富，有它自己的做法，这节课,咱们试着用衍纸做份祝福卡送出自己的祝福吧。

（设计意图:我先和同学们聊他们生活中常见的现象,一来可以让学生从自己的生活体验出发,贴合学生生活实际;二来可以帮学生解决生活中难以解决或者说不愿主动解决的矛盾,让孩子们积极主动、乐于参与。）

二、自主探究,观察思考

1. 认真观察作品,自主探究祝福卡的制作步骤。

2. 近距离观察作品,探究衍纸图案制作技法。

（设计意图:"细节在于观察"。让学生近距离观察,让学生们在观察中发现问题,在尝试中自己体验和发现,在体验和发现中思考,在思考中寻求答案。）

三、初步学习,纸卷制作

1. 学习紧卷和松卷的制作。

通过视频学习紧卷和松卷的制作,让学生总结制作步骤,然后马上动手操作,练习紧卷和松卷的制作。

2. 学习其他基础卷的制作。

通过教师示范,让学生总结做其他形状的基础卷的技法——捏、挤、推、拉,学生根据技法进行其他基础卷制作练习,可以自己创造新的形状。

（设计意图:此环节就是要让孩子们在学习中发现,在发现中尝试,在尝试中创造。看似简单的制作过程既锻炼了孩子们认真倾听的习惯,又锻炼了孩子们的动手能力,通过技法的总结,孩子们还可以在动手的过程中主动去创造。）

四、创意完成,衍纸祝福卡

1. 小组分工。根据本节课需要提示学生分工合作,学生自主分工并交流分工情况。

2. 共同制作衍纸祝福卡。学生根据制作步骤,分工合作,完成作品。老师在学生制作的过程中巡视,给学生指导或提供帮助。

（设计意图:从作品创意到制作完成都以学生的经历和体验为基础,既可让学生感受到合作的愉快,也可让学生感悟到动手的乐趣,锻炼与组员合作的能力,培养团队协作意识和互助精神。）

五、作品展示,交流评价

1. 展示作品。

2. 学生评价作品。

(设计意图:展示与评价这一环节的设计目的是让每个孩子都能积极参与其中展示成果的同学充分享受着小组合作带来的展现自我和展示小组作品的成功与喜悦,同时锻炼了口语表达能力;组员们更能体验成功的快乐,因为自己小组的作品正被全体同学欣赏和评价,内心自豪感油然而生,同时自己还能在欣赏中表达自我;对别人作品的欣赏也是一种自身能力的提高,从而更好地促进实践能力的不断提升。)

六、课堂小结,总结收获

今天我们主要通过卷、捏、拼贴等的技能利用,与同学合作制作了衍纸祝福卡。其实衍纸作品除了能表达祝福,它还有更广泛的使用价值,今后我们会继续学习!

(设计意图:衍纸艺术的研究有非常广阔的空间,一节课的时间有限,如何将这一活动在课后有效地拓展与延伸?我设计了欣赏生活中的衍纸作品的活动,让孩子们在欣赏过程中主动将艺术与生活联系起来,在今后的生活中挖掘自身更多的灵感与创意,在创作中感受衍纸艺术的魅力。)

☞课例说课

课例选题背景及
《趣味纸编画》说课

尊敬的各位老师:

大家好!

下面,我对小专题研究的选题背景和课例《趣味纸编画》教学设计做相关说明。首先,谈谈开展"在纸编实践活动中培养小学生口语表达能力"小专题研究的背景。

选题背景

综合性是综合实践活动的重要特征之一。这种综合性不同于学科间的综合,它超越了教材,活动所面对的是学生完整的生活世界,密切联系学生与自然、社会、生活间的关系,把增强学生的终身学习的愿望和能力、创新精神与实践能力作为一个根本的课程价值来追求。对于高年级的学生来说,经过近四年的学习,已经有了一定的知识积累,综合实践活动课程为其综合运用各学科知识,同时在活动中主动获取知识提供了一个广阔的空间,在活动过程中,多种学习方式的整合,也必然带来学生生活方式的变革、生活空间的拓展和综合能力的提升。

纸编是一门综合艺术,既有计算的基础知识,又有美工的内容;既有自然科学的灌输,又有社会科学知识的陶冶;既有形象思维的训练,又有抽象思维的培养。它把学习与游戏结合起来,寓教于乐,手脑并用,动静交替,学生可以在玩中做、玩中学,使整个实践活动变得生动有趣、丰富多彩。因此,我校四年级选择了实践特色项目——神奇的纸编,并选择了"在纸艺实践活动中培养小学生口语表达能力"这一小专题,围绕两个方面开展细致研究:如何通过纸编操作,让学生的"说"有感而发? 怎样借助纸编作品,让学生的"说"水到渠成?

群组成员在研究中尽力做到:(1)依靠专家指导、同伴互助、反思性实践,寻求理性支撑,保障研究的深度与高度;(2)多学习,勤思考,理解专题研究的核心,保证研究方向正确;(3)每位教师都要积极参与备课议课、课堂观察,并写好观课报告等,在研究中解决实际问题,研有所获。

主题活动设计

本课例《趣味纸编画》,来自学校的校本课程。下面,先对主题活动做简单介绍:

主题背景:纸编是深受人们喜爱的一种传统工艺。它通过挑、剪、编等方法,巧妙地利用纸条编织制作丰富多彩的作品,如人物、动物、花、草等。其特点是造型别致,材料成本低廉、易于采集,富有情趣,贴近生活。安排这一主题的目的是引领学生走进纸编的世界,了解纸编的常用手法和制作的一般过程,学习设计、制作简单的纸编作品,并做出评价和说明。通过动手体验和探究,激发学生对纸编技术学习的兴趣,初步形成科学严谨的态度与技术创新的意识。

学情分析:四年级的学生已具备一定的动手能力,这种简单易学同时又精致美观的纸编作品极易调动起学生的兴趣。而且这一主题探究的空间很宽泛,能力差些的学生可进行简单的编织,只要做事细致耐心,编织时色彩搭配合理,便可完成趣味作品;学有余力的学生,可以通过欣赏高水平的编织作品探索编一些造型,各种"心"的穿编、提篮、花瓶等,还有立体小鱼、小鹿、蝴蝶等编织,或组编成情景画,因此这一活动便于开展。

主题目标:

1. 围绕纸条提出感兴趣的问题,作为自己研究的起点,清晰地表述问题。

2. 了解纸条穿编的制作方法与步骤,并在制作过程中提高想象力、观察力和动手能力。

3. 学生通过动手实践,提出假设、验证假设,发现莫比乌斯圈的神奇之处,培养眼睛的科学态度和热爱科学、尊重科学的思维品质。

主题结构:

主题:神奇的纸条	
第一阶段	神奇的"莫比乌斯圈"
第二阶段	纸编艺术——穿编美丽
第三阶段	纸编艺术——情景画

阶段设计说明

接下来,对主题活动的第三阶段《趣味纸编画》做详细说明,具体包括学情分析、活动目标、活动准备、活动程序、活动拓展、活动评价、板书设计7部分。

学情分析:

通过前段的学习探究,学生对纸艺有了初步的认识及了解,尤其通过前两个活动主题的探究,掌握了一些简单的纸编技法。本课在学生具备了一定的折编技法、完成了简单的纸编小作品的基础上,进行纸编画的尝试创作,让学生对纸编画有一个全新的认识,并能用简洁的语言讲述其中的故事。

活动目标:

1. 回顾学过的简单的穿编技法——挑压法,并能运用它创作简单的纸编小作品。

2. 通过自主探究、小组合作,充分构思、主动构思、共同创作一幅趣味纸编画,并推介小组的优秀作品,绘声绘色地讲述趣味纸编画中的故事。

3. 通过实践活动,引导学生对纸编画产生浓厚的兴趣,提高审美能力,在创作过程中,提升学生的想象、动手、合作、创新及口语表达能力。

活动重点:

在个人已经完成纸编小作品的基础上,小组4人共同尝试创作完成一幅或几幅纸编画。

活动难点:

在绘声绘色的讲述中,推介纸编画作品,体验成功的喜悦,借此提升口语表达能力。

活动准备:

一堂课要取得成功,必须做好充分的准备,课前我们精心做了如下准备:

1. 教师准备:多媒体课件、一幅纸编画作品。

2. 学生准备:彩色纸条、纸编小作品、大卡纸。

这些都为顺利完成开展实践活动做好了铺垫。

活动程序:

本节综实课,主要设计了以下活动流程。

一、各显神通——比赛导入，回顾平编法

师：前段时间，我们学习了平编纸条的基本技法，大家学得怎么样，下面来个小比赛，愿意吗？接着，同桌两个合作，比比哪对同桌能又快又好地把它们穿编起来。然后，组织学生介绍平编中的挑压法。

这一环节，运用同桌两个合作比赛的方法，回顾前面学过的平编技法，旨在引导学生进一步巩固技能。学生当小老师自己介绍前面学习的挑压法，能更好地体现学生的主体地位。

二、自我展示——学生作品，做简单介绍

师：的确，挑压法是两根纸条上下交替的挑压，大家掌握得不错。你用挑压法，又编织成了哪些漂亮的小图案，能给大家展示展示吗？让我们一起进入第二关——自我展示。

生交流展示。

综合实践活动强调学生的亲身实践，强调及时的评价展示。这里，学生介绍自己的纸编小作品，既是对前面学习的及时评价，能让他们体验到学习探究的快乐，也为后续的小组合作创作做好了铺垫。

三、示范引领——教师展示，讲趣味故事

师：大家介绍了自己的作品，老师也想介绍介绍可以吗？请进入——创意无限。

老师由介绍单个作品开始，很快用单个纸编作品快速完成了一幅纸编画。再引导学生发挥想象，用自己的语言完整地讲讲其中的有趣故事，适时评价。

师：提出活动目标：既然前面同学们都完成了各自的小作品，大家能不能像老师这样也完成有趣的纸编画？课堂时间有限，我们就采取合作的形式来完成，怎么样？

这个环节中，教师现场创作纸编画，旨在进行必要的引领指导。学生用自己的语言即时讲述纸编画中的故事，利于提高口语表达能力。同时，老师创作的纸编画，引发了学生的好奇心，激发学生学习探究的欲望，变"让我学"为"我要学"。

四、头脑风暴——师生探讨，明基本思路

师追问：怎样充分利用原有的作品，或增或减，一步一步去完成纸编画，请大家开动脑筋想一想。

在交流中明确:创作前要先看看小组同学有哪些小作品,再想想纸编画的主题,然后用铅笔简单起好稿,最后完成。并及时用课件出示温馨提示,引导学生明晰完成纸编画的基本思路。

温馨提示

第一,制作步骤

1. 看一看:小组同学都完成了哪些纸编小作品。

2. 说一说:根据这些小作品,或增或减,可以完成一幅怎样的纸编画。

3. 画一画:用铅笔起好稿。

4. 做一做:小组分工合作,粘贴、填画共同完成一幅或几幅纸编画作品。

5. 讲一讲:给纸编画起名,并讲述其中的趣味故事,在全班展示推介。

第二,展示评比

比一比,哪个小组会合作,作品有创意,故事讲得生动!

"授人以鱼不如授人以渔",科学的学习是一把开发学生智能的金钥匙,也是学习取得成效的必要条件。教育要达到的目标之一就是要教会学生学会学习。小组创作前了解创作的步骤及注意事项是很有必要的,可以为有序顺利地完成纸编画作品奠定基础。而这些注意事项,先由学生思考交流,教师适时补充出示,充分体现了学生的主体地位。

五、创意无限——小组合作,共同来编贴

师:怎样制作,如何评比,大家明确了吧? 好,制作时间 10 分钟,比比哪个小组会合作、作品有创意、讲的故事更精彩!

综合实践活动强调学生的亲身体验,通过让学生创新实践活动,培养学生小组合作学习的能力和实践能力,提高学生与人交往的能力。

六、精品展厅——全班推介,集体来评价

师:老师看到各个小组不仅完成了作品,也在积极商讨怎样推介作品。怎么样,可以进行全班展示了吗? 各小组的代表上台推介,台下的同学都是纸编画设计的小评委,一起来评判哪个小组会合作,作品有创意,故事讲得生动。

组织学生推介、评价,颁发证书。

学生进行成果展示,既是课内的总结,又是课外的延伸。鼓励学生积极参加评比活动,把研究引向更大的课堂,引向更深的层次。再者在综合实践活动中运用必要的评价机制,可以推动学习活动的有效开展。这节课坚持多元化、激励性等原则,将自我评价、小组互评、教师评价有机结合,对作品进行多种形式的评价让学生在玩中学,学中玩,感受编织带来的快乐。而学生由动手实践创作纸编画到组织语言讲述纸编中的故事,这是一个提升的阶段,能促进学生语言表达能力的不断提高。

七、大显身手——课后拓展,自主来创作

师:这节课,我们是共同创作,并讲述了趣味纸编故事。课后,大家能不能发挥你自己的智慧,独立完成一幅纸编画,再讲一讲呢? 好,下节课,我们一起来展示交流,愿意吗?

在孩子们心中播下自主探究的种子,让其生根、发芽、开花、结果,是综合实践课程要着力做到的。由课内到课外的延伸,正是体现了这一理念。

活动评价:

最后说说本节实践课所用的学习评价,我们主要采用师评、互评、自评相结合的评价方式,注意对学生语言表达能力、想象能力、动手能力、艺术表现力以及学习积极性的评价,以此来发挥评价的激励作用。最后,评出最佳创意奖、最佳制作奖等,给予学生奖励,让他们体验成功的喜悦,培养他们主动参与实践活动的兴趣。

板书设计:

好的板书就像一份微型教案,本节课的板书是教师和学生共同完成的,其中包含一节课中的精彩之处,全面而简明地将重点内容传递给学生,清晰直观。

总之,本节实践课想着力做到两突出,趣中学,玩中乐:

1. 内容自然,感受真实

综合实践活动的评价重在学习过程,重在学生参与活动获得的感悟和体验。本活动学生在展示他们的作品及成果中,力求体现自然和真实。尊重学生的自主性,让学生主体性得到发挥、思想得到碰撞。

2. 作品推介,真情表达

引导学生讲述纸编中的趣味故事,表达真实的情感体验,自然流露活动过程中的真情实感,这对学生的口语表达能力将是一个很大的促进。

幸福纸艺校本课程开发实施
暨德育课例《奇妙的衍纸画》说课

尊敬的各位评委老师:

大家好!

我说课的题目是《幸福纸艺校本课程开发实施暨德育课例——奇妙的衍纸画》。《山东省中小学德育课程一体化实施指导纲要》的颁布,标志着德育进入全科时代。强化立德之本,每门课程都承载着德育使命。怎样让校本课程成为立德树人的有效载体? 如何使校本课程常态化实施彰显学校特色? 指导纲要明方向,校本课程谱新篇。

主题背景

《奇妙的衍纸画》一课,是幸福纸艺校本课程的典型案例。接下来,先对这一主题活动做简单介绍:衍纸艺术是深受人们喜爱的一种传统工艺。它通过卷、编、组等方法,可以巧妙地利用衍纸条制作丰富多彩的作品,如人物、动物、花、草等。其特点是造型别致,富有情趣,贴近生活。安排这一主题校本课程,旨在引领学生走进衍纸的世界,了解衍纸的常用卷法和衍纸画制作的一般过程,学习设计、想象创作简单的衍纸作品、衍纸画,并做出评价和说明。引导学生动手体验、实践探究,激发他们对衍纸技艺的学习兴趣,初步形成科学严谨的学习态度,不断提高艺术修养和审美能力。

1. 年段分析:三年级的学生已经具备了一定的动手能力,衍纸艺术很容易激发学生的学习兴趣。《奇妙的衍纸画》这一主题,探究的空间非常宽泛。绝大部分学生,能够完成简单的衍纸卷,再变成可爱的衍纸小造型;而一些心灵手巧的学生,只要欣赏了高水平的衍纸作品,基于他们原有的知识经验,就能发挥想象、设计完成一幅奇妙的衍纸画。因此,这一主题校本课程便于开展。

2. 主题结构:《奇妙的衍纸画》这一主题校本课程,可以分三个阶段来完成。

主题:奇妙的衍纸画	
第一阶段	课前:主动探究——认识衍纸器和衍纸,尝试制作简单的衍纸卷。
第二阶段	课中:合作设计——完成制作简单的衍纸画。
第三阶段	课后:独立完成——奇妙衍纸画,不同类别的。

课例分析

接下来,对校本课程主题活动的第二阶段做详细说明,具体包括学情分析、课程目标、课程准备、教学程序、课程评价、板书设计七个部分。

学情分析:

通过前段的学习探究,学生对衍纸有了初步的认识和了解。本课在学生自主学习衍纸卷技法的基础上,先完成单个的衍纸小造型,进而小组合作完成奇妙的衍纸画,并能用简洁的语言讲述其中的趣味故事。

1. 课程目标:

(1)了解衍纸卷的制作方法与步骤,在制作过程中提高观察力、动手操作能力,发挥想象力;

(2)围绕衍纸造型提出感兴趣的问题,作为自己研究的起点,清晰地表述问题;

(3)小组分工合作,通过大胆想象,巧手制作,完成一幅衍纸画。在展示与推介中,激发探究兴趣,提高审美水平和口语表达能力。

2. 课程重难点:

课程重点是在个人自主探究制作衍纸卷的基础上,小组6人共同尝试创作完成一幅衍纸画。

课程难点是在绘声绘色的讲述中,推介衍纸画作品,体验成功的喜悦,借此提升口语表达能力。

3. 课程准备:

(1)教师准备:多媒体课件、一些可爱的衍纸造型。

(2)学生准备:衍纸条、卷纸器、大卡纸、乳胶等。

4. 教学程序:

本节幸福纸艺校本课,主要设计了以下活动流程——第一,交流导入:作品欣赏,引入衍纸画;第二,各显神通:积极参与,练习做松卷;第三,凸显重点:学习探究,学做小造型;第四,创意无限:小组设计,制作衍纸画;第五,全班展示:交流评价,纸艺有故事。第六,精品展厅:佳作展示,品赏促提高;第七,大显身手:课后拓展,自主来创作。

一、交流导入:作品欣赏,引入衍纸画

1. 回顾自主探究:课前,大家在自主探究中认识了衍纸材料和衍纸器,还尝试卷了一些松卷。欣赏一下你做的怎么样? 思考它的用途。

2. 欣赏衍纸作品:通过播放课件,欣赏幸福纸艺社团的作品,感受松卷变化万千的神奇。

3. 激发参与兴趣:原来,用松卷可以做出这么多可爱的造型! 想不想亲自试一试? 这节课,我们就来进一步学习制作松卷,用灵巧的小手和智慧来创作——奇妙的衍纸画。(出示板书)

(设计意图:幸福纸艺校本课程,倡导学生亲身实践,本环节学生通过自主探究,认识了衍纸条、衍纸器,摸索出衍纸器做基础卷的方法,人人乐做纸艺学习的小主人。)

二、各显神通:积极参与,练习做松卷

1. 回顾学法:我们已经尝试制作了许多松卷,它的基本方法是——卷。(板书:卷)

2. 对比审美:两个基础卷,哪个更好? 这个松卷做得怎么样? 好在哪里?
学生交流,同学们夸奖你呢! 哪儿不好? 给点建议吧。

3. 锦囊相助:这是老师的作品,想知道老师是怎么做的吗? 师边演示边讲解,学生评议、感叹:"老师做的松卷纹理匀称,色彩搭配非常漂亮!"
课件出示智慧小锦囊:引出制作松卷要注意的问题——别拉太紧,用力均匀,固定整理。

(设计意图:这一环节,师生有针对性地评价,引导学生学会反思;教师的适时演示旨在有效引领,及时解决纸艺学习过程中的困惑,为后续学习做好铺垫。)

三、凸显重点:学习探究,学做小造型

1. 再练基础卷,比谁松卷做得好。
教师引导:小花、树叶、小兔头、小鱼尾等等,都是通过松卷变成的,因此做好松卷尤为关键。
课件出示:请看,小兔子的头就是一个松卷。你会做吗? 我们借助智慧锦囊,来个小比赛,看谁5分钟卷得又多又好!

学生制作,教师巡视指导,小组评比松卷制作小能手,全班评价表扬。

(设计意图:这一环节,适时的小结评价,利于学生品尝参与的乐趣,体会成功的幸福。)

2. 创新基础卷,拼组变魔术。

欣赏不同的松卷:老师也想当个制作小能手,看老师的作品,和你的松卷有什么不同? 学生交流:大小、颜色不同,松卷更美。为什么会有这种效果? 它们是怎么做出来的? 学生发现——衍纸条长短、蓬松度不同,色彩搭配不一。

接着,教师引导学生在尝试中制作出颜色漂亮的松卷。边卷边想象,做的松卷像什么?

学生充分想象,积极交流,松卷像火红的太阳、十五的月亮、圆圆的月饼、小白兔的头、蝴蝶花纹、小雨吹的泡泡、车轮、橘子、葡萄、眼睛等等。

教师引领变:教师启发——利用衍纸卷作品也可以变魔术,信吗? (板书:变) 我们一起玩一玩,变一变! 接着,教师借助展台,灵巧展示把松卷弯成各种形状,如:变月牙、变鸭掌、变星星、变猫头……除了单个变,还可以组合变。看,一个椭圆卷加上一个半圆卷,变成一只可爱的小鱼!

学生创新变:两个小伙伴一起变,玩一玩,说一说:你变成了什么? 它在干什么? 我变成了什么? 它们之间会发生怎样的故事?

然后全班交流,学生想象松卷变成了小兔、小猫咪……好多的小动物。小兔子和小猫咪做朋友、小鹿和花蝴蝶赛跑、小鱼和小虾水中嬉戏、花蝴蝶在翩翩起舞。

(设计意图:这一环节,在松卷的不断变形中,引导学生大胆想象,为制作衍纸画打开思路。)

四、创意无限:设计想象,制作衍纸画

1. 教师引导:同学们,卷了这么多小动物、花草,它们之间发生了怎样的故事,或者组合成什么有趣的图画? 大家能小组合作,想象设计,制作一幅简单的主题或情景衍纸画吗? 请看温馨提示——谁能大声地读一读?

(设计意图:"授人以鱼不如授人以渔",有效的方法是一把开发学生智能的金钥匙,也是学习取得成效的必要条件。教育要达到的目标之一就是要教会学生学会学习。小组创作前了解创作的步骤及注意事项是很有必要的,可以为有序顺利完成衍纸画奠定基础。而这些注意事项,先由学生思考交流,教师适时补充出示,充分体现了学生的主体地位。)

2. 合作完成:怎样制作,如何评比,大家明确了吧? 好,随着优美的音乐,小组合作 10 分钟,比比哪个小组的作品有创意,讲的故事精彩!(播放音乐)

(设计意图:幸福纸艺校本课程强调学生亲身体验,通过让学生创新实践活动,激发了小组合作学习的能力,丰富了想象能力,提高了衍纸创作技艺。)

五、作品推介:全班展示,集体来评价

教师引语:通过卷、变、组一系列步骤,各个小组在主动探究、大胆想象中完成了衍纸画。有请小组代表上台展示、交流,台下的同学担任小评委,一起来评判哪个小组会合作,作品有创意,故事讲得生动!

六个小组轮流展示作品、讲故事,学生评价,颁发证书。

(设计意图:学生进行成果展示,既是课内的总结,又是课外的延伸。鼓励学生积极参加评比活动,把研究引向更大的课堂,引向更深的层次。学生由动手实践创作衍纸画,到组织语言讲述衍纸画中的故事,是一个提升的阶段,能促进学生语言表达能力的不断提高。在校本课程实施中运用必要的评价机制,可以推动学习活动的有效开展。本课坚持多元化、激励性等原则,将自我评价、小组互评、教师评价有机结合,引导学生在创作中感受衍纸带来的快乐与幸福。)

六、精品展厅:佳作展示,品赏促提高

最后,我们再来欣赏一下幸福纸艺社团的系列衍纸作品。请看——

师:衍纸是一项古老的手工艺,材料简单,造型丰富。今后,如果有机会,我们继续来学习衍纸艺术,愿意吗?

(设计意图:欣赏促提高,引领再创造。)

七、大显身手:课后拓展,自主来创作

师:这节课,我们是共同创作,并讲述了创编故事。课后,大家能不能发挥你自己的智慧,独立完成一幅衍纸画,再讲一讲呢? 好,下节课,我们一起来展示交流,愿意吗?

(设计意图:在孩子们心中播下自主探究的种子,让其生根、发芽、开花、结果,是校本课程要着力做到的。课内延伸到课外,正是体现了这一理念。)

课程评价:

最后,说说本节校本课程所用的学习评价。我们主要采用师评、互评、自评相结合的评价方式,注意对学生语言表达能力、想象能力、动手能力、艺术表现力以

及学习积极性的评价,以此来发挥评价的激励作用。纸艺小能手、最佳创意奖、最佳制作奖等等,给予学生及时的奖励,让他们充分体验成功的喜悦,培养他们主动参与幸福纸艺校本课程学习的兴趣,促进综合艺术素养的不断提升。

第四章　课程评价
记录实践足迹　评选幸福纸艺能手

　　在学校按照国家规定开设指令性课程的同时,结合地方实际和学生实际开设有利于学生个性发展和学校特色的课程。作为学校特色课程,在课程的继续实施过程中充分利用地域资源,建设具有地域色彩的校本课程。荣成市幸福街小学依托幸福教育,结合当地文化特色,开设校本课程,这是全面实施素质教育的关键。开发幸福纸艺校本课程关键在于引导学生了解家乡的传统文化、掌握纸艺的基本技法,更重要的是能培养学生动手能力、创造能力和思维能力。这些也是课程评价的着力点。幸福纸艺校本课程从生活入手,锻炼学生的动手能力。通过教师的引导以及对学生作品的评价,使学生热爱生活,将"幸福"融入学生的世界。

第一节 自主想象创造 展现系列佳作

近日,幸福街小学举办了"让智慧在指尖飞扬"纸艺作品展示活动,三、四、五年级学生积极参加了此次活动。

参加展出的作品由各班层层选拔产生。作品分"花的海洋""鸟的天堂""海底世界""森林王国"等几大主题,其中不乏精品。看,王艺斐、姚佳凝、王佳颖的作品心思细腻,王安慧等同学的作品则以简洁见长,杨鑫磊擅长制作各种孔雀,张华田的拿手活儿是精致的小鱼,还有刘冬宇、赵思怡的《绿孔雀》,刘玙璠、王安慧的《自行车》《梅》,曹玉敏、刘爽的《欢乐的大海》,刘爽、曲亚琳的《小猫钓鱼》《龟兔赛跑》,曹玉的《小象》,王佩琪、岳丽娜的《绿孔雀》《蝴蝶》,武心怡的《两只长颈鹿》,张文钰、王嘉倩的《花树》,武兴玉的《狐狸》,孟若洛、王佩琪的《小鸟》,孟若洛、刘玙璠的《小鸟组图》,孟令茹的《舞者》,王佳颖的《孔雀》,张加梦、刘唐宏的《绿裙子》等,吸引着众多学生驻足观赏,啧啧称赞。

可以看出,无论是参赛者还是观赏者,孩子们对衍纸的兴趣非常浓厚,在学习衍纸的过程中,他们不仅动手、动脑,而且注重合作,懂得分享,动手制作、口语表达能力都有所提高。

这次作品展出,为学生提供了展示才艺、比较鉴赏、感悟艺术的机会,幸福纸艺的开发实施,让孩子们的智慧在指尖飞扬、在纸间流淌。

幸福纸艺给了学生发展个性的广阔天地,如何引导学生"学会设计、学会审美、学会生活"是每位任课教师着力解决的问题。教学实践中,指导教师努力促进师生的互动交流,为学生创设一个自我展现的平台。

一、生活入手,发现作品素材

幸福纸艺可以展现学生的审美爱好,并蕴含着美好的愿望,它生存于学生们生活的土壤中,体现了最基本的审美观念和精神品质,具有鲜明的艺术特色和生活情趣。因此,引导学生从身边、周围环境中寻找感兴趣的素材,充分让学生从生活和实际出发,创作花鸟、海洋、人物、成语故事等系列幸福纸艺作品,切实培养学生的综合实践能力,加强提高学生创作设计能力。在我们的日常生活中,处处是创造之地,天天是创造之时,人人是创造之人。

二、辅放结合,放飞创新的思维

在幸福纸艺课堂教学中,每位老师都清楚地意识到辅导的艺术要比讲课的艺术更重要,因此,充分发挥学生的主体作用与教师的主导作用,大部分时间是老师辅导,学生练习。例如:在辅导小学生做剪纸的时候,哪部分应剪掉,哪部分应连接,剪纸时应注意的问题,以及设计图案中的布局、结构安排等等都要和学生交待清楚。教师要给学生示范并耐心辅导,使学生看得清楚。教师巡回指导,纠正画面中的不足。好的剪纸要给予表扬并让同学们去欣赏,鼓励学生勇敢地去想象、去创造,使学生在感兴趣的情况下设计出更新更美的剪纸作品来。

为了给小松鼠设计一个漂亮的小脑袋,有的学生可是琢磨了近一个星期。"你看它的小嘴就比别的更翘、更尖、更可爱",学生自豪地拿着她的小松鼠给大家看。这个小松鼠是用瓦楞纸编制成的,学生先设计一个造型,再编制,经过多次尝试,最终设计成流线型,成功了。

舞动灵巧的小手,心动、还要手动,奇思妙想才能变成现实。幸福纸艺作品主要通过剪、裁、粘贴、编制等工艺完成,学生的动手能力得到了较好的锻炼,学生们个个心灵手巧,收获成功的快乐。

三、展示作品,激励发展

学生们在完成作业后有一种取得成果的满足和喜悦,也希望得到群体的认可。教师要注意培养全体学生的自信心,对于那些认真参与学习、大胆表现自己真实感受的学生都给予肯定,给予鼓励。评价时除了语言激励,也及时把学生的作品展示出来,共同欣赏评价,在难得的环境和机会里感受、议论、切磋、沟通、理解、触发。通过展示,学生的合作意识增强了,动手能力提高了。

每个人的思维不同,创作也不同,在教学中,教师要细心保护好学生的好奇心和创造的火花,鼓励学生勇于创新、敢于尝试,为学生开启一扇窗子,打开新鲜的未知世界。

通过幸福纸艺系列课程的建设,我校学生的动手能力都有了很大的提高,在此处选取了了李承坤、谭朝阳、石洺桢、宁健祥、陈鑫博、陈荟竹、张睿、孙胜男、王艺霏、房诗岩、孙超男、张宗远、刘明磊、王佳颖、张晓琰、宋师阅的文章以及部分作品作为展示,体现幸福纸艺的育人成果,学生在幸福纸艺中收获乐趣、收获成长。

☞ **心灵感悟**

神秘的衍纸画

今天的综合实践课,老师教我们做衍纸画,这是我第一次接触衍纸画,这个陌生的名字让我产生了疑问:"衍纸画到底是什么样的?"

老师首先介绍了衍纸画的由来,又让我们欣赏了几幅精美的作品。这些作品惟妙惟肖,同学们不禁赞叹起来,跃跃欲试,我的心情也无比激动。老师先教我们如何用纸来做水滴卷,接着给我们拿出长长的衍纸,先对半剪掉,再平均分成三份。我们将纸条插进衍纸笔头上的小缝里,然后就开始慢慢地卷。老师还风趣地说:"可别卷成螺丝了!"卷完了把它拔出来,放到桌上用手轻轻拨开,每一圈中间都要有一条细小的缝隙。同学们耐心地按着老师说地做,一步步学。

橙色的花蕊、花瓣儿,淡绿色的叶子组成的一朵朵花儿,顿时呈现了我们的手中,做工精致,栩栩如生。这些都是我们的劳动成果,同学们看着自己的作品,脸上露出了幸福的笑容。

今天这堂课别开生面,让我们亲自体验了做衍纸画的过程,受益无穷。

衍纸的乐趣

今天下午,老师带我们学习纸艺——衍纸。

衍纸贺卡需要的工具和材料各式各样,有衍纸笔、普通卡片、剪刀、白胶、衍纸和一些牙签。这小小的牙签到底有什么用处呢?

首先,我把卡片设计成爱心形,把多余的部分剪下来。接着,拿起一条橙色衍纸,插入衍纸笔的缝里,绕着笔尖转成一个紧卷,当作花蕊。随后,我把6条紫色衍纸按照同样的方法卷成一个松卷,用白胶固体,把它的两头捏尖,就变成一只"眼睛",那是花瓣。我把这些"乖宝宝"的侧面涂上白胶,可是这些"黏黏虫"白胶粘在我手上就是不肯下来,缠在上面。

我使劲甩了甩,可这白胶牢牢地粘在手上。没办法,只能使出我的"绝招"——"搓搓功"。哈哈,看你还不下来?

"我搓,我搓,我搓搓搓,"我自言自语道,"怎么还不下来? 难道搓的次数太少了? 我继续搓……"白胶好像跟我作对似的,尽管我用了"绝招",可还是搓不掉。看来,我只能想其它办法了。我望着旁边的废纸,眼睛咕噜一转,霎时间我的脑海里冒出一个点亮的灯泡——我想出了一个好主意:用废纸来回擦。这次果然灵验,白胶终于被擦下来了。最后,我又做了开卷当茎,一个泪滴状的叶子。一张花儿衍纸卡片便大功告成。

看着这栩栩如生的佳作,心里美滋滋的,因为我不仅拥有了这精美的工艺品,还学会了如何做衍纸,真是一举两得啊!

衍纸的魅力

衍纸,这个东西恐怕在人满为患的大街上喊一声都没几人知道吧?这么冷门的技艺,偏偏落户到了我们学校,并建立了一个专业的衍纸社团,我有幸成为其中的一员。

刚开始,我对这东西是一窍不通,就看见老师把一条细得只有5毫米的纸插到衍纸笔里卷几下,再捏一捏,嘿!居然卷出朵花来!我看得目瞪口呆,也学着老师的样子把那纸插到笔里卷了卷。咦?不一会儿,居然卷出了个紧卷!就这样,我像是得到了老师的真传似的,这些纸在我手中千变万化:有的变成了像水滴一样的泪滴卷,有的变成了眼睛一样的眼形卷,有的变成了指针一样的箭头卷,有的变成了爱心一样的心形卷……薄薄的纸条在我手中折过来、卷过去。捏一捏、粘一粘,最后拼在底纸上,一件美观又环保的艺术品就完工了!

在我们社团里,还有很多让人叹为观止的衍纸作品呢!有立体作品变形金刚、小雪人、小汽车、坦克等。还有平面作品哆啦A梦、热气球等。有的高手甚至能做出航空母舰!另外,衍纸还可以做成书签或者粘在一些东西上当装饰。

衍纸,已经成了我最大的爱好,我已经被它的神奇魔力深深吸引住了。

有趣的衍纸

说起衍纸工艺,想必大家一定想问我:"什么是'衍纸工艺'?"我会这样回答:"衍纸工艺一直被认为是纸艺中的边沿艺术,它是通过卷曲、弯曲、捏压而形成原始设计形象的一门折纸艺术。"

周三的综合实践课,老师拿出了她制作的一幅衍纸作品,我一下子就被老师制作的栩栩如生的小金鱼吸引了。老师告诉我们,这种做法叫衍纸。我暗暗下决心,一定要把金鱼做得漂亮。等老师讲解完后,我迫不及待地开始制作了。

首先,我小心翼翼地做出几个泪滴卷和眼形卷,作为小鱼的脑袋、眼睛和尾巴;接着,按照模板剪下底板;最后,我把金鱼的各个部位拼贴,并用白胶固定好。呀,我仿佛看到了两条小金鱼活了,在水中游了起来。周围的小伙伴也对自己做的小鱼爱不释手。他们的小鱼有的是黄身体,绿尾巴,还吹着泡泡;有的是蓝身体,红尾巴,活灵活现……看得我目不暇接。

学会了做衍纸小动物,我的心里乐开了花。

剪纸的乐趣

星期天,我欣赏着书中精美的剪纸作品,不禁心血来潮,也想试试剪一个作品。我挑了张简单明了的剪纸作品仿照着剪起来了。伴随着轻微的"沙沙"声和雪花般的碎纸片,可爱的小姑娘"活"了,美丽的花"开"了,飞翔的小鸟"唱"出了动听的歌谣。一个在葡萄藤下伏案读书的维族小姑娘跃然纸上,她使我飞向了想象的王国。

小云是一个善良又聪明的小姑娘。她的家里却很贫穷,甚至连读书写字的地方都没有。她灵机一动,把又小又破的旧书桌移到了院子里的葡萄藤下,坐在小板凳上看书。闻着葡萄的香甜,看着簇拥在她旁边的牵牛花,再品尝着故事的美味,倒也有几番诗意。正在她专心致志读书的时候,对门传来的一阵笑声吸引了她,原来是邻居在热火朝天地盖小洋房呢!这个村子大多人都已经盖起了小楼,小云望着自己家土得掉渣的破屋,强烈的自卑感使她低下了头:"为什么别人家那么富有,我家却那么贫穷!"她伤心极了,无心欣赏美丽的花。这时,小云的父母提着锄头从田地干活回来,他们脸上挂着充实、喜悦的微笑!小云一下子轻松了很多,她想:"无论富有与贫穷,只要生活得快乐不就行了!"接着,她继续读书学习。

也许,每个生动形象的剪纸背后都有一个神秘精彩的故事,就看你能否发现!

合作快乐多

美术课上,老师让我们做花边手工作品,我和同桌嘉欣合作。

嘉欣拍拍脑门,眼珠一转,就有了想法。只见她用彩纸折一下,再折一下,上剪剪,下剪剪,左剪剪,右剪剪,不一会儿,就剪出了三个小朋友手拉着手,在开心地玩耍。嘉欣还给三个小朋友各起了好听的名字:一个叫婉儿,一个叫欣儿,一个叫雪儿。

看着同桌很快完成了作品,我也不甘示弱。我拿出彩纸,想了想,哎,有了,我来做一个小花篮,里边放些"桃子"。于是我就三下五除二地动手折折剪剪、粘粘贴帖,一个美丽的花篮就展现在我们面前了。

老师看见我们的作品,欣赏了一番后,将它展示给大家,同学们都夸我们心灵手巧、想象力丰富。

我的剪纸梦

剪纸是我国的民间传统手工艺,剪纸艺人在那红色的镂空里倾注了自己的爱,我被那红色深深地吸引。

我学习剪纸是个偶然的机会。记得有一次,奶奶领我买东西的时候,我无意间看到一位白发苍苍的奶奶用一把剪刀飞快地剪一些红色的纸,转眼工夫一张活灵活现的唐僧师徒就出现在眼前。我睁大眼睛傻傻地问:"奶奶,那就是剪纸吗?""是呀!那就是剪纸。"天哪!原来剪纸这么神奇,用一把小小的剪刀就能变出这么美丽的图画来,就像魔术师的手,那么神奇!我开始喜欢上美丽的剪纸。

奶奶见我对剪纸有兴趣,就决定领我去艺人那拜师学艺学习剪纸,我一听高兴极了,抱住奶奶使劲亲了又亲。

原以为剪纸很简单,其实并不是我想的那样。刚开始,老奶奶只是教一些基本的东西。比如:选纸、折纸、用剪刀等等,并一再告诉我剪纸是个细致活儿,心急的人是做不来的,只有基本功扎实了,才能剪出好看的作品来。因为我有美术基础,学起剪纸来就如鱼得水了。不长时间我就能剪出一些简单的花草和小动物了,看着从自己手中剪出来的作品,心里真是美滋滋的。我深深地爱上了剪纸,而且从中我体会到了剪纸的奥妙,只有用心去做,才能使作品美不胜收。

听吧,剪刀发出的轻微的声音像是美妙的音乐;看吧,在这美妙的音乐里,可爱的动物"活"了,美丽的花"开"了,优美的故事"发生了"……

剪纸的魅力

每当我看见剪纸艺术家在一张纸上飞快地挥舞着剪刀,创作出栩栩如生的作品时,我总是赞叹不已。但是,艺术家们得心应手的剪纸技术,对于我来说,是一种工序繁杂、技术难度大的事情。

"今天,我们要完成一幅剪纸作品。"课堂上,老师告诉大家。我顿时一愣,高难度的剪纸,要在短短的一节课里完成,岂不是比登天还难?

可是我的想法却大错特错了,在老师的诀窍讲解和示范剪纸之后,我恍然大悟,原来完成一幅剪纸竟然也是易如反掌的事。大部分剪纸是轴对称的,只需要简简单单地用剪刀"飞舞"四分之一甚至八分之一,一个图案便能整整齐齐地展现在我们眼前。

"光说不练假把式。"我不能纸上谈兵。我急不可耐地开始"行动"了。我先在纸上勾勒出半个蝴蝶,然后再用剪刀小心翼翼地赋予它"生命"。可是这只蝴蝶仍然死气沉沉的,没有一点点活力。

我决定在它的翅膀上加以点缀。我在蝴蝶翅膀边缘剪了一条花纹。不料,我在剪的时候,一不小心把边缘剪破了,留下了一道刺眼的"伤疤",我便用一点胶带帮它"疗伤"。尽管如此,那道"疤痕"仍然清晰可见,于是我更仔细地为蝴蝶"化妆"。

很快"装扮一新"、充满活力的蝴蝶在我的眼前"亮相"。看！美丽精致的花边，仿佛给蝴蝶穿上了一件新衣。一颗颗如明珠般的圆点，仿佛给蝴蝶戴上了一件件靓丽的首饰，在空中翩翩起舞。

通过这次剪纸的经历，我懂得了做什么事儿都要敢于尝试。你认为很难的事情，只要你积极尝试，掌握技巧，也许会变得很简单。

一堂有趣的折纸课

今天上午，我们在综合实践教室学习怎样制作纸花。

一路上我就在想，我们今天要做什么花呢？美丽的康乃馨？清纯的百合花？优雅的梅花？大气的牡丹？到了活动教室，老师却说要挑战较难的玫瑰花。当时我想，我要用蓝色的纸制作，因为玫瑰中最妖艳、优雅的是"蓝色妖姬"，所以，万一我做得不好，也不会掩饰她的美。在发现有蓝色的纸时，我挑了一张深邃而神秘的蓝纸，我觉得那就是"蓝色妖姬"的颜色。

老师发完材料后，我们就开始做叶子了。制作时，最难的一步是要把细铁丝粘到涂满胶水的叶片上，胶水虽然是用来粘东西的，但是刚挤出来时滑溜溜的，一点儿也不方便，要粘在中间的细铁丝在另一片叶子粘上去时总是滑开。不过这不是最难的，最难的是粘贴花瓣。花瓣在粘的时候不能太紧，也不能太松。而且前两片是要把胶水涂满，后面的只能涂一半或者三分之一。我不小心涂错了一个，只能把胶水抹掉，还得保证不弄破，非常麻烦。花瓣粘上去要先把里面的花卷起一个边，外面的才能打开，从而更漂亮。

如果你也喜欢折纸的话，可以来找我哦！让我们一起感受折纸的魅力，一起揭开折纸的面纱，一同发现折纸的奥秘吧！

我爱蝶恋花

我喜欢上综合实践课，其中最喜欢的就是制作衍纸作品了。

今天，我们来到了综合实践室，老师讲了衍纸《蝶恋花》的基本制作方法，我们就开始制作了。我先取一条黄色的衍纸把它剪成长短一样的 4 段，用剪刀细细地剪成流苏状。将它用衍纸笔卷起来，白胶固定住。用手把流苏向两边展开，花芯就做好了。我再取一条粉红色的衍纸条将它卷成20mm的疏圆卷。用手将一端捏出尖角做成水滴卷，一片花瓣就好了。做6个花瓣，把做好的花瓣和花芯粘起来就完成了。再做出3朵不同色系的小花，接下来就是做叶子了。我取出几条绿色的长短不一的纸条做茎部。为了做出来效果好看，可以在纸条的一头稍微卷曲一下。

最重要的是蝴蝶的制作了。我又拿出红色的纸条，卷曲出两大两小的松卷，两端捏紧向中间稍微挤压，白色的纸条卷曲出两个比较紧凑的紧卷，两端捏紧，分别做蝴蝶的翅膀和身体。再把白色的紧卷两端用胶粘住做蝴蝶的身体。用黄色的纸条稍微卷曲，制作蝴蝶的触角。然后粘在一起就是蝴蝶了。

准备工作做完以后设计图案摆放。先把花找准中心点，然后把所有做好的叶子沿着花摆放，从下往上开始摆。摆图是一件十分麻烦的事，容易上下左右比例不对，要很有耐心。摆完大概位置，开始粘。先粘叶子，一个一个来固定，最后粘花。我又按顺序把它们贴到了事先准备好的底板上。

这件《蝶恋花》衍纸作品终于完成了！我看着这栩栩如生的"战利品"，心里美滋滋的，它可真漂亮啊！

学会衍纸，其实很简单！

我可是个男孩，喜欢打排球、跑步。然而，我们的综合实践课是——衍纸。刚开始，我对衍纸真是一窍不通，就看见老师把一张细长的彩色纸条插到衍纸笔里卷几下，再捏一捏，嘿！居然卷出朵花来！在老师的示范讲解下，许多同学都已经跃跃欲试了。

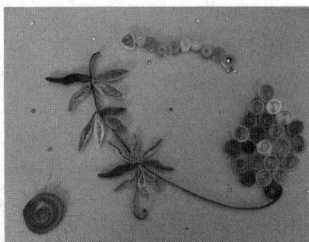

我看得目瞪口呆，不免也觉得心里痒痒。开始动手操作了，我也用彩色纸学着老师把那纸插到笔里卷几下，居然卷出了个紧卷！将卷好的紧卷小心地从牙签上面取下来，并且置入万用尺的圆形模子中，然后捏着紧卷的手放开，这个卷就会按照模子的大小自然松开，用白胶将纸卷的边缘粘贴住，并且等待其干燥。只见，这些纸在我手中千变万化:有的变成了像水滴一样的泪滴卷，有的变成了眼睛一样的眼形卷，有的变成了叶子一样的叶形卷，有的变成了爱心一样的心形卷……他们的制作真是太简单了，无非就两个操作——卷和捏。

衍纸技巧学会了，现在我可要动手制作了。让我先来做朵花吧。我算了算做一朵大花，一朵小花，大的六个瓣，小的三个瓣，于是我一共做了九个泪滴形状的花瓣。我拿出一根紫色的彩条卷好后就用胶粘住，沿着一边用手压缩于一端形成一个尖儿，做成了泪滴卷。我还用黄色的纸条，用手卷曲成花蕊，用胶粘好。接下来，我用绿色的纸条卷曲，卷好后用胶粘好，做成了叶子，又用两条绿色的纸条做花的茎部。全部做好后，就是发挥自己想象的时候了，按照自己的想法，摆出想要的图案。瞧，薄薄的纸条在我手中折过来、卷过去，最后拼在底纸上，一件美观又环保的艺术品就完工了！

第一次实践，虽然有点拿不出手，但我渐渐喜欢上了衍纸。现在，我会做许多东西，有小房子、小动物、娃娃……千姿百态，老师还夸我做得好呢！衍纸已经成了我生命的一部分，我已经被它的魅力深深地吸引住了。

五彩的热气球

蓝蓝的天空白云飘，白云之间飘着五彩的气球，美丽极了。我准备一张纸和笔，然后用勾线笔在纸中间画一个椭圆，再画上几条线。准备工作做好了，我开始制作各种衍纸卷。制作泪滴卷、心形卷、紧卷、松卷、星形卷数个备用，然后用胶粘在纸上，等胶干后，一幅作品就成型了。

蝶恋花

首先我们准备制作衍纸画的工具：镊子、衍纸笔、锥子、剪刀、模版、一包 6 色系渐变衍纸和一包 12 色衍纸（宽度都是 5mm）、手工白胶和一包 19cm×19cm 衍纸底卡。

然后，取一条米色的衍纸把它剪成长短一样的 4 段，用剪刀细细地剪成流苏状。将它用衍纸笔卷起来，白胶固定住。用手把流苏向两边展开，花芯就做好了。接着取一条桔黄色的衍纸将它卷成 20mm 的疏圆卷，用手将一端捏出尖角做成水滴卷，再把上段的中间位置往下压两端捏出两角就好了，共做 7 个花瓣，把做好的花瓣和花芯粘起来就完成了。我做出了 8 朵相同色系的小花。叶子部分取一条淡绿色的衍纸，最后只要把衍纸的下端粘起来就好了。蝴蝶的上翼只要把一条黄色的衍纸和一条米色的衍纸一端粘在一起，卷成 20mm 的疏圆卷捏成水滴卷。下翼一条黄色衍纸取其一半卷 1 个 15mm 的疏圆卷捏成水滴卷即可。把一条黄色衍纸剪成两段，把它们都做成密圆卷。用衍纸笔将其从中间位置顶出做成锥圆卷。再剪一小段米色衍纸对折,剪两小段3cm左右的黄色衍纸,都剪得细一点。把黄色的衍纸包裹在米色衍纸的两端,触角就做好了。把它们粘起来蝴蝶就做好了,注意立体效果。最后选一张米色底卡,把做好的叶子粘在卡纸上面,再把花和蝴蝶粘上去这幅作品就完成了。

可爱的雪花

冬天的雪花,很是漂亮。

每逢下雪时,我就喜欢看着窗外漫天飞舞的雪花,看着看着,我就想能不能将这么漂亮的雪花"留"下来呢? 于是,我想到了课堂上学过的衍纸,就试着制作雪花衍纸。

我将准备好的衍纸拿出来,短纸条进行卷圈后必须要能放入长纸条所做的花瓣中。将白色长纸条绕着3根手指绕圈,在纸条开始粘上双面胶,绕弯纸条长度后,在末尾再次贴上双面胶,固定好。依据想要花瓣的大小决定被缠绕物大小,例如是3根指头还是4根指头亦或着是多大的瓶子都可以。在贴双面胶附近选择一点,用指腹将选择的那端捏尖,呈泪滴状。然后在不卷的部分做弯曲状或者在卷曲部分待自然散开后做修改。将做好的插入花瓣中,即在根部贴上双面胶。将5个花瓣依次在根部粘结起来,另准备的一张纸条,也用牙签卷圈,稍微紧实一点,做花蕊,粘好末端。将做好的花蕊粘在之前拼好的花瓣中间,然后就完成啦。

亲爱的伙伴,你也试试吧!

第二节　采用多元评价　享受动手乐趣

为了进一步提高我校学生的动脑、动手能力和创新意识,展现学生风采,彰显我校"传承文化、开拓创新、编织童趣"的课程特色,反映丰富多彩的校园文化生活,近日,幸福街小学举行了"第三届幸福纸艺创意计时大赛"。

本次比赛以"展现童趣,放飞梦想"为主题,着重体现作品的创意。幸福纸艺创作是艺术的发展,而"创新"和"创意"又是艺术的灵魂和本质。在比赛活动中,参赛选手认真设计版面,精心设计内容,根据自己对纸艺作品的理解和艺术感受进行制作。经过一个小时,创造出了生动富有创意的幸福纸艺作品,获得了领导和老师的高度评价。

计时大赛学校为学生开辟了多角度、宽领域、多层面的素质发展平台,使不同兴趣爱好的学生得到了充分发展,为学生终身发展奠定了坚实的基础,营造了热烈、欢快、生机勃勃的校园文化氛围。相信在这片素质教育沃土中,有更多的孩子走向成功!

幸福纸艺课程的评价既要促进学生综合素养的共同发展,又要有利于学生的个性发展。因而评价是开放的、灵活的,评价方法多种多样,过程性与总结性相结合,减少量化,多进行分析性的评价,尽量在学生活动的情景中开展评价,根据不同学生的实际背景进行个性化评价,善于发现和发展学生各方面的能力。

一、与修习的课程相随,进行记录性评价

重在评价情感态度价值观及技能,适当评价知识的掌握程度;重视采用交流、展示等方式的情景性评价方法。

《幸福纸艺》校本课程过程性学生评价表(课堂表现)

评价指标	自我评价			伙伴评价		
等级						
1. 认真参与学习,学习兴趣浓,学习任务完成好。	一般	良好	优秀	加油	还行	真棒
2. 学习欣赏各类纸艺作品,能表达自己的感受。						
3. 能自主探究,尝试用不同技法进行造型表现。						
4. 积极主动地体验成功的快乐。						
5. 乐于和同学交流讨论,善于合作学习。						
6. 能将所学知识技能融于生活中。						
7. 自主设计、创新水平较高。						
自己的话:						
老师的话:						

二、与传统节日庆典相结合,进行展示性评价

有人说,学生就如多棱的宝石,不同角度侧面都能发出璀璨的光芒。作为教师,就要善于发现并挖掘他们的特长,给学生一个展示自我的舞台,使其获得成功的喜悦体验,激励他们不断进步。因此,在幸福纸艺校本课程具体教学中,我们尝试把传统的节日庆典与学生幸福纸艺主题创作结合起来,如在父母亲的生日、中秋节、教师节等特殊节日里,以作品的形式传达他们的情感。

将课程评价与节日活动相结合,这是评价主体多样化的体现。当把幸福纸艺作品呈现出来的时候,还能获得其他人的认可和评价,这其实已经超越了课程范围内师生的评价。更重要的是,把作品与节日庆典结合起来,有助于学生在情感上的传达和升华,这也是课程最本质的归宿。当我们给学生一个展示的舞台,学生学习的积极性就会大大提高。

三、鼓励学生参加比赛活动,评选纸艺小能手

小学生在性格、动手能力等方面都存在差异,因此他们对幸福纸艺的掌握程度也会参差不齐,因而在具体的教学实践中,无论作品创作环节还是在作品展示环节,都会根据学生的个性特点给予相应的建议,并以鼓励为主,从而提高他们的动手能力和创造能力,养成细心、专心、探究的良好学习习惯。

根据幸福纸艺课程的特点,为激发学生的竞争意识,提升他们的参与热情,学校还定期开展"幸福纸艺小能手"评比活动,根据评比标准,及时组织评选表彰。

1. 喜欢各种纸艺活动,体验创造的快乐。

2. 大胆尝试不同的工具材料,有表现美的强烈愿望。

3. 灵活选择并使用多种手工工具和材料。

4. 能够运用生活中的纸张进行镶嵌、拼凑、变形、组合等操作技能和盘绕、拼、组合的纸艺技巧。

5. 能用多种材料大胆地创造和制作不同形态的纸艺制品;能借助辅助材料和工具创作出不同形态的纸艺作品。

6. 学习评价他人和自己的纸艺作品,提高审美能力。

7. 大胆地用语言、动作、表情等表达自己的理解、想象和情感。能独立选择材料,构思制作三种以上的纸艺作品和有一定故事、情节的纸艺作品,技能熟练,作品美观。

四、结合学习水平考查,进行总结性评价

幸福纸艺课程即将结束的时候,对学生的纸艺作品进行定性评价,具体评分标准如下:

《幸福纸艺》校本课程终结性评价表

作品名称(　　)	评分标准	得星
纸艺技法	是否熟练运用所学技法	
色彩运用	色彩搭配是否协调,巧妙运用	
精致程度	手工制作精致与否	
主题鲜明	主题是否新颖、鲜明	
富有创意	造型的创意表现如何	
纸艺故事	幸福纸艺故事是否生动有趣	

五、考虑学生全面情况,进行综合性评价

一门课程结束后,要对学生学习情况进行一个全面的考查和认定,填写《学生劳技素养发展评价单》。

《幸福纸艺》校本课程过程性评价表

姓名	
主题	
材料	
作品完成所需时间	
草图	
自我评价	
教师评价	

备注:评价分为 A、B、C 三等。A 等,要求方案合理,可行性强,运用一种或几种纸艺技法,主题新颖,造型有创意;B 等,要求方案具有可行性,运用基本纸艺技法,造型具有个性化;C 等,要求方案合理,运用简单纸艺技法,作品模仿性强。

学生劳技素养发展评价单

班级		姓名		
评价内容			第一学期	第二学期
知识与技能	较好地掌握本册教材安排的学习内容,了解简易的造型工具及材料。			
	掌握一种幸福纸艺制作的基本流程(智慧折纸、神奇剪贴、幸福衍纸、趣味纸编、百变纸艺)。			
	能制作自己喜爱的作品,并能进行创新。			

续表

班级		姓名		
评价内容			第一学期	第二学期
态度与习惯	对动手制作有兴趣,喜欢观赏劳动与技术作品和劳动与技术展览。			
	会用语言描述自己所见,表达出对劳动与技术学习的情感,喜欢幸福纸艺。			
	具有参与技术活动的兴趣,以及对新事物、新技术的敏感。			
过程与方法	能进行简单的技术设计,具有良好的动手操作能力。			
	能用自己的方式装饰、美化身边的环境。			
	初步具有技术的感知、思维、想象能力。			
	养成收藏自己喜爱的劳动与技术作品的习惯。			
反思与评价	会描述、解释自己的学习内容。			
	愿意把自己的劳动与技术作品与他人做比较。			
	具有一定的对技术设计、技术实践过程及产品的反思和评价能力。			
交流与合作	乐意与老师、同学、家长交流学习劳动与技术的感受。			
	乐于与同学合作完成劳动与技术项目。			
	愿意与同学交流对劳动与技术学习的看法。			
综合评价				

六、提倡描述性语言,进行感悟式评价

在幸福纸艺课程教学环节,学校还设计了让学生以习作的形式记录课程学习的体验,一方面总结学习的表现即自我评价,另一方面更重要的是通过总结进行学习反思,只有不断反思,才会不断进步。

当然,在整个评价过程中,一定要遵循公平、公正、公开的原则,注重学生的学

习体验,表扬激励为主,并适当提出相应建议,旨在让学生有愉悦的体验,获得成功感。

☞ 纸艺动物

聪明的大公鸡

○ **教师巧引导**

头上有冠,是文德;足后跟有距能斗,是武德;敌前敢拼,是勇德;有食物招呼同类,是仁德;守夜不失时,天明报晓,是信德。民间将鸡视为吉祥物,说它可以避邪,还可以吃掉各种毒虫,为人类除害。

○ **作品精构思**

"大公鸡,喔喔叫,小朋友,起得早,伸伸臂,弯弯腰,一二三四做早操。"

"我画的大公鸡把太阳公公都叫醒了呢,黄黄的阳光照得好温暖。"

同学们画的大公鸡,饱满的构图和跳跃的对比色,画面看起来好有生机呀!

○ **材料细选择**

材料:绿色卡纸一张,不同颜色的衍纸等。

工具:剪刀、壁纸刀、乳胶、镊子、尺子等。

○ **巧手来制作**

1. 根据构思内容绘出设计图。

2. 根据图中的各种不同的图案选择不同颜色的衍纸。

3. 用衍纸进行编制。

4. 将编制好的各种图案贴到原图上并进行装饰,完成作品。

○ **纸艺有故事**

一天狐狸自己在路上走着,它特别饿,因为它好久没吃东西了,正巧迎面走来了一只大公鸡,狐狸眼珠一转心想:"哼,这回可以美餐一顿了。"

这时公鸡也看见了狐狸在看自己,心想:"每次看见这家伙都没好事,这回我可得机灵些了。"

这时狐狸已快步走到了公鸡面前,殷切地问到:"呦,这不是我亲爱的公鸡先生吗? 你这是要去哪啊?"

"我要回家啊!"公鸡答到。"啊,瞧您可真是幸福啊,有人喂养,瞧您的羽毛多

光泽啊，您这肉啊也一定够鲜嫩的。"狐狸边说边把手往公鸡身上拍，公鸡叫到："我肉鲜不鲜关你什么事啊？"

狐狸大声喊到："哼！我要吃了你，这还不关我的事？"

公鸡见自己硬逃也逃不掉了，便眼珠一转说："哎，也不瞒您说，我还真是希望你吃了我，你要是吃了我，我也就当做件好事了。"

狐狸一听："嗯？不对，它怎么会希望我吃了它呢？"便问："你怎么啦？"

"你要吃我就快吃吧，问那么多干什么？"

狐狸一听着急了，便掐住公鸡的脖子问到："快说你是不是害我？"

公鸡擦着眼泪说："不瞒你了，我早上误食了老鼠药，也活不长了。"狐狸一听便大吼："哼！你这死东西，你死了不要紧，你还想害死我啊。"说完便气急败坏地走了！

勇敢的家园卫士

○ 作品巧构思

海洋里的动物种类繁多、形态各异：有颜色鲜艳的热带鱼、体态玲珑的小海马、张牙舞爪的大螃蟹、体态庞大的鲸鱼，还有这么一条勇敢守卫家园的"咕嘟"，我们都应该向他学习。

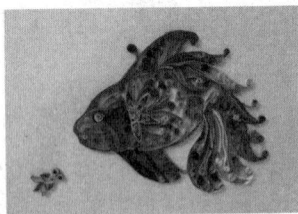

○ 材料细选择

材料：彩色卡纸一张，不同颜色的衍纸等。

工具：剪刀、壁纸刀、乳胶、镊子等。

○ 巧手来制作

1. 根据构思内容绘出设计图。

2. 根据图中的各种不同的图案选择不同颜色的衍纸。

3. 用不同颜色的衍纸进行编制。

4. 将编制好的各种图案粘贴到设计图上并进行装饰，完成作品。

○ 纸艺有故事

在一条小河里，生活着一条快乐的小鱼，它身上长满了金黄色闪光的鳞片，因为它特别喜欢在水里跳跃，一跳就会发出"咕嘟咕嘟"的声音，就像在唱歌一样，所以，我们就给它起个名字叫"咕嘟"吧。

咕嘟每天都和小伙伴们在一起玩耍，突然，有一天，大家发现小河里的水越来越浅了，于是，大家都聚在一起想办法，只听一只大螃蟹说："听说在我们这条河的上游，临近大海出口处，有一个控制水的阀门，要是能打开那个阀门，水就能源源不断地注入这条河流,不然的话,我们这条河流就会慢慢干涸,到时候,我们都会死去!"

大家一听,都害怕极了,不知道该怎么办,这时候,咕嘟勇敢地跳了出来,它说:"让我去把那个大水阀打开,把水放进来!"

大家都盯着咕嘟,没人相信咕嘟的话,质疑地说:"大海那么远,水阀门那么大,就凭你这样一条小鱼,怎么能把水放进来? 不行! 不行! 绝对不行!"

咕嘟有点伤心,但是它决心要去打开那个阀门,拯救这条河里生活的鱼类。于是,咕嘟独自出发了,它沿着河道一直逆水向上游游去。

转眼一个月过去了,咕嘟游得好累啊,可是怎么还是看不着大水阀,这时候呀,它碰着了一只大乌龟,于是,就问大乌龟:"龟伯伯,我们这条河下游的水快干了,我要去找那个控制河水的大阀门,我什么时候才能游到那里呀?"

"原来是这样啊! 真是一个勇敢的孩子,但是,你要游到那里,至少还得半年啊,而且,上游还有巨型鲶鱼,他们专门是吃小鱼的,你难道不怕吗?"善良的乌龟伯伯提醒道。

"我不怕,如果打不开进水阀门,到时候水干了,我们这条河里的鱼类就都会死去的!"咕嘟说道。

"真是个勇敢的孩子,那好吧,我有一种神奇的隐身药水,可以保护你。你喝了,那些专吃小鱼的大鱼们就看不着你,就不会伤害你了。可是,这种药水的有效期只有 5 个月,你得日夜不停地游,才能赶在药水失效之前找到水阀门。"

于是,咕嘟喝下龟伯伯的药水,接着向前游,它日夜不停地游,一路上碰着了许多专吃小鱼的大鱼,因为隐身,所以都幸运地躲过了。

终于,有一天,咕嘟游啊游,它远远地看见了那个大家所说的大水阀,它好兴奋啊,便加快速度游了过去。可是,这个阀门好大啊,咕嘟跳到阀门上左掰掰、右掰掰、上掰掰、下掰掰、阀门就是一动不动,咕嘟好着急,这可怎么办呢?

这时候呀,它看见一条大水蛇张着大嘴向它游过来,原来,隐形药水失效了,水蛇看见了它。咕嘟开始上蹿下跳,它可不想在这个时候被水蛇吃了,于是,它就对水蛇说:"你先别吃我,你要是能帮我把这个大水阀打开,我就让你吃了我!"

"你是哪里来的小鱼,为什么要打开这个水阀?"水蛇问道。

"我是从很远很远的下游游来的小鱼,我叫咕嘟,我们那里的水快干了,我游了半年才游到这儿,就是为了打开这个水阀,把水放到小河里,不然,等水干了,我们这条河里的鱼都会死去!"

"你说的是真的?"水蛇以为小鱼在耍什么花招。

"当然,你要能把阀门打开,我就让你把我吃了,反正,我也逃不过你水蛇的手掌心!"咕嘟说。

"那好吧!"于是,水蛇召集了它的同伴们,他们把身体全都缠绕到阀门上,咕嘟一声令下:"一二,加油!"

所有的水蛇都开始朝着一个方向用力,阀门轻轻地转动起来,越来越多的水流向小河,咕嘟开心地在水里跳来跳去:"小河有水啦! 我们得救了!"

这时候,咕嘟突然想起了什么,对水蛇说:"谢谢你们拯救了我们这条河里的所有鱼类! 这下你们可以把我吃了。"

领头的水蛇说:"你太勇敢了,你拯救了整条河的生物,我们不能吃你,我们都应该向你学习,做勇敢的家园卫士!"

勇敢的森林卫士

○ 作品巧构思

希腊神话中的智慧女神雅典娜的爱鸟是一只小鸮(猫头鹰的一种,被认为可预示事件),因而古希腊人把猫头鹰尊为雅典娜和智慧的象征。在日本,猫头鹰被称为是福鸟,还成为长野冬奥会的吉祥物,代表着吉祥和幸福。而在中国,猫头鹰被当作"不祥之鸟",对猫头鹰产生这些看法可能是由于猫头鹰的长相古怪,两眼又大又圆、炯炯发光,使人感到惊恐。

听了下面的故事,你可能会对猫头鹰有不一样的看法哟!

○ 材料细选择

材料:白色 A4 纸一张,不同颜色的衍纸等。

工具:剪刀、壁纸刀、乳胶、镊子等。

○ 巧手来制作:

1. 根据构思内容绘出设计图。

2. 根据图中的各种不同的图案选择不同颜色的衍纸。

3. 用不同颜色的衍纸进行编制。

4. 将编制好的各种图案粘贴到设计图上并进行装饰,完成作品。

○ 纸艺有故事

清晨,松鼠的家里忽然来了许多老鼠,它们乱抓乱咬,把家里弄得一团糟。松鼠急忙跑到猫头鹰的树洞里,想请它帮忙赶走这群强盗。

"什么? 老鼠!"正在睡觉的猫头鹰醒了,可它刚飞起来,却像醉酒一样跌倒在地上。

松鼠把猫头鹰扶起来,它们一起赶到松鼠家,可是老鼠们已经溜了,还带走了许多松果。"都怪我不好……"猫头鹰低头说着,竟然身子一歪,又躺下睡着了。

"你这个小懒虫!"松鼠生气地说。它决定再也不理猫头鹰了。

深夜,松鼠警觉地睁着眼睛,门外传来了老鼠的"吱吱"声,它拿起木棍,冲出家门准备去"战斗"。可是它却看到猫头鹰正勇猛地冲向那些老鼠,很快老鼠都被抓住了。

"哇!你真棒!"松鼠惊喜地拍着手。

"嘻嘻……"猫头鹰摸了摸头,不好意思地笑了。它睁着圆溜溜的大眼睛站在树枝上,警觉地望着四周,"每到晚上,我就是森林卫士,只是白天我需要休息。"

小朋友知道吗?为什么猫头鹰白天睡觉,晚上才会变成勇敢的森林卫士呢?

猫头鹰白天视力很差,在夜间视力却很敏锐;同时它的听觉非常灵敏,能在黑暗环境中起到重要的定位作用;还有,猫头鹰全身柔软疏松的羽毛可以消音,当它们在安静的深夜迅速地飞行的时候,"敌人"几乎发现不了它们。所以,猫头鹰是个高效的夜间捕猎能手。

生机勃勃,天真可爱的猫

○ 作品巧构思

我们怎能忘记作家老舍先生家里的那只生机勃勃、天真可爱的猫?生活中,如果我们都能和它们处好关系,友好地对待它们,它们也会和我们处好关系,尊敬我们,听我们的话,我们之间将会有着比天还高、比地还厚的友谊。

让我们行动起来,保护身边的动物,它们的可爱会让你难以忘怀。

○ 材料细选择

材料:白色 A4 纸一张,不同颜色的衍纸等。

工具:剪刀、壁纸刀、乳胶、镊子等。

○ 巧手来制作

1. 根据构思内容绘出设计图。

2. 根据图中的各种不同的图案选择不同颜色的衍纸。

3. 用不同颜色的衍纸进行编制。

4. 将编制好的各种图案粘贴到设计图上并进行装饰,完成作品。

○ **纸艺有故事**

看到这幅作品,我的眼前就会浮现出老舍先生的《猫》。

猫的性格实在有些古怪。说它老实吧,它有时候的确很乖。它会找个暖和的地方,成天睡大觉,无忧无虑,什么事也不过问。可是,当它决定要出去玩玩,就会出去走一天一夜,任凭谁呼唤,它也不肯回来。说它贪玩吧,的确是呀,要不怎么会一天一夜不回家呢?可是,它听到老鼠的一点响动,又是多么尽职。它闭息凝视,一连就是几个钟头,非把老鼠等出来不可!

它要是高兴,能比谁都温柔可亲:用身子蹭你的腿,把脖儿伸出来要求给抓痒,或是在你写作的时候,跳上桌来,在稿纸上踩印几朵小梅花。它还会丰富多腔地叫唤,长短不同,粗细各异,变化多端。在不叫的时候,它还会咕噜咕噜地给自己解闷。这可都凭它的高兴。它若是不高兴啊,无论谁说多少好话,它一声也不出。

它什么都怕,总想藏起来。可是它又那么勇猛,不要说见着小虫和老鼠,就是遇上蛇也敢斗一斗。

满月的小猫更可爱,腿脚还不稳,可是已经学会淘气。一根鸡毛,一个线团,都是它们的好玩具,耍个没完没了。一玩起来,它们不知要摔多少跟头,但是跌倒了马上起来,再跑再跌。它们的头撞在门上、桌腿上,同伴的头上,撞疼了也不哭。它们的胆子越来越大,逐渐开辟了新的游戏场所。它们到院子里来了,院中的花草可遭了殃。它们在花盆里摔跤,抱着花枝打秋千,所过之处,枝折花落。你见了,绝不会责打它们,因为它们是那么生机勃勃,天真可爱!

如果我能把老舍先生笔下的《猫》用衍纸做出来,那该有多好呀!于是,我开始动手设计制作,一周的时间作品完成。大家评价一下,我的作品怎么样?

小老鼠捕蝴蝶

○ **教师巧引导**

小朋友一定经常看动画片,里面有很多有趣的桥段,谁能讲一讲?他们之间还会发生怎样的故事?大家试着用衍纸画的形式创编一个有趣的故事吧。

○ **作品巧构思**

我只会做一些简单的造型,比如小花蝴蝶什么的,但这几天学做了小猫咪,我就把动画片《猫和老鼠》里有趣的桥段改编一下,做一幅《小老鼠捕蝴蝶》吧。

○ **材料细选择**

材料:蓝色卡纸一张,不同颜色的衍纸条。

工具:剪刀、乳胶、镊子、衍纸器等。

○ **巧手来制作**

1. 在草稿纸上构思画面内容。

2. 在卡纸上先画好大树墩、小猫咪、老鼠的样儿,用基础卷在纸样儿上组合粘贴成造型。

3. 再将衍纸卷成基础卷,捏成各式卷组成小草、蝴蝶等。

4. 按照草稿上的位置布置黏贴画面,完成作品。

○ **纸艺有故事**

一只猫和一只小老鼠是邻居,两个小家伙经常在一块玩耍。

一天,猫对老鼠说:"老鼠兄弟,我们一起去散步吧!"老鼠说:"好啊!我最喜欢散步了。"俩人边走边看景儿,这时,几只蝴蝶飞了过来,有一只落在小猫爪子上,小猫呆呆地不敢动,小声说:"快找个罩子,朝我这儿扑。"小老鼠飞快地找来扑网兜子,朝着猫爪子狠狠地一扑,疼着老猫龇牙咧嘴,再看网兜子,一只蝴蝶也没扑到。两个小家伙正恼着呢,又来几只花蝴蝶,它们可真是胆大妄为,一只竟然落到了老猫的额头上,一只落在猫爪上,老鼠说:"别动!看我的!"它悄悄爬上大树墩,屏息凝视,瞅准机会扑下来。

嘿,你猜,怎么着,小老鼠用劲儿太大,自己跌了个大屁股蹲儿,把老猫笑得前仰后合的,草地上留下它们开心的笑声。

两只小猫咪

○ **教师巧引导**

学会了基础卷的变形后,大家就可以尝试用基础卷变一变、组一组来完成一个个造型。比如做只小鸡,我们就想想:它该待在什么地方,它会和谁在一起,它们之间会发生什么故事,这样来丰富画面,可能就会诞生一个动人的故事。

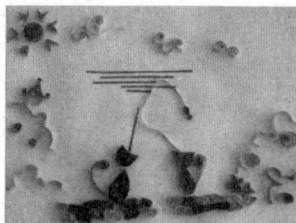

○ **作品巧构思**

基础卷变小猫是我最近的拿手活,我的主题就是小猫。《小猫钓鱼》的故事大家都知道,我就来做幅《小猫钓鱼》,希望大家能喜欢。

○ **材料细选择**

材料:白色卡纸一张,红、绿、黄、粉、蓝、黑等各色衍纸。

工具:乳胶、镊子、衍纸器等。

巧手来制作

1. 把小猫钓鱼的故事画在草稿纸上。

2. 先做两只小猫,再利用基础卷做出石头、花草小亭子等图案。

3. 按照草稿纸布局粘贴画面。

4. 适当补充画面,完成作品。

○ **纸艺有故事**

天气真好呀! 瞧,红红的太阳,天空中飘着几朵白云,蓝天下是一望无际的大海。海边的风景更美:这边是葱郁的树木,那边是成片的花海,鹅卵石小路上还蹲着两只可爱的小猫咪:小黑和小白。它们在干什么呢?

原来,小哥俩最近刚刚跟妈妈学习了垂钓,现在正加紧练习呢! 可是怎么半天工夫也不见鱼儿上钩呀! 小白有些泄气,正好这时空中飞来了一只花蝴蝶,它舞动着美丽的翅膀在小白头顶上绕来绕去,小白刚想捉蝴蝶,小黑小声说:"妈妈不是说了,钓鱼要一心一意,你又想捉蜻蜓,又想捉蝴蝶,当然钓不到鱼了。"小白看看哥哥专注的神情,不好意思地低下了头,它默默地举起钓竿,一动不动地坐在那里。过了一会儿,又过了一会儿,鱼钩动了,呀,两只小猫咪终于钓到了一条大鱼!

鸟的天堂

○ **教师巧引导**

学会了基础卷的变形后,大家就可以尝试用基础卷变一变、组一组来完成一个个造型。比如做只小鸡,我们就想想:它该待在什么地方,它会和谁在一起,它们之间会发生什么故事,这样来丰富画面,可能就会诞生一个动人的故事。

○ **作品巧构思**

练习课上我们小组做了许多小鸟,我们想做一幅关于鸟的主体画。大家一下子想到了《鸟的天堂》,这名字就那么富有诗意,做出的画一定更美。首先,我们开始把小鸟布置到画面上,还添了些树叶,大家看了觉得很美,但仔细端详一会儿,又觉得似乎美中不足。于是我们又重新设计了画稿:一棵枝繁叶茂的大树上,鸟儿们或站或飞、或结伴或独处,第二幅是不是更好呢? 亲爱的同学们,你们来做个评判吧。

◦ **材料细选择**

材料:卡纸一张,各色衍纸若干。

工具:乳胶、镊子、衍纸器等。

◦ **巧手来制作**

1. 基础卷变形做成各式小鸟、树叶。

2. 设计画稿,粘贴大树轮廓。

3. 布置画面,根据需要适当补充内容。

◦ **纸艺有故事**

"鸟的天堂"是一个闻名中外的旅游风景区,到那里你会看到一个蔚为壮观的"鸟的世界"。从我们的画面中,你能感受到这里也是"鸟的天堂"吗?

瞧,大榕树伸着弯曲的枝干,枝干间又抽枝发叶,变成一片根枝错综的树丛。在这树丛上,栖息着好多种小鸟,它们或站或飞、或结伴独处或独自盘旋飞舞。虽然画上的鸟儿有限,但你可以想象百鸟出巢的壮观场面:一批批小鸟编队出发,它们可能要到不远的浅滩上去觅食,也可能呼朋引伴地在周围嬉戏玩耍,或者找来食物回家喂养父母和孩子。

"鸟的天堂",真是鸟儿们美好的家园呀!

和谐的大家庭

◦ **作品巧构思**

海洋里的动物种类繁多、形态各异:有颜色鲜艳的热带鱼、体态玲珑的小海马、张牙舞爪的大螃蟹、还有体态庞大的鲸鱼,他们快乐地生活在一起,就是一个和谐的大家庭。

◦ **材料细选择**

材料:白色 A4 纸一张,不同颜色的卡纸数张、纸条等。

工具:剪刀、壁纸刀、乳胶、镊子、尺子、彩笔等。

◦ **巧手来制作**

1. 根据构思内容绘出设计图。

2. 根据图中的各种不同的图案选择不同颜色的卡纸。

3. 将卡纸剪成鱼儿、水草、水母等的形状。

4. 用壁纸刀将剪好的卡纸中间分出竖条。

5. 用金色的纸条进行编制。

6. 画上眼睛嘴巴等。

7. 将编制好的各种图案、和捡到的贝壳粘贴到原图上并进行装饰,完成作品。

纸艺有故事

看到这幅作品,我的眼前就会浮现出快乐游览海洋公园的场景,真是令人兴奋不已!

上个周末,姑姑带我们姐弟三个去海洋公园玩,我们可高兴了。一大早我们就来到公园门口,姑姑刚买好票,我们三个小朋友就迫不及待地冲进了海洋公园。我们兴致勃勃地来到淡水生物馆,这里就像是海底世界,有上百种色彩斑斓、形态各异、大小不一的鱼:凶残的银鲳、珍贵的中华鲟、巨大的海象、弱小的非洲鱼宝宝……真是让我们目不暇接,眼花缭乱。

在海兽表演馆,我们欣赏了活泼可爱的海豹表演的顶球、套圈、滑板等精彩节目;五彩缤纷的海底隧道馆就像是鱼的世界,上面、左边、右边全都是鱼儿在游动,有鲨鱼、鳐鱼、水蛇等近百种鱼,穿行其中,我们仿佛置身于神秘莫测的海底,那里的万鱼争食表演,真是让我们大开眼界;在海洋剧场,我们还欣赏了滑稽可爱的人龟表演和令人胆战心惊的人鲨共舞……

虽然二楼的珊瑚礁生物馆没有表演节目,但是它的风景绝不比淡水生物馆差。那里有横行霸道的炮弹鱼、好吃懒做的吸盘鱼、四四方方的木瓜鱼等数百种鱼,还有奇形怪状的珊瑚礁鱼畅游在花团锦簇的珊瑚丛中,还有海龟、海星、海苹果等十分有趣的海洋生物。

激动人心的时刻来到了——我们要在三楼海洋民俗馆的人工沙滩上拾贝壳,在嬉鱼池里捞小金鱼。虽然天气有些冷,但我们毫不犹豫地脱下鞋袜,争先恐后地拾起贝壳来。结果我拾了 7 个,表弟拾了 8 个,表姐却只拾了两个。可捞鱼属我最拿手了,他们只捞了一条、两条,而我却捞了五条鱼……

海洋公园一行不仅让我感到趣味无穷,还使我增长了见识。回到家我就想,如果我能把这美丽的海底世界用衍纸做出来,挂在我的房间里,那不是天天都能看到它们吗? 于是,我开始动手设计制作,一周的时间作品完成。大家评价一下,我的作品怎么样?

这不是爱!

○ **教师巧引导**

童话故事一直是大家的最爱,很多同学不仅喜欢看童话,而且还擅长编故事,也许你做的衍纸小动物之间也会发生一些有趣的故事呢!

○ **作品巧构思**

学会了做小兔后,我做了好几只小兔,大的当兔妈妈,小的可以当兔宝宝,我要编个小兔拔萝卜的故事。但是画面太单调了,应该做棵树,树上还可以有松鼠、小鸟,这下就热闹了,等着我的故事吧。

○ **材料细选择**

材料:深色卡纸一张,不同颜色的衍纸条。

工具:剪刀、乳胶、镊子、衍纸器等。

巧手来制作

1. 根据构思内容绘出设计图。

2. 根据图中的各种不同的图案选择不同颜色的衍纸。

3. 将衍纸卷成基础卷,变成各种造型组合成小兔、小鸟、小松鼠、树木、萝卜等。

4. 将各种图案粘贴到深绿卡纸上并进行简单装饰,完成作品。

○ **纸艺有故事**

兔妈妈生了一对宝宝,她十分爱他们。

春天,兔妈妈一面精心照料小兔子,一面忙着种萝卜,小兔子也想去地里看看,兔妈妈赶紧说:"宝贝,外面风太大,好好在家待着,一切有妈妈呢!"

夏天,兔妈妈一面喂饱小兔子,一面忙着照看萝卜地,小兔子也想去地里看看,但兔妈妈赶紧说:"宝贝,外面日头太毒,好好在家待着,一切有妈妈呢!"

秋天,兔妈妈一面背着小兔子,一面到萝卜地里拔萝卜,小兔子刚想去拔萝卜,兔妈妈赶紧说:"宝贝,地里的土太硬,好好待着,妈妈拔给你们吃!"

树上的松鼠和小鸟早就看不惯兔妈妈的做法了,他们齐声说:"兔妈妈,这不是爱孩子,你这是害了孩子呀!"兔妈妈很不理解地看着他们,松鼠说:"你要教会孩子生存的本领。"小鸟也说:"总有一天,我们会老,当你干不动了,谁来养活你的孩子呀!"

兔妈妈听了觉得有道理,就教小兔们一起干起活,大家看了齐声说:"这才是真正爱孩子呢!"

有情有义的喜鹊

○ **教师巧引导**

喜鹊是自古以来深受人们喜爱的鸟类,是好运与福气的象征,农村喜庆婚礼时最乐于用剪贴"喜鹊登枝头"来装饰新房。喜鹊登梅亦是中国画中非常常见的题材,它还经常出现在中国传统诗歌、对联中。此外,在中国的民间传说中,每年的七夕人间所有的喜鹊会飞上天河,搭起一条鹊桥,引分离的牛郎和织女相会,因而在中华文化中鹊桥常常成为男女情缘的象征。

○ **作品精构思**

喜鹊是自古以来深受人们喜爱的鸟类,是好运与福气的象征,象征着喜事临头。古人认定,喜鹊一年到头,不管是鸣还是唱,不管是喜还是悲,不管是在地上还是在枝头,不管是年幼还是衰朽,不管是临死还是新生,发出的声音始终都是一个调,一种音。

○ **材料细选择**

材料:白色 A4 纸一张,不同颜色的衍纸等。

工具:剪刀、壁纸刀、乳胶、镊子等。

○ **巧手来制作**

1. 根据构思内容绘出设计图。

2. 根据图中的各种不同的图案选择不同颜色的衍纸。

3. 用不用颜色的衍纸进行编制。

4. 将编制好的各种图案粘贴到设计图上并进行装饰,完成作品。

○ **纸艺有故事**

我家门前是一大片田地,每到秋天,喜鹊喜欢成群地在田里觅食。一天下午放学后,我和几个小伙伴在田边玩。田里的水稻已经收割完了,喜鹊们尾巴一翘一翘地欢叫着寻找散落在田里的谷粒。

突然传来一阵"噗噜噜"的响声,伴着喜鹊们"喳喳喳喳"的惊叫声,我们抬头一看,只见一大群喜鹊不停地叫着,围着什么盘旋翻飞。我们跑到跟前一看,原来是一只狗嘴里叼着一只喜鹊。可能这只狗在田里埋伏了很久,喜鹊们只顾吃谷粒,没想到身边藏着危险,狗便突然蹿出,捉住了一只可怜的小喜鹊。其他的喜鹊发现后虽然害怕凶恶的狗,但仍然围着狗狂叫,想救回同伴。那只狗可能被喜鹊们的气势吓着了,也有些胆怯了,向前跑了一阵,便停下了,但又不甘心丢掉到嘴的食物。喜鹊们就跟在狗的周围"喳喳喳喳"地追一阵儿,停一阵儿。那只狗后来也不敢停步,径直跑向主人家,喜鹊们也一直追着消失在远处的楼群中了。

我不禁佩服起喜鹊们的勇气来,哪怕是冒着生命危险,也要努力挽救同伴的生命。

喜鹊真是有情有义的鸟啊!

雀之灵

○ **教师巧引导**

孔雀被视为百鸟之王,是最美丽的观赏品,是吉祥、善良、美丽、华贵的象征。

○ **作品精构思**

在森林里的文艺联欢晚会上,孔雀表演了一支独舞,名字叫《雀之灵》,在优美的音乐声中,孔雀轻轻地打开了它那五颜六色的尾屏。

哇!孔雀开屏太好看了,就像一把美丽的大折扇被打开了。

○ **材料细选择**

材料:白色 A4 纸一张,不同颜色的衍纸等。

工具:剪刀、壁纸刀、乳胶、镊子等。

○ **巧手来制作**

1. 根据构思内容绘出设计图。

2. 根据图中的各种不同的图案选择不同颜色的衍纸。

3. 用不同颜色的衍纸进行编制。

4. 将编制好的各种图案粘贴到设计图上并进行装饰,完成作品。

○ **纸艺有故事**

每每看到这幅作品,我的眼前就会浮现杨丽萍《雀之灵》的场景,真的是惊艳不已!

在温婉的音乐当中,杨丽萍渐渐出现。她的长裙洁白胜雪,服顺地贴着。远远看去,仿佛就是一只不食人间烟火的孔雀,一只高贵优雅的孔雀!

瞧,长裙飞起来了,好像一只真正的孔雀,好像一幅画忽然间被描上了色。旋转、踩点、仰视、升华!所有的情感在交织中凝聚,又在凝聚中膨胀,最后在膨胀中爆发!舞蹈的光芒笼罩了整个舞台。

蓦地,音乐缓下来了,她的动作也随之缓下来了。我们注视着她的开屏阔步。她在踏步,她又加快了!她又再次把我们带进了幻虚幻实的境界。这里只有一只孔雀,却有无数个想成为孔雀的人!亦真亦假,似实似虚。飞扬的活力在释放高傲的能量。忘怀的舞者在尽情欢跃!

渐渐地,慢了,缓了,顿了,停了,浓缩在光圈中,孔雀停止了华丽的舞蹈,静下来,立成了一尊高贵的雕像,却又真实地轻颤着……

看完《雀之灵》我就想,如果我能把惊艳的孔雀用衍纸做出来,那该有多好呀!于是,我开始动手设计制作,一周的时间作品完成。大家评价一下,我的作品怎么样?

快乐母子

○ **教师巧引导**

春天来了,一个晴朗的日子里,太阳红彤彤的,天空飘着一朵白云,鸡妈妈和鸡宝宝打算去游玩,到哪里去呢?

○ **作品精构思**

春天是万物生长的季节,所以地上应该有刚露出头的小草,各色的花朵竞相开放,鸡宝宝高兴地问鸡妈妈:"咱们今天到哪游玩?"鸡妈妈绕个圈子说:"你猜!"

○ **材料细选择**

材料:白色 A4 纸一张,深黄、粉色、绿、棕色等卡纸。

工具:剪刀、乳胶、镊子、尺子等。

○ **巧手来制作**

1. 根据构思内容绘出设计图。

2. 根据图中的各种不同的图案选择不同颜色的卡纸。

3. 在卡纸上画出设计图的轮廓,切割好编织条,进行编织、粘贴。

4. 将粘贴好的各种图案进行修整,完成作品。

○ **纸艺有故事**

一轮红日、一片白云、一排争奇斗艳的鲜花、几丛刚露出头的小草、鸡妈妈和鸡宝宝,构成一幅生动的春日郊游图,表现了鸡妈妈和鸡宝宝亲密和谐的关系。

鸡妈妈和鸡宝宝的表情异常丰富,似乎鸡宝宝高兴地问鸡妈妈:"妈妈,咱们今天干什么?"鸡妈妈转了转眼珠,绕个圈子说:"你猜?"鸡宝宝说:"去春游吧。"鸡妈妈说:"真是个聪明的孩子,咱们今天就去领略一下春天的美景。"

重建美好家园

◦ **教师巧引导**

春天到了,森林里的树都被砍光了,小动物们都无家可归了,象妈妈和象宝宝决定重建家园,开始植树造林。

◦ **作品精构思**

树是森林的孩子,是动物的家园,没了树,小动物们无处安家,善良的大象妈妈领着她的孩子,发出呼吁:"咱们自己动手,重建家园!"

◦ **材料细选择**

材料:白色 A4 纸一张,深黄、粉色卡纸,蓝、黄、绿色等闪光纸。

工具:剪刀、乳胶、镊子、尺子等。

◦ **巧手来制作**

1. 根据构思内容绘出设计图。

2. 根据图中的各种不同的图案选择不同颜色的卡纸。

3. 在卡纸上画出设计图的轮廓,切割好编织条,进行编织、粘贴。

4. 将粘贴好的各种图案进行修整完成作品。

◦ **纸艺有故事**

一天清晨,象宝宝睁开双眼,看着四周,惊呼道:"咦,大树怎么都成了树墩子了? 妈妈!"象妈妈从梦中惊醒:"唉,可怜的人类,就知道发财致富,不知道维持生态平衡,我们的家园竟然被他们毁灭了。"说完,象妈妈叹着气,流下伤心的眼泪。

这时,一只蝴蝶飞来了,说道:"不要悲伤,我们自己动手,重建我们幸福的家园。"对啊,伤心难过解决不了问题的,象妈妈略有所悟:"孩子,去拿水桶,我们去附近的山上运点小树苗,移植到咱们的家园,让人类看看我们是不会服输的。"于是,象妈妈和象宝宝就开始植树了。

第二天,工人见了这棵大树,感动地流下了眼泪,他们决定不再毁灭动物的家园了。

奔跑的小鹿

◦ **教师巧引导**

鹿是善于奔跑的动物,在风景画中常常画有鹿。在中国内地,鹿象征着长寿,是唯一能够确定灵芝位置的动物,因此备受尊崇。

◦ **作品精构思**

小鹿爱奔跑,所以就让它在丛林里练习飞奔,一棵参天的大树象征着它不怕苦的精神,几朵白云作为点缀,和它一起领略奔跑的乐趣,给它添上几分惬意的味道。

○ **材料细选择**

材料:白色 A4 纸一张,深黄、粉、绿、红色等卡纸。

工具:剪刀、乳胶、镊子、尺子等。

○ **巧手来制作**

1. 根据构思内容绘出设计图。

2. 根据图中的各种不同的图案选择不同颜色的卡纸。

3. 在卡纸上画出设计图的轮廓,切割好编织条,进行编织、粘贴。

4. 将粘贴好的各种图案进行修整,完成作品。

○ **纸艺有故事**

"哼,你们看我,多厉害!"小马将刚刚跑步比赛得到的奖牌举得老高,向小伙伴们炫耀着。

"我也行,奔跑吧,小鹿!"这个决心在小鹿的心里扎下了根。

从那天起,丛林中多出了一个矫健的身影——小鹿没日没夜地跑着,汗如雨下;而相反,小马天天在家吃零食、看电视、睡觉,心里总想:"反正没有人是我的对手!"长胖了许多。

一年一度"丛林动物赛跑"今天开始,小马却因为吃得太多被送进了医院,不能参加比赛了。

比赛开始了,小猎豹、大水牛、小羚羊、小鹿还有小斑马等选手站在起跑线上,老虎、狮子、狐狸和猫四位评委一边吃着花生米,一边讨论赛事。

"砰!"小鹿就像一阵风,"飞"了出去,评委们惊呆了,其他选手拼命追赶,还是被甩得老远,最终,小鹿赢得了比赛。

拿着来之不易的金牌,小鹿说:"总是认为自己很弱,谁都比自己强,却没有发现,自己其实比别人更强,要有自信,才会战胜自己,从而战胜别人。"

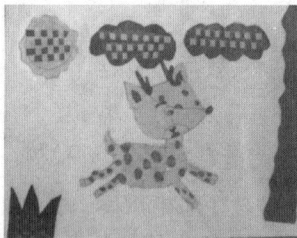

鸬鹚的一家

○ **教师巧引导**

鸬鹚善于潜水,能在水中用长而钩的嘴捕鱼,也常低飞,掠过水面。它飞时颈和脚均伸直。鸬鹚在沼泽地的矮树上营巢,不怕人。

○ **作品精构思**

鸬鹚夏季喜欢在近水的岩崖或高树上,也常在海

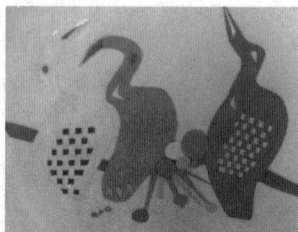

边、湖滨、淡水中间活动。所以抓住鸬鹚栖息时在石头或树桩上久立的特点，用不同的颜色勾勒出它们的长脖子，俨然和谐的一家人形象。

○ **材料细选择**

材料：白色 A4 纸一张，深黄色、粉色、绿色、红色等卡纸。

工具：剪刀、乳胶、镊子、尺子等。

○ **巧手来制作**

1. 根据构思内容绘出设计图。

2. 根据图中的各种不同的图案选择不同颜色的卡纸。

3. 在卡纸上画出设计图的轮廓，切割好编织条，进行编织、粘贴。

4. 将粘贴好的各种图案进行修整，完成作品。

○ **纸艺有故事**

一天，爸爸带回两只小鸬鹚。

这是一对胆小的小鸬鹚，它们胆怯地把头藏在翅膀下，它们头上有一点点绒毛，其他地方肉嘟嘟的，肉是绿色的，再加上嘴和腿都很长，很像脱了毛的孔雀。

小鸬鹚的鸣声清脆，动作敏捷，爱吃小鱼、虾和泥鳅。别看它们小，在争先恐后地抢食中，时不时还会发生冲突，比如咬同伴的嘴巴，拱同伴的肚子等等。为了防止它们争吵，我把食物分成相同的等份，让它们各吃各的。每天我一到阳台，小鸬鹚就"嘎啊，嘎啊"急不可待地叫起来，原来他们早就料到有好吃的东西了！我喂它们鱼时，它们吃得肚子都胀歪了，还不停地伸着长脖子要！

一晃，小鸬鹚已经 3 个月大了。在我的精心照料下，它们已经会跑、会跳、会上树了。我和小鸬鹚常常在广场的草坪上玩耍，它们两个像"跟屁虫"一样跟着我，我们成了寸步不离的好朋友。有时，它们会跳到高一点的地方，然后向下滑翔，引来一群喜爱大鸟的小朋友围观。

和它们偶然相遇，给我带来了很多快乐和惊喜。

☞ **纸艺花草**

水中君子

○ **作品巧构思**

炎炎的夏日，火辣的骄阳，滚滚的热浪，让人不由得泛起阵阵疲倦。而池塘里却演绎着不同的色彩，一个碧水融融的水清世界，一个绿树成荫的世外桃源。

○ **材料细选择**

材料：白色 A4 纸一张，绿色卡纸若干，红、白、深绿、浅绿衍纸等。

工具：剪刀、乳胶、镊子、旋转笔等。

○ **巧手来制作**

1. 根据构思内容绘出设计图。

2. 根据图中的各种不同的图案选择不同颜色的衍纸。

3. 将衍纸卷成需要的形状顺着设计图的轮廓粘贴。

4. 将粘贴好的各种图案进行修整，完成作品。

○ **纸艺有故事**

"小荷才落尖尖角，早有蜻蜓立上头。"从那时起我就喜欢上了荷花。这幅作品是我的得意之作。

看池塘里那引人注目的荷花。那荷叶如此巨大，像一个又一个连接在一起的大玉盘。放眼望去，满目是绿。在烈日的光辉下，盛放的荷花显得格外耀眼，像亭亭玉立的少女，绿擎盖天，红花映日，把一个不算小的荷塘塞得满而又满，真是如此神似的诠释了："接天莲叶无穷碧，映日荷花别样红啊。"

在绿叶的映衬下，荷花变得那样多姿多彩，艳丽无比。有的天生就是羞涩的姑娘，任凭千呼万唤，仍羞答答地藏在荷叶间，偷偷地看着这个美好的世界；有的如大胆泼辣的美少女，尽情地舒展怒放，摆弄风姿，在一片绿色之上显得格外妖娆；有的还是娇羞的荷苞，靠在莲叶母亲的怀抱中，是那么安详，那么幸福。

随着夏日的清风，荷花的幽香在空中弥散，沁人心脾，雨儿欢快地上下跃动，荡漾起圈圈涟漪。

春夏秋冬

○ **作品巧构思**

梅兰竹菊四君子，千百年来以其清雅淡泊的品质，一直为世人所钟爱，成为一种人格品性的文化象征，这虽然是自身的本性使然，但亦与历代的文人墨客、隐逸君子的赏识推崇不无关系。

○ **材料细选择**

材料：白色 A4 纸，各种颜色衍纸等。

工具：剪刀、乳胶、镊子、尺子等。

○ **巧手来制作**

1. 根据构思内容绘出设计图。

2. 根据图中的各种不同的图案选择不同颜色的衍纸。

3. 将衍纸卷成需要的形状顺着设计图的轮廓粘贴。

4. 将粘贴好的各种图案进行修整，完成作品。

○ **纸艺有故事**

当雪花沁透着绿意，朔风漫卷大地，你却在白雪皑皑中傲立枝头，向世人宣布：春天到了。你在严寒中傲立枝头，悄然开放，点缀着素色世界，在姹紫嫣红中悄然凋谢，不与百花争艳；你俏而不争，嫣儿不妖，脱俗典雅，为世人尊崇。

你生于幽谷之中，妍然绽放，淡雅而凝重，幽静中似乎带有些许张扬，你不像桃花那样浓艳，也不像杏花那样在枝头炫耀，你孤芳自赏，清淡幽雅的气息像是山间飘来的一缕暗香，你简约的花姿，装饰了生命的美丽。你的魅力，高雅而平易，你醉人的花香，幽远飘逸；你皎洁无暇，一尘不染，最值得泼墨赞美的还是你的君子风韵。

你总是在百花凋谢之时带着对秋的眷恋，带着一丝愁怨，一路芬芳飘满天涯，你的绽放带来老气横秋。你不但具有冬梅斗霜傲雪、不屈不挠的人格魅力，还具有春兰空谷闲适、傲世独立的高尚情怀，你是自得其乐、儒道双修的精神象征。

春色满园

○ **作品巧构思**

"春色满园关不住，一枝红杏出墙来。"春天最美的，莫过于一朵朵绚丽绽放的春花儿了。

○ **材料细选择**

材料：A4 纸、彩色卡纸、衍纸等。

工具：剪刀、乳胶、镊子、尺子等。

○ **巧手来制作**

1. 根据构思内容绘出设计图。

2. 根据图中的各种不同的图案选择不同颜色的衍纸。

3. 将衍纸卷成需要的形状顺着设计图的轮廓粘贴。

4. 将粘贴好的各种图案进行修整,完成作品。

○ **纸艺有故事**

看,我的花篮里春潮滚滚,莺歌燕舞,鸟语花香。花篮中间种满了花,有紫罗兰、百合、兰花、迎春花……有的花含苞欲放、羞羞答答,有的花已经全开了,一朵朵,一簇簇,在向人们欢呼着:"春天来了! 春天来了!"

花篮里春花烂漫,芳香扑鼻,引来一只只蝴蝶、蜜蜂。她们在花上翩翩起舞,它姿态各异,有的在花上飞舞,有的站在花瓣上吸吮着蜜汁,有的坐在花瓣上休息……她们身穿五彩衣,头戴美丽的花冠,她们的舞姿轻盈,远远望去,让人觉得犹如仙女下凡,披着轻纱衣,在翩翩起舞,让人觉得欲仙欲醉。

啊,真是春色满篮关不住啊!

兰花

○ **作品巧构思**

孔子说:"芷兰生幽谷,不以无人而不芳,君子修道立德,不为穷困而改节。"兰花所代表的就是淡泊和高雅的品质,是君子的标榜,所以都以兰花来比喻君子。

○ **材料细选择**

材料:彩色卡纸,紫、白、黄、绿色衍纸等。

工具:剪刀、乳胶、镊子、尺子等。

○ **巧手来制作**

1. 根据构思内容绘出设计图。

2. 根据图中的各种不同的图案选择不同颜色的衍纸。

3. 将衍纸卷成需要的形状顺着设计图的轮廓粘贴。

4. 将粘贴好的各种图案进行修正,完成作品。

○ **纸艺有故事**

兰花,是我国最古老的花卉之一,他拥有无比高洁的气质和无私奉献的品质。一次,我家迎来了一盆较好的兰花,更让我明白兰花的君子之风。

那是一个六月的上旬,妈妈买了一盆兰花,摆放在走廊上,但兰花平淡无奇,那天中午我闲着无聊,也出于好奇,便准备去看看那兰花,当我走到离那兰花不远时,顿时一股沁人的香气扑鼻而来,令我大为畅快,我想:这该不会是那兰花传出来的吧!

于是,我加快了步伐跑到兰花跟前,使劲嗅了嗅,可是出乎我的意料,没有什

么香味,我大失所望,正准备走时,我又闻到了那一股香味,我马上转回来,心想:旁边没有什么花,这香味一定是这兰花传出来的,可为什么闻不到呢? 为什么?

我不禁要用惊奇的眼光投向那兰花,脸色也变得凝重,再次走到兰花跟前,用手抚摸兰花,想着想着,我不禁想到妈妈对我说过:"兰花是花中君子。"也想到郑板桥高山幽兰中的诗句:"千古幽贞是比花,不求闻达只烟霞。"想到这里我顿时恍然大悟。我马上换了一种眼神打量起眼前这盆兰花,它虽然没有牡丹花的花朵那么高贵,却有超凡脱俗、高洁亮丽的气质。它之所以掩藏它那美好的东西,是因为它想在黑暗中默默奉献,渐渐地我不禁迷恋上这兰花。

在这盆兰花上我学会了君子之风和那无私奉献的精神,也懂得了换一种眼光去看事物、看到得东西却截然不同的道理。

葡萄熟了

○ **作品巧构思**

有人喜欢酸甜可口的草莓;有人喜欢美味多汁的苹果;还有人喜欢那清香诱人的梨子……而我却喜欢那普普通通的葡萄。

○ **材料细选择**

材料:白色 A4 纸,卡纸,紫、绿两种衍纸等。

工具:剪刀、乳胶、镊子、尺子等。

○ **巧手来制作**

1. 根据构思内容绘出设计图。

2. 根据图中的各种不同的图案选择不同颜色的衍纸。

3. 将衍纸卷出需要的形状,顺着设计图的轮廓粘贴。

4. 将粘贴好的各种图案进行修整完成作品。

○ **纸艺有故事**

我喜爱葡萄,不仅仅是因为它玲珑多姿,更重要的是葡萄香甜可口,让人吃了还想吃。"不吃不知道,一吃忘不了。"真是上等的水果啊!

春光明媚,一颗颗水晶般的葡萄在太阳公公的爱抚下显得格外美丽。它们伸展着嫩绿色的叶子,给一串串挂满了枝头的葡萄增添了许多光彩,它们好似在齐声高喊:"我长大了,我长大了……"一串串晶莹剔透的葡萄聚拢在一起,密密麻麻的,像满天繁星,令人眼花缭乱。

葡萄圆圆的,摸起来滑溜溜的,非常舒服。等葡萄逐渐长熟后,摘一个,剥去皮,放进嘴里,香甜可口的汁水一下子渗遍全身,那甜滋滋的味道始终留在你的嘴里,久久不会消失。

葡萄的颜色多种多样,有的是暗红色的,有的是淡绿色的,有的是淡紫色的,有的又是紫里透红的……在阳光的照耀下,五光十色,一颗颗可爱的小葡萄闪闪发光。在春雨的爱抚下,变得更加滋润。

我喜爱葡萄,更喜欢吃葡萄。

喜鹊登梅

○ **作品巧构思**

喜鹊叫声婉转,在中国民间将喜鹊作为吉祥的象征,象征好运与福气;梅,古代又称"报春花",传说梅具四德,象征五福,即快乐、幸福、长寿、顺利与和平。

○ **材料细选择**

材料:底版纸一张,不同颜色的衍纸等。

工具:A4 纸大小的衍纸底卡、剪刀、衍纸笔、镊子、锥子、模版。

○ **巧手来制作**

1. 根据构思内容绘出设计图。

2. 根据图中的各种不同的图案选择不同颜色的衍纸。

3. 将衍纸卷成需要的形状,顺着设计图的轮廓粘贴。

4. 将粘贴好的各种图案进行修整,完成作品。

○ **纸艺有故事**

周末在姥姥家无意发现一张极好看的剪纸,听姥姥说这是喜鹊登梅图,它寓意着吉祥、喜庆、好运的到来。接着姥姥向我讲述了它的由来,听完后我感觉到中华文化的博大精深,但对于这幅图我还是喜欢,什么时候我也能有一幅自己的"喜鹊登梅"图呢?

恰逢我们学校组织衍纸活动,我想不如利用这个机会完成一幅"喜鹊登梅"的衍纸作品。

利用空余和休假时间,我和妈妈开始分工合作,我负责用衍纸卷出所有的梅花花瓣,妈妈负责梅花的枝干、喜鹊。刚开始我总是笨手笨脚的,不是弄得大小不一就是卷得松松垮垮的,自己看着觉得奇丑无比,一点做下去的信心都没有了。妈妈语重心长地说:"无论做什么事都要有耐心、有毅力,你连这点'芝麻'小事都做不好,更不用说成就大事了。"我听后十分惭愧。那怎样才能卷得又结实又好看,我决定到网上查查,学一学。又过了二十分钟,我终于把这些小花瓣都卷好

了。接着开始粘合成一朵朵完整的梅花。功夫不负有心人,终于完成了所有的梅花。

接下来的任务我觉得应该自己来完成最好,于是妈妈变成了我的助手。一幅"喜鹊登梅"终于做好了。看着眼前的作品,心里美滋滋的。哈哈,手工制作乐趣多。

记住哦,"纸上得来终觉浅,绝知此事要躬行!"

荷韵

○ **教师巧引导**

夏季,正是荷花绽放的季节,它的华美脱变与惊艳上场带给人赏心悦目的震撼和无限的遐想,像少女般婀娜多姿,争奇斗艳,竞相绽放。

○ **作品精构思**

"接天莲叶无穷碧,映日荷花别样红。"这句诗出自宋朝诗人杨万里的《咏荷》。其实,我也特别喜欢荷花,因为她芳香四溢,"出淤泥而不染,濯清涟而不妖"。

○ **材料细选择**

材料:彩色卡纸,衍纸等。

工具:剪刀、乳胶、镊子、尺子等。

○ **巧手来制作**

1. 根据构思内容绘出设计图。
2. 根据图中的各种不同的图案选择不同颜色的衍纸。
3. 将衍纸卷成需要的形状,顺着设计图的轮廓粘贴。
4. 将粘贴好的各种图案进行修整,完成作品。

○ **纸艺有故事**

暑假的一天,我和小伙伴相约来到植物园。一到植物园,我们就直奔荷花池。首先映入眼帘的是一望无际的荷叶,如同绿色的海洋。瞧! 河面上那一张张荷叶,翠绿,墨绿,颜色不一。它们一片挨着一片,一簇接着一簇,好像是一群兄弟姐妹,心连着心,亲密无间。那高高挺立的荷叶,犹如亭亭玉立的少女张开舞裙。浮在水面上的荷叶好似一个个碧玉盘。微风拂过,一池的荷叶翩翩起舞,叶面上的水珠儿滴溜溜地滚动着,晶莹剔透,就像一颗颗漂亮的珍珠,可爱极了!

荷花不仅美丽,而且很有用处。荷花谢后结出的果实——莲子,是营养价值很高的食品。藕可以炒着吃,还可以煲汤。荷叶还是清热解暑的良药。它不仅高雅、美丽,点缀了大自然,而且还把自己地全身无私奉献出来。我们做人不也应该是这样吗?

啊!我爱荷花,爱它那亭亭玉立的姿态,更爱它那"出淤泥而不染,濯清涟而不妖"的高风亮节!

<h2 style="text-align:center">向日葵</h2>

○ **教师巧引导**

同学们都知道可以用毛线编小辫,用竹条编篮子,还有我们上节课学习的用彩色纸条穿编图样,那能不能用不同颜色的纸编出一幅你心中最美的画呢?

○ **作品精构思**

花是美的化身,也是自然界的宠物。而向日葵是阳光的忠实粉丝,是草丛中的拔尖者,它的芬芳和美丽点缀了平凡的人生。

○ **材料细选择**

材料:彩色卡纸、A4 纸一张。

工具:壁纸刀、铅笔、剪刀、镊子、尺子、彩笔。

○ **巧手来制作**

1. 根据构思内容绘出设计图。

2. 根据图中的各种不同的图案选择不同颜色的卡纸。

3. 将纸条编成需要的形状,顺着设计图的轮廓粘贴。

4. 将粘贴好的各种图案进行修整,完成作品。

○ **纸艺有故事**

世上的花,有千种万种,五彩缤纷,让人看得眼花缭乱,别人都喜欢百合、玫瑰,但我喜欢的花却是向日葵。不过,向日葵也有它的美。向日葵,它明朗,它鲜艳,它美丽,它热情,它饱满,它倔强,它顽强。

有些人觉得向日葵很平凡,很普通。但往往它的美就藏在它那普通而平凡中。向阳而开的花,开起来就像阳光般灿烂,颜色里已经充满阳光的味道。从小我就看见过向日葵,向日葵的叶片是绿色的,再看看它那像眼睛似的瓜子真像一颗颗黑色的珍珠,蜜蜂在天空中自由地飞来飞去,好像在和向日葵打招呼,它们真热情呀!有的瓜子全长出来了,圆盘低下了头,好像羞涩得抬不起头来。一排排

向日葵像一个个小巨人一样在太阳下护着小草。向日葵也叫葵花,向日葵的圆盘总是向着太阳去的,也叫"太阳花"。

向日葵就像是母亲,太阳就像是孩子,母亲永远都是以孩子为中心,一旦母亲失去了那个中心,就是失去了旋转的目的和方向。所以我们要努力做好那个中心,让母亲不再失望,不再迷失方向。对于向日葵为什么会朝着太阳转的问题,我找到了一个有依据的答案。向日葵跟着太阳转的现象证明了植物的向光性。大多数植物都有向光性生长的特点。向光性能使植物的茎、叶处于最适宜利用光能的位置,这有助于植物接受充足的阳光,从而更好地进行光合作用。

这些向日葵都共同迎着每一天的日出!向日葵虽小,但里面却隐藏着对太阳浓浓的爱。

向往

○ **教师巧引导**

一天早晨,鸟儿们还在熟睡,花儿早早地起床了。噢,花儿们今天要开比美大会。这时,喇叭花爬上了矮墙,吹起了大喇叭:"朋友们,今天我们开一个比美大会,看谁最美。现在比美开始!"

○ **作品精构思**

现在,同学们就用手中的纸展示大自然中的芬芳和美吧!

○ **材料细选择**

材料:白色 A4 纸一张,红、白、橙、黄、深绿、浅绿色衍纸等。

工具:剪刀、乳胶、镊子、旋转笔等。

○ **巧手来制作**

1. 根据构思内容绘出设计图。

2. 根据图中的各种不同的图案选择不同颜色的衍纸。

3. 将衍纸卷成需要的形状顺着设计图的轮廓粘贴。

4. 将粘贴好的各种图案进行修整,完成作品。

○ **纸艺有故事**

朋友们,在花的海洋中,你最喜欢的是什么花? 是四季常青的吊兰,是香气浓郁的水仙,是富丽堂皇的牡丹,还是文静淡雅的粉色蝴蝶菊? 至于我,我却喜欢那平平凡凡的玉兰花。

春姑娘的脚步悄然而至,我家后院里的玉兰花也次第开放了。远远望去,那

大朵大朵的白玉兰就像雪白的棉桃缀满枝头。晨曦中,玉兰披上一袭轻纱,霞光轻抹,疑是雪花缀满枝头,这般晶莹洁白,疑是白云在此逗留,如此婀娜多姿。喔,她比雪花更圣洁,比白云更端庄——它是人间美丽之花!朵朵花儿在金色的阳光的照耀下,白白的花瓣变得银灿灿、亮闪闪,夺目生辉,在甘甜的雨露滋润下,盆盆玉兰花更显得纯洁、高雅;在暖暖的春风吹拂中,左右摇曳,仿佛是一只只洁白的玉杯。

休息时坐在树下,举目仰视,蔚蓝的天,洁白的花,自由的风,欢快的鸟,这一切神奇地组成了一幅绝妙的图画。衬在玉兰后面的天空如平静清澈的湖面,洁白的花朵像一群纯洁的天鹅,风在它们前后欢呼,鸟儿为它们伴奏,它们在湖面翩翩起舞。

走近一瞧,更是令人赞叹不已。娇柔的花瓣、优美的花型、纯洁的白色,确实是天工神匠用洁白无瑕的美玉琢成的稀世珍品。它姿态万千,有的还是花骨朵儿,含苞待放,外面紧紧地裹着一件黄绿色的绒衣,饱胀得似乎马上要脱衣而出;有的才展开两三片花瓣儿,羞羞答答地低着头,仿佛是一位年轻少女掩面而笑;有的花瓣儿全都展开了,正开得旺,那乳白色的花瓣上,沾满晶莹欲滴的水珠,用手轻轻抚摩着鲜嫩的花瓣,光润圆滑。花瓣呈勺形,两端窄,中间宽而凸。这时我情不自禁地伸手牵过一朵花儿,凑近鼻子一嗅再嗅,缕缕清香扑鼻而来,沁人心脾,令人回味无穷。

玉兰花,你不选择温暖舒适的暮春中吐艳,却在冷雨中挺立,在寒风中怒放。无论高缀枝头,还是飘落于地,始终保持着纤尘不染的品格,你高雅脱俗,洁白无瑕,毫无轻佻之态,无意与群芳争艳,不惹蜂蝶狂舞。真是"但有一枝堪比玉,何须九畹始征三"。愿人间开满洁白的玉兰花,愿人们的心灵似玉兰般圣洁无瑕!

☞ **纸艺成语**

八仙过海

○ **作品巧构思**

八仙过海是一种流传最广的汉族民间传说。相传白云仙长有回于蓬莱仙岛牡丹盛开时,邀请八仙及五圣共襄盛举,回程时铁拐李建议不搭船而各自想办法,就是后来"八仙过海、各显神通"或"八仙过海、各凭本事"的起源。后来,人们把这个典故用来比喻那些依靠自己的特别能力而创造奇迹的事。八仙分别

为汉钟离、张果老、韩湘子、铁拐李、吕洞宾、何仙姑、蓝采和及曹国舅。

○ **材料细选择**

材料:白色 A4 纸一张,不同颜色的卡纸数张,金色纸条,贝壳等。

工具:剪刀、壁纸刀、乳胶、镊子、尺子、彩笔、衍纸笔等。

○ **巧手来制作**

1. 根据构思内容绘出设计图。

2. 根据图中的各种不同的图案选择不同颜色的卡纸。

3. 将卡纸剪成人物、毛驴、海浪等的形状。

4. 用壁纸刀将剪好的卡纸中间分出竖条。

5. 用金色的纸条进行编制。

6. 画上眼睛嘴巴等。

7. 将编制好的各种图案粘贴到原图上并进行装饰,完成作品。

○ **纸艺有故事**

以前奶奶给我讲八仙过海的故事,我非常喜欢其中的人物。在纸编课上,我灵机一动,何不用纸编把"八仙过海,各显神通"的情景充分展示出来。于是在小组同学的帮助下,作品已经完工了,请大家边欣赏着我的作品边听我讲讲他们的故事。

话说八仙兴高采烈地来到蓬莱阁上聚会饮酒。八仙每人准备一道菜,以当地的大虾、海参、扇贝、海蟹、红螺、真鲷等海珍品为主要原料,加工了 8 个拼盘、8 个热菜和 1 个热汤。拼盘各自用自己的宝物拼成图案,造形生动别致,盘盘都有神话典故,不仅味道鲜美,还可观赏助兴;热菜烹饪更为精致,呈现蓬莱多处名胜景观,巧夺天工;热汤以八种海鲜加鸡汤制成,味道鲜美奇特。

酒至酣时,铁拐李意犹未尽,对众仙说:"都说蓬莱、方丈、瀛洲三神山景致秀丽,我等何不去游玩、观赏?"众仙激情四溢,齐声附和。吕洞宾说:"我等既为仙人,今番渡海不得乘舟,只凭个人道法,意下如何?"众仙听了,欣然赞同,一起弃座动身而去。八位仙人聚到海边,个个亮出了自己的法宝。逍遥闲散的汉钟离,把手中的芭蕉扇甩开扔到大海里,那扇子大如蒲席,他醉眼惺忪地跳到迎波踏浪的扇子上,悠哉游哉地向大海深处漂去。清婉动人的何仙姑步其后尘,将荷花往海里一放,顿时红光四射,花像磨盘,仙姑亭亭玉立于荷花中间,风姿迷人。众仙谁也不甘落后。吟诗行侠的吕洞宾、倒骑毛驴的张果老、隐迹修道的曹国舅、振靴踏歌的蓝采和、巧夺造化的韩湘子、借尸还魂的铁拐李纷纷将宝物扔入海中。瞬间,百舸争流,各显神通,逞雄镇海,悠然地遨游在万顷碧波之中。

大家觉得我的作品怎么样? 我的故事好听吗?

龟兔赛跑

○ 作品巧构思

《龟兔赛跑》,是一则耐人寻味的寓言故事,故事中塑造了一只骄傲的兔子和一只坚持不懈的小乌龟。我们要学习乌龟谦虚、坚持不懈的精神。

○ 材料细选择

材料:白色 A4 纸一张,不同颜色的卡纸数张等。

工具:剪刀、壁纸刀、乳胶、镊子、尺子、彩笔、衍纸笔等。

○ 巧手来制作

1. 根据构思内容绘出设计图。

2. 根据图中的各种不同的图案选择不同颜色的卡纸。

3. 将卡纸剪成兔子、乌龟、大树等的形状。

4. 用壁纸刀将剪好的卡纸中间分出竖条。

5. 用金色的纸条进行编制。

6. 画上眼睛嘴巴等。

7. 将编制好的各种图案粘贴到原图上并进行装饰,完成作品。

○ 纸艺有故事

《龟兔赛跑》的故事,我们小时候就听了无数遍。大家都知道,我们不要学兔子骄傲自满,要学习乌龟谦虚、坚持不懈的精神。我今天的这幅纸编讲的是第一次《龟兔赛跑》后举行的第二次比赛。

自从兔子上次赛跑输给了乌龟之后,整天被其他兔子嘲笑:"你这家伙真没用,跑步比赛竟然输给了乌龟,真是丢人啊!"兔子很羞愧。有一次,它在路上碰到了正在给别人签名的乌龟,乌龟见了兔子,说:"哟!这不是兔子老弟吗,自从上次比赛后,你过得可好啊?"兔子再也忍不住了,说:"上次是我大意轻敌,我要求再比一次。"听到这个消息,正在找乌龟签名的小动物们沸腾了,大喊:"再比一次,再比一次!"而乌龟也只好在小动物们的强烈要求下硬着头皮答应了,因为它知道,兔子上次真的是大意轻敌才输的。但是说出来又觉得没面子,所以只好答应了。

到了比赛那一天,兔子早早地来到了赛场上,而乌龟却让大家等了好一会儿才来。双方的啦啦队互相为自己支持的选手加油,其中乌龟的啦啦队人员占了大部分,兔子看到此景,心里暗暗想道:"这一回我可不能在比赛中睡觉了,不然又要被嘲笑了。"

比赛开始了,兔子如同离弦之箭,飞快地跑了出去;而乌龟只能在起跑线上慢吞吞地爬着。不一会儿,兔子便跑上了山顶。兔子突然觉得有些困了,便准备躺在大树旁睡一觉。但它一想到上次自己是怎么失败的,就不由自主地又跑了起来。一路上,兔子困了就对自己说:"兔子,你还记得自己是怎么败的吗?"可是,兔子在路上又碰到了难题:下雨了。这会使兔子的毛积水,给兔子增加负担。这使兔子累极了,可它一想到终点就在前方,就觉得身上又有了劲。

最终,兔子夺得了冠军。而乌龟却只爬了几米。或许,它还想再捞一次便宜。

狐假虎威

○ **作品巧构思**

本课是一则成语故事,出自我国的古典名著《战国策》。讲了一只狐狸借老虎的威风吓跑了森林中的百兽,告诉我们生活中有些人就像狐狸那样,借着别人的力量吓唬人,其实它们自己根本没有什么本事。

○ **材料细选择**

材料:白色 A4 纸一张,不同颜色的卡纸数张等。

工具:剪刀、壁纸刀、乳胶、镊子、尺子、彩笔等。

○ **巧手来制作**

1. 根据构思内容绘出设计图。

2. 根据图中的各种不同的图案选择不同颜色的卡纸。

3. 将卡纸剪成老虎、狐狸、小动物等的形状。

4. 用壁纸刀将剪好的卡纸中间分出竖条。

5. 用金色的纸条进行编制。

6. 画上眼睛嘴巴等。

7. 将编制好的各种图案粘贴到原图上并进行装饰,完成作品。

○ **纸艺有故事**

《狐假虎威》是我非常熟悉的一个成语故事,我时常为狐狸的狡猾感到可恶,为老虎的愚蠢感到可恶。故事是这样的……

从前在某个山洞中有一只老虎,因为肚子饿了,便跑到外面寻觅食物。

当它走到一片茂密的森林时,忽然看到前面有只狐狸正在散步。它觉得这正是个千载难逢的好机会,于是,便一跃身扑过去,毫不费力地将他擒过来。可是当它张开嘴巴,正准备把那只狐狸吃进肚子里的时候,狡猾的狐狸突然说话了:"哼!你不要以为自己是百兽之王,便敢将我吞食掉;你要知道,天帝已经命令我为王中之王,无论谁吃了我,都将遭到天帝极严厉的制裁与惩罚。"老虎听了狐狸的话,半信半疑,可是,当它斜过头去,看到狐狸那副傲慢镇定的样子,心里不觉一惊。原先那股嚣张的气焰和盛气凌人的态势,竟不知何时已经消失了大半。虽然如此,它心中仍然在想:"我因为是百兽之王,所以天底下任何野兽见了我都会害怕。"而它,竟然是奉天帝之命来统治我们的! 这时,狐狸见老虎迟疑着不敢吃它,知道它对自己的那一番说词已经有几分相信了,于是便更加神气十足地挺起胸膛,然后指着老虎的鼻子说:"怎么,难道你不相信我说的话吗? 那么你现在就跟我来,走在我后面,看看所有野兽见了我,是不是都吓得魂不附体、抱头鼠窜。"老虎觉得这个主意不错,便照着去做了。

于是,狐狸就大模大样地在前面开路,而老虎则小心翼翼地在后面跟着。它们没走多久,就隐约看见森林的深处,有许多小动物正在那儿争相觅食,但是当它们发现走在狐狸后面的老虎时,不禁大惊失色,四散狂奔。这时,狐狸很得意地掉过头去看老虎。老虎目睹这种情形,不禁也有一些心惊胆战,但它并不知道野兽怕的是自己,而以为他们真是怕狐狸呢! 狡狐之计是得逞了,可是他的威势完全是因为假借老虎,才能凭着一时有利的形势去威胁群兽,而那可怜的老虎被人愚弄了,自己还不自知呢!

三只蝴蝶

◦ **作品巧构思**

《三只蝴蝶》讲的是三只蝴蝶是好朋友,相亲相爱不分手,遇到再大的困难,谁也不愿意离开自己的朋友。故事令人感动,值得深省。

◦ **材料细选择**

材料:白色 A4 纸一张,不同颜色的卡纸数张,金色纸条等。

工具:剪刀、壁纸刀、乳胶、镊子、尺子、彩笔等。

◦ **巧手来制作**

1. 根据构思内容绘出设计图。

2. 根据图中的各种不同的图案选择不同颜色的卡纸。

3. 将卡纸剪成太阳、小草、叶子等的形状;将彩纸卷成蝴蝶、花朵等的形状。

4. 用壁纸刀将剪好的卡纸中间分出竖条。

5. 用彩色的纸条进行编制。

6. 卷上蝴蝶眼睛、触角、翅膀等。

7. 将编制好的各种图案粘贴到原图上并进行装饰,完成作品。

◦ **纸艺有故事**

《三只蝴蝶》是我小时候非常喜欢的故事,讲的是三只蝴蝶是好朋友,相亲相

爱不分手，遇到再大的困难，谁也不愿意离开自己的朋友。今天我把这个故事用我的衍纸展示给大家。

花园里有三只蝴蝶。一只是红的，一只是黄的，一只是白的。他们天天在花园里一块儿游玩，非常快乐。

有一天，他们正在草地上捉迷藏，突然下起大雨来。他们一起飞到红花那里，齐声向红花请求说："红花姐姐，红花姐姐，大雨把我们的翅膀打湿了，大雨把我们淋得发冷了，让我们飞到你的叶儿下避避雨吧。"红花说："红蝴蝶的颜色像我，请进来；黄蝴蝶，白蝴蝶，快点飞开！"三只蝴蝶齐声说："我们三个好朋友，相亲相爱不分手，要来一块儿来，要去一块儿去。"

雨下得更大了，三只蝴蝶一起飞到黄花那里，齐声向黄花请求说："黄花姐姐，黄花姐姐，大雨把我们的翅膀打湿了，大雨把我们淋得发冷了，让我们飞到你的叶儿下避避雨吧。"

黄花说："黄蝴蝶的颜色像我，请进来；红蝴蝶，白蝴蝶，快点飞开！"三只蝴蝶齐声说："我们三个好朋友，相亲相爱不分手，要来一块儿来，要去一块儿去。"

三只蝴蝶一起飞到白花那里，齐声向白花请求说："白花姐姐，白花姐姐，大雨把我们的翅膀打湿了，大雨把我们淋得发冷了，让我们飞到你的叶儿下避避雨吧。"白花说："白蝴蝶的颜色像我，请进来；红蝴蝶，黄蝴蝶，快点飞开！"三只蝴蝶一起摇摇头说："我们三个好朋友，相亲相爱不分手！要来一块儿来，要去一块儿去。"

三只蝴蝶在大雨里飞来飞去，找不着避雨的地方，真是着急呀！可是它们谁也不愿意离开自己的朋友。

这时候，太阳公公从云缝里看见了，连忙把天空的乌云赶走，吩咐雨别再下了。

天晴了，太阳公公发出热的光，把三只蝴蝶的翅膀晒干了。三只蝴蝶迎着太阳，一块儿在花园里快乐地跳舞游戏。

守株待兔

○ 作品巧构思

守株待兔，出自《韩非子·五蠹》记载。讲述了宋国有个农民，他的田地中有一截树桩。一天，一只跑得飞快的野兔撞到了树桩上，撞死了。于是，农民便放下他的农具日日夜夜守在树桩旁边，希望能再轻松捡到一只兔子。然而野兔是不可能再次得到了，田

里的庄稼也都死掉了。而他自己也被宋国人所耻笑！这个故事告诫我们：只有通过自己的劳动，才能有所收获，否则终将一无所获，留下终身遗憾。

○ **材料细选择**

材料：白色A4纸一张，不同颜色的卡纸数张等。

工具：剪刀、壁纸刀、乳胶、镊子、尺子、彩笔等。

○ **巧手来制作**

1. 根据构思内容绘出设计图。

2. 根据图中的各种不同的图案选择不同颜色的卡纸。

3. 将卡纸剪成农夫、兔子、树桩等的形状。

4. 用壁纸刀将剪好的卡纸中间分出竖条。

5. 用彩色的纸条进行编制。

6. 画上眼睛嘴巴等。

7. 将编制好的各种图案粘贴到原图上并进行装饰，完成作品。

○ **纸艺有故事**

《守株待兔》是我幼儿园时候就知道的一个成语故事，当时我对故事里面人物的行为感到非常可笑，我想用我的纸编把这个故事重新展示出来，给大家欣赏。

宋国有一个农民，每天在田地里劳动。有一天，这个农夫正在地里干活，突然一只野兔从草丛中蹿出来。野兔因见到有人而受了惊吓。它拼命地奔跑，不料一下子撞到农夫地头的一截树桩上，折断脖子死了。农夫便放下手中的农活，走过去捡起死兔子，他非常庆幸自己的好运气。

晚上回到家，农夫把死兔子交给妻子。妻子做了香喷喷的野兔肉，两口子有说有笑美美地吃了一顿。

第二天，农夫照旧到地里干活，可是他不再像以往那么专心了。他干一会儿就朝草丛里瞄一瞄、听一听，希望再有一只兔子蹿出来撞在树桩上。就这样，他心不在焉地干了一天活，该锄的地也没锄完。直到天黑也没见到有兔子出来，他很不甘心地回家了。

第三天，农夫来到地边，已完全无心锄地。他把农具放在一边，自己则坐在树桩旁边的田埂上，专门等待野兔子蹿出来。可是又白白地等了一天。

后来，农夫每天就这样守在树桩边，希望再捡到兔子，然而他始终没有再得到。但农田里的苗因他的忽视而枯萎了。农夫因此成了宋国人议论的笑柄。

龟兔赛跑

○ **教师巧引导**

同学们,喜欢听故事吗?古今中外广为流传的寓言、童话故事不知道你了解多少,最近我们要举办一次以纸编画的形式再现寓言、童话内容的比赛,相信通过努力,大家一定会交出一份令自己和老师同学都满意的作品。

○ **作品巧构思**

《龟兔赛跑》,是一则耐人寻味的寓言故事,故事中塑造了一只骄傲的兔子和一只坚持不懈的小乌龟。今天我们赋予了它新的含义。

○ **材料细选择**

材料:白色 A4 纸一张,不同颜色的卡纸数张等。

工具:剪刀、壁纸刀、乳胶、镊子、尺子、彩笔等。

○ **巧手来制作**

1. 根据构思内容绘出设计图。

2. 根据图中的各种不同的图案选择不同颜色的卡纸。

3. 将卡纸剪成兔子、乌龟、大树等的形状。

4. 用壁纸刀将剪好的卡纸中间分出竖条。

5. 用彩色的纸条进行编制。

6. 画上眼睛嘴巴等。

7. 将编制好的各种图案粘贴到原图上并进行装饰,完成作品。

○ **纸艺有故事**

兔子输掉了比赛,它趁着乌龟领奖时偷偷溜回了家,心里后悔万分:"我真是不应该在大树底下睡觉,要不然怎么会输给乌龟呢?不行!我一定要改掉骄傲的毛病,和乌龟再比一场。"于是,它开始拼命练习。早晨,公鸡一叫,它就起来训练耐力;晚上,直到星星开始眨眼,它还在训练速度。日子一天天过去了,由于勤学苦练,兔子跑步的技术越来越高超,多次在森林举办的各种跑步比赛中获奖。

乌龟呢?自从得奖后,它就整天挂着奖牌到处演讲,宣传自己打败兔子的经历。当别人告诉它兔子刻苦训练的消息时,它不屑一顾地想:"反正兔子也是我的手下败将,就算它还要比的话我也不怕。"于是,它仍然一天到晚不厌其烦地讲述着自己的胜利。

三个月后,兔子正式向乌龟提出挑战,第二次龟兔赛跑开始了。森林里的小动物们都赶来助威。发令枪一响,只见兔子像离弦的箭一样冲了出去,一下就跑得没了影儿了。跑到半路上,它觉得有点累,真想休息,但转念一想:"我一定不能犯老毛病。"于是咬牙坚持了下去。而乌龟一直在慢慢地爬,小动物们看了都很着急。可乌

213

龟想："这次兔子肯定还会睡觉的,我根本不用着急。"可是等乌龟爬到终点的时候,兔子已经领完奖了,乌龟羞得把头和四肢都缩进了壳里,再也不敢见人了。

猴子捞月

○ **教师巧引导**

同学们,喜欢听故事吗? 古今中外广为流传的寓言、童话故事不知道你了解多少,最近我们要举办一次以纸编画形式再现寓言、童话内容的比赛,相信通过努力,大家一定会交出一份令自己和老师同学都满意的作品。

○ **作品巧构思**

《猴子捞月》是根据民间童话"猴子捞月"改编,讲述了一群贪心的猴子发现月亮想把它占为己有,结果用了各种方式,最后都没弄到月亮的故事。

○ **材料细选择**

材料:白色 A4 纸一张,不同颜色的卡纸数张等。

工具:剪刀、壁纸刀、乳胶、镊子、尺子、彩笔等。

○ **巧手来制作**

1. 根据构思内容绘出设计图。

2. 根据图中的各种不同的图案选择不同颜色的卡纸。

3. 将卡纸剪成猴子、月亮、大树等的形状。

4. 用壁纸刀将剪好的卡纸中间分出竖条。

5. 用彩色的纸条进行编制。

6. 画上眼睛嘴巴等。

7. 将编制好的各种图案粘贴到原图上并进行装饰,完成作品。

○ **纸艺有故事**

一群猴子在森林中各自玩耍时,蓝猴抬头看到了又圆又亮的月亮,梦想拥有它,于是吹了一声口哨把大伙召来,它们采用接竹竿的形式摘起月亮来,无奈竹竿接再长,月亮仍高高在上。黄猴看到井水中月亮的倒影时,也兴奋地吹起口哨召来大伙,蓝猴搔搔脑袋再生一计,大伙又一个接一个倒挂金钩想捞起月亮来,可是月亮果然被捞进葫芦瓢里时,它们又为谁拥有它打起架来,结果,葫芦瓢落地,月亮"碎"成一片,真应了那句"水中捞月一场空"。

☞ **纸艺人物**

金陵十二钗之贾探春

○ **作品巧构思**

贾探春,金陵十二钗之四。画面中主人公红黄搭配令人耳目一新,头饰紧束,一个精明能干,有心机的女子跃然纸上,可谓有"玫瑰花"之诨名,又鲜艳又有刺。

○ **材料细选择**

材料:白色 A4 纸一张,卡纸(大红色、黄、黑等各一张),衍纸,瓦楞纸等。

工具:剪刀、壁纸刀、胶棒、镊子、垫板,各色笔(画稿),钉书机,衍纸工具等。

○ **巧手来制作**

1. 搜集整理人物题材。

2. 根据题材画出草稿图。

3. 用订书机将草稿图与红、黄、黑色纸订在一起进行剪刻。

4. 剪刻完毕后把卡纸揭开。

5. 揭离之后把成品粘贴在一张 A4 纸上。

6. 衍纸、瓦楞纸做好小装饰,贴好。

7. 镜框保存。

○ **纸艺有故事**

我最喜欢的《红楼梦》中的人物是贾府的三小姐——贾探春。她是贾府里除了王熙凤以外的又一个"女中丈夫"。但是她的命似乎没有王熙凤那么好,没有托生在王夫人的肚里,而是贾政的妾室所生。这让她在非常重视血统的封建大家庭中的地位矮了一大截。

尽管出身不好让这位"三小姐"很郁闷,但是她却并不自卑。"抄检大观园"时,打在王善保家的那一巴掌既解气,又打出了她的自尊、自信。"我是堂堂正正的'贾小姐',你下人有资格碰我?"

封建时代是"女子无才便是德"。依这一点看,探春似乎很符合:她诗作得不如林妹妹,处事不如宝姐姐很,不显山露水。但是如果你留心阅读的话,会发现在她的房间里,到处是笔墨纸砚。——她是书法的行家!"协理大观园"时,是她提出了"开源节流"的点子,连凤姐都称赞呢。

如果她真像凤姐一样,那么当贾家势败,她与夫君不再"门当户对"的时候,所

遭受的对待会比王熙凤"哭向金陵"的结局好不到哪去？倒不如做一个"贵族昭君"，既让两个国家或民族永息刀兵；又可以不受家族的牵累。

我喜欢贾探春，她的自尊、她的才干，甚至是她不确定的结局。

金陵十二钗之贾迎春

○ 作品巧构思

贾迎春，金陵十二钗之七，粉色的大披风展现了主人公的美丽，传达出一份温柔良善。但同时她被人称二木头，戳一针也不知道吱一声，可见她胆怯懦弱的一面。

○ 材料细选择

材料：白色 A4 纸一张，卡纸（粉色、深蓝、白、黑等各一张），衍纸等。

工具：剪刀，壁纸刀，胶棒，镊子，垫板，各色笔（画稿），钉书机，衍纸工具等。

○ 巧手来制作

1. 搜集整理人物题材。

2. 根据题材画出草稿图。

3. 用订书机将草稿图与粉、蓝、黑色纸订在一起进行剪刻。

4. 剪刻完毕后把卡纸揭开。

5. 揭离之后把成品粘贴在一张 A4 纸上。

6. 衍纸做好小装饰，贴好。

7. 镜框保存。

○ 纸艺有故事

我战胜了自己

在制作过程中，我设计了"粉色大衣"包裹着迎春，体现了她的胆小和懦弱。我以前也是这样一个人，不过我最终战胜了自己。

从小，我就很怕举手。上课，老师点我起来回答问题，我也不敢，我在课下也很少与同学交流。我很胆小，生怕自己做错了事或者说错了话。因此，我变得越来越自卑了，我的朋友也少得可怜。

直到有一天，我们班上公开课，有许多老师来听课，我非常害怕，老师在课堂上提出的每一个问题都会让我心惊胆战，生怕老师会点到我。最终，老师还是点

到了我,我很怕,可我又不想为班级丢脸,便用生硬的语气咬着牙回答出来了,我闭着眼睛,只听见老师的一句"你真棒!"和同学们热烈的掌声,我才回过神来。

原来,我答对了。我非常激动。也许一句:"你真棒!"老师对大多数同学都说过,而老师的这一句话却鼓励了我,使我充满自信;同学们的掌声,抹去了我心中的阴影。

我终于战胜了自己,我太高兴了!老师的一句话,同学们的一次掌声,使我战胜了自己,使我充满自信。

每个人在一生中会遇到许多"敌人",有时会战胜,有时会战败。然而,每个人最大的敌人就是自己,只要你战胜了自己,就再也没有困难能难得倒自己了。

你战胜过自己吗?

金陵十二钗之王熙凤

○ **作品巧构思**

王熙凤,金陵十二钗之九,画面中主人公长着一双丹凤三角眼,两弯柳叶吊梢眉,可谓眉眼传神,将此人的精明、有心计展现无余。别具匠心的头饰,也传达着她的精明强干。

○ **材料细选择**

材料:白色 A4 纸一张,卡纸(大红色、紫、黑等各一张),衍纸等。

工具:剪刀,壁纸刀,胶棒,镊子,垫板,各色笔(画稿),钉书机,衍纸工具等。

○ **巧手来制作**

1. 搜集整理人物题材。

2. 根据题材画出草稿图。

3. 用订书机将草稿图与红、紫、黑色纸订在一起进行剪刻。

4. 剪刻完毕后把卡纸揭开。

5. 揭离之后把成品粘贴在一张 A4 纸上。

6. 衍纸做好小装饰,贴好。

7. 镜框保存。

○ **纸艺有故事**

在我刚上五年级的时候,爸爸把少儿版的"四大名著"推在了我的面前,我首先阅读了《红楼梦》。

当读完一遍的时候,我不觉惊呆了:里面的人物可真多呀!但个个性格鲜明,各有各的特点。在这里面我特别佩服的是"凤姐",那真叫"旷世奇才"。

首先是她的管理才能"巾帼不让须眉"。贾府这么大,被她管理得井井有条。特别是在《协理宁国府》中,她的管家才能发挥得淋漓尽致,各个人分工明确,真叫人佩服得五体投地,就连平日里耀武扬威的大管家们也怵了她三分。

再次,她的口才也真叫人拍案叫绝。如听她在"班衣戏采"中仿效女先生说的一段:"罢,罢,酒冷了,老祖宗喝一口润润嗓子再掰谎。这一回就叫做《掰谎记》,就出在本朝本地本月本日本时,老祖宗'一张口难说两家话''花开两朵,各表一枝''是真是谎且不表,再整那观灯看戏的人'。老祖宗且让这二位亲戚吃一杯酒看两出戏之后,再从昨朝话言掰起如何?"真如两个"女先生"所言:"奶奶要一说书,真连我们吃饭的地方也没了。"虽说是为了奉承老祖宗,哄他人开心,但是凤姐表现出来的游刃有余和超越姿态,不正是她语言天才的充分表现吗?

但是她又表现出来的凶残、狡猾、贪婪、狠毒,也叫人痛恨至极。

金陵十二钗之李纨

○**教师巧引导**

李纨,贾珠之妻,生有儿子贾兰。贾珠不到二十岁就病死了。李纨就一直守寡,虽处于膏粱锦绣之中,竟如"槁木死灰"一般,一概不闻不问,只知道抚养亲子,闲时陪侍小姑做女红、诵读而已。她是个恪守封建礼法的贤女节妇的典型。

○**作品精构思**

李纨,金陵十二钗之十一。画面中主人公神情温和,不愠不怒,但又不失从容之态,她伺候小姑,爱护公婆,对下人也客客气气,她用自己的言语和行为教育儿子什么是克制,李纨的教子智慧值得后人学习。

○**材料细选择**

材料:白色 A4 纸一张,卡纸(紫、黄等色各一张),衍纸等。

工具:剪刀,壁纸刀,胶棒,镊子,垫板,各色笔(画稿),钉书机,衍纸工具等。

○**巧手来制作**

1. 搜集整理人物题材。

2. 根据题材画出草稿图。

3. 用订书机将草稿图与紫、黄、黑色纸订在一起进行剪刻。

4. 剪刻完毕后把卡纸揭开。

5. 揭离之后把成品粘贴在一张 A4 纸上。

6. 衍纸做好小装饰,贴好。

7. 镜框保存。

○ **纸艺有故事**

妈妈的批评

　　李纨在整部红楼梦中也因出色的教子故事被后人记住。现代有关李纨的艺术作品几乎都是用李纨教子作为主题。我不禁想起了妈妈的第一次批评。

　　我的妈妈非常和蔼,无论在生活上、学习上对我都非常关心,同学们都羡慕我有个好妈妈。可是有一次妈妈狠狠地批评了我,那是妈妈第一次批评我,我至今难忘。

　　我的妈妈非常节俭,但是她为了接我上学、放学,花了六百多元,买了一辆捷安特自行车,妈妈非常爱惜那辆自行车。我九岁那年,一天中午放学,路过思达超市。妈妈说:"今天妈妈很累,咱们吃面条吧,我去思达买点面条,车篓里的东西太多,我进去买了就出来,你在外面给我看车。"我愉快地答应了。可是,妈妈一进去,我就把看车的事给忘了,就跟着妈妈一起进去。不一会儿,妈妈买完了面条,正在结账。突然,有一个人跑过来,骑着妈妈的自行车很快地向马路上跑,我和妈妈在后面追,但我也知道,妈妈怎么会追上一个可恶的小偷呢? 我和妈妈追了很久也没追上。妈妈心爱的自行车就这样丢了,车篓里还有几件衣服和一个皮包。妈妈生气地说:"让你看车,你怎么能跑进去呢? 你已经是三年级的学生了,怎么一点责任心都没有呢? 如果你在外面扶着我的车,车怎么会被小偷骑走呢?"妈妈的批评让我脸红,我不敢抬头看她的眼睛,难过地低下了头。

　　通过这件事,我懂得了很多,我以后一定要吸取这次教训,做一个有责任心的好学生。

金陵十二钗之贾元春

○ **教师巧引导**

　　贾元春,贾政与王夫人之长女。自幼由贾母教养,但她却被幽闭在皇家深宫内。省亲时,她说一句、哭一句,把皇宫大内说成是"终无意趣"的"不得见人的去处"。这次省亲之后,元妃再无出宫的机会,后暴病而亡。

○ **作品精构思**

　　贾元春,金陵十二钗之三。作品中主人公衣着华丽,神态自若,举手投足彰显辜蓉气质，足以体现世人公明俗之盛事。

材料细选择

材料：白色 A4 纸一张，卡纸（大红色、深蓝、橙、黑等各一张），符纸等。

工具：剪刀，壁纸刀，胶棒，镊子，垫板，各色笔（画稿），订书机，符纸工具等。

巧手来制作

1. 搜集整理人物题材。
2. 根据题材画出草稿图。
3. 用订书机将草稿图与粉、黑色纸订在一起进行剪刻。
4. 剪刻完毕后把卡纸揭开。
5. 揭离之后把成品粘贴在一张 A4 纸上。
6. 符纸做好小装饰，贴好。
7. 镜框保存。

纸艺有故事

我最喜欢贾元春

不知怎么，《红楼梦》这部小说，总是让我看一遍又一遍的欣赏，那里不仅有宝黛的凄惨一世，更揭露了当时社会的种种黑暗势力。在这众欢离生活的所有人物中，我最喜欢的就是贾元春。

贾元春从小德才兼备，因而被加封为贤德妃，贾府上下得知元春晋封后，立刻大张旗鼓地来炫耀。当元春省亲时，贾政告诉她要好好伺候皇上，好好照顾自己。元春流下了眼泪，其中蕴含的不仅有对家人的思念，还有不为人知的一面：皇宫是一个封闭的鸟笼，所有的妃子、太监、宫女都只为了皇上而活，为了荣华富贵，无论是多么善良的姑娘渐渐都变得心狠手辣。皇宫是一个战场，正在打着一个永远不可能停止的仗，一不留神就可能丧命。

在贾府上上下下的人眼中元春是幸福和快乐的，但在美丽的外表下，她是孤独和痛苦的。但她是一个坚强的人，无论受了多大的委屈，她从没有对家人哭诉过；无论有多少痛苦，她总是自己承担，直到病逝。

贾元春，她的坚韧与贤德永远是我欣赏、学习与喜欢的。

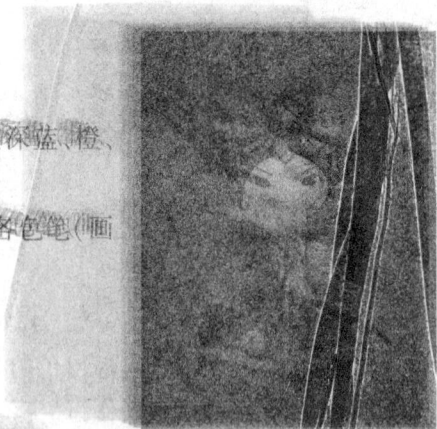

金陵十二钗之林黛玉

教师巧引导

　　林黛玉是个内慧外秀的女性,"两湾似蹙非蹙冒烟眉,一双似泣非泣含露目。""闲静似娇花照水,行动如弱柳扶风"。黛玉拥有着迷离、梦幻、病态、柔弱、动静交融的美丽和气质。林黛玉之美,还表现在她才学横溢和浓郁的诗人气质。

作品精构思

　　林黛玉,金陵十二钗之冠,画面中主人公,绝丽脱俗,雅若天仙,有着丝毫不沾染人间烟火之态。

材料细选择。

　　材料:白色 A4 纸一张,卡纸(粉色、黑色各一张),衍纸等。

　　工具:剪刀,壁纸刀,胶棒,镊子,垫板,各色笔(画稿),钉书机,衍纸工具等。

巧手来制作

1. 搜集整理人物题材。

2. 根据题材画出草稿图。

3. 用订书机将草稿图与粉、黑色纸订在一起进行剪刻。

4. 剪刻完毕后把卡纸揭开。

5. 揭离之后把成品粘贴在一张 A4 纸上。

6. 衍纸做好小装饰、贴好。

7. 镜框保存。

纸艺有故事

我们班的"林黛玉"

　　"花开花谢飞满天,香消玉损有谁怜⋯⋯"这段黛玉葬花时忧伤之至的歌词想必大家早已耳熟能详了吧!亘古烁今有多少文人墨客挥墨述黛玉,可我却要昭告天下:"林黛玉"在我们班呢!

　　她,一双妙如水波的眼睛略显浮肿,我想:这就是哭泣时的备用"水库"吧?那道柳叶眉长得恰到好处,眉宇间储藏着她那浓浓的忧伤,真是让人怜悯!黛玉姓林,可她姓杨,可这两个姓都是木字旁,你能说她和绛珠仙子没有渊源吗?

　　记得一个星期前的英语自习课上,老师在为大家听写单词,教室里鸦雀无声,好不安静。突然,一阵笛声如石击静湖打破了月下的沉寂。这来自中国古代的哭声和西洋的笛声混在一起,可真是历史悠久的"中西合璧"啊!大家把目光齐刷刷地投向了她,那位多愁善感的"林妹妹"。瞧,她哭得真是好不伤心,泪珠就像断了线的珍珠,一颗连着一颗,大概翻遍成语词典也挑不出一个应景的词了吧!她哭得好憔悴啊!眼睛肿得就像两只小肉包似的,简直就是一个泪人儿,让人又不禁想起"黛玉葬花"这一典故。我想:如果林黛玉看到的话,一定会为她伤心时的美而心生嫉妒吧!半晌,这场"狂风暴雨"才渐渐平息,等到"风平浪静"时,老师才"敢"小声地问她原因。谁知,她又"阴雨绵绵"地抽泣了一炷香的工夫,然后把鼻涕吸了吸,一字一顿地说:"我……我的橡皮……不……不见了!""哇哈哈……"随即而来的是一声铺天盖地的笑声!

林黛玉啊林黛玉,你嫉妒过薛宝钗的相貌、薛宝琴的才能,我想:现如今你该嫉妒我们班的"杨黛玉"哭泣时的娇容了!

金陵十二钗之妙玉

○ **教师巧引导**

妙玉,苏州人氏,是一个带发修行的尼姑。她原是仕宦人家的小姐,自小在玄墓蟠香寺出家为尼。贾府建造大观园,妙玉入住栊翠庵。

○ **作品精构思**

妙玉,金陵十二钗之六。画面中,主人公自小在玄墓蟠香寺出家为尼,双手举茶,左手揽拂尘,显示了其内心的清净,从容自若,不卑不亢。她才华馥郁,品位高雅,茶艺精湛,翩翩的头饰雕琢了妙玉的美丽。

○ **材料细选择**

材料:白色 A4 纸一张,卡纸(粉色、黑等各一张),衍纸等。

工具:剪刀,壁纸刀,胶棒,镊子,垫板,各色笔(画稿),钉书机,衍纸工具等。

○ **巧手来制作**

1. 搜集整理人物题材。

2. 根据题材画出草稿图。

3. 用订书机将草稿图与粉、黑色纸订在一起进行剪刻。

4. 剪刻完毕后把卡纸揭开。

5. 揭离之后把成品粘贴在一张 A4 纸上。

6. 衍纸做好小装饰;贴好。

7. 镜框保存。

○ 纸艺有故事

爷爷泡的茶

爷爷的一生很平凡,他不喜欢喧闹,只喜欢在幽静的树林里感受大自然的气息,在那棵老槐树下的石桌上,用山泉和心来泡出最淡却又最香的茶水。

小时候,爷爷总爱带我和他一起去品茶。他爱在泡茶时看我围着石桌一圈圈地跑,而我则爱在围着石桌跑时看着爷爷泡茶。一老一少的笑声就伴着茶香在树林里来回飘荡。

上帝总是不愿给人们太多欢愉的时光。我八岁那年,爷爷患了肺癌,几次化疗仍不见好转。

但疾病终究敌不过爱。八岁的那个生日,是我一生中最难忘的生日。那个夜晚,我正在家里过生日,偌大的餐桌旁少了爷爷,我怎么也高兴不起来,饭菜的香味荡然无存。正值我丧气之时,爸爸搀着爷爷从医院赶回来了。爷爷的目光没有了以前的神韵,但从他闪光的双眸中仍能读出最令我激动的情感,那是一种大爱,是病魔所无法战胜的亲情!接过一纸平淡的贺卡,那字体虽不再挺拔,但我却从歪歪扭扭的字里行间感受到了一份温暖。那是我记忆最深且最难以忘怀的一个夜晚,病重的爷爷从医院赶回来为我过生日,使我得到了幼年的一份最真挚的感情,为我留下了童年的记忆里最难忘的情怀。

爷爷离开我已经有六个年头了,每每回想起爷爷,就会伴着幽然的茶香,爷爷泡的茶就像妙玉的内心一般清净,飘一段旋律于心:"爷爷泡的茶,有一种味道叫做家!"

金陵十二钗之巧姐

○ 教师巧引导

贾巧姐,贾琏与王熙凤的女儿。在贾府败落、王熙凤死后,舅舅王仁和贾环要把她卖与藩王做使女,在紧急关头,幸亏刘姥姥帮忙,把她乔装打扮带出大观园,后嫁给一个姓周的地主。

○ 作品精构思

贾巧姐,金陵十二钗之十。画面中主人公衣着华丽,天真可爱,她娇贵多病,第21回染了痘疹,第42回撞了花神,第84回惊风,凌乱的头发衬托出病态的神情。

○ **材料细选择**

材料:白色 A4 纸一张,卡纸(蓝、粉、橙、黑等各一张),衍纸等。

工具:剪刀,壁纸刀,胶棒,镊子,垫板,各色笔(画稿),钉书机,衍纸工具等。

○ **巧手来制作**

1. 搜集整理人物题材。

2. 根据题材画出草稿图。

3. 用订书机将草稿图与粉、黑色纸订在一起进行剪刻。

4. 剪刻完毕后把卡纸揭开。

5. 揭离之后把成品粘贴在一张 A4 纸上。

6. 衍纸做好小装饰,贴好。

7. 镜框保存。

○ **纸艺有故事**

今天中午,放学回到家。姐姐收到了盼望已久的衍纸画套装。

吃完饭,姐姐就开始教我做衍纸画。姐姐拿起一把卷笔,让我观察这支笔有什么不同? 我说这支卷笔的头上有一条小缝。姐姐让我把一条衍纸插在卷笔的缝里,顺着一个方向一直卷,卷完了就形成了一个漂亮的圆形的花瓣。

照着姐姐教我的方法,我做了几个圆形花瓣,我们用白乳胶把这些花瓣贴到一张白纸上,一朵漂亮的、立体的花朵出现在眼前。

我说:"姐,咱们做幅作品,像十字绣那样装裱起来,挺好看的。"有"小巧手"之称的姐姐高兴地同意了。说做就做!

姐姐说:"那就做一个红楼梦的人物《巧姐》吧。"我立马欢呼起来。

我和姐姐分工好了,姐姐负责画稿、剪底和设计小装饰,我负责小装饰的衍纸工序,颜色是我搭配的:粉色的袖子装饰上黄色的小衍纸花,花心用绿色。蓝色的正身上陪衬绿色的小衍纸花,花心用红色点缀,头发是黑色的,所以我采用粉色来点缀,这样把一个漂亮的巧姐打扮得很生动。

姐姐都夸我:"你还真是个装饰小能手呢。"

我听了,可高兴了,我封自己为"衍纸小巧手"!

金陵十二钗之秦可卿

☞ **教师巧引导**

秦可卿,贾蓉之妻。她长得袅娜纤巧,行事又温柔平和,深得贾母等人的欢心,可惜年纪轻轻就死了。

○ **作品巧构思**

秦可卿,金陵十二钗之十二。画面中主人公曲状的线条勾勒出了此人的高贵,同时配上牡丹花底让其大显雍容华贵之态,发式的弯曲也衬托了她的袅娜纤巧。

○ **材料细选择**

材料:白色 A4 纸一张,卡纸(大红色、深蓝、橙、黑等各一张),衍纸,瓦楞纸等。

工具:剪刀,壁纸刀,胶棒,镊子,垫板,各色笔(画稿),钉书机,衍纸工具等。

○ **巧手来制作**

1. 搜集整理人物题材。

2. 根据题材画出草稿图。

3. 用订书机将草稿图与蓝、紫、黑色纸订在一起进行剪刻。

4. 剪刻完毕后把卡纸揭开。

5. 揭离之后把成品粘贴在一张 A4 纸上。

6. 衍纸、瓦楞纸做好小装饰。

7. 镜框保存。

○ **纸艺有故事**

我的这幅纸编得到美术老师的夸赞,她说最大的亮点是采用了瓦楞纸。这不禁让我想起了我与瓦楞纸的第一次亲密接触。

那是去年到实践基地时,基地的刘老师告诉我们:"瓦楞纸制作,假如你不认真做,就会觉得很难;假如你认真做,就会觉得很简单。"学做河马时,他又告诉我们:"瓦楞纸制作,第一步是把瓦楞纸凹凸不平那面朝外,光滑的那面朝里,卷起来才有花纹。"还告诉我们:"最中间千万不能有空心。"第二步是推,用手把瓦楞纸从中间往外推,这样河马就神气十足了。第三步是连接,把眼睛、鼻子、嘴巴粘到已做好的头上。最后一步,把做好的头和肚子组合起来。

我认真地听老师讲完,便开始做了。先把绿色瓦楞纸一条一条裁开,然后把一条瓦楞纸从末端往前面卷到头,用白胶粘好,按一会儿,好了平放在桌子上,不久,我就做好了四个小卷,分别为一对耳朵和一双手。接着做头,头要四条连接在一起,而且要两个。我先卷好一个小的瓦楞纸,再把一条瓦楞纸的一端涂上一点白胶,让有白胶的那头与瓦楞纸卷有白胶的粘连,这样粘三条,就做好了半个头,再按照刚才那样再做一个。紧接着做肚子,把浅青绿色的瓦楞纸卷在中间,外面

225

再卷两条深绿色的。用同样的方法卷脚。我已经把所有的瓦楞纸都卷好了,只差连接和组合了。最后,我得到了刘老师的表扬,我的这次体验非常成功。

所以,这次秦可卿的服饰上我就采用了瓦楞纸,挺好看的,是吧?

金陵十二钗之贾惜春

○ **教师巧引导**

贾惜春,贾珍的妹妹。由于没有父母怜爱,养成了孤僻冷漠的性格。四大家族的没落命运,三个本家姐姐的不幸结局,使她产生了弃世的念头,后入栊翠庵为尼。

○ **作品精构思**

贾惜春,金陵十二钗之八。画面中蓝绿色调衬托了主人公孤僻冷漠的性格,心冷嘴冷。手持毛笔,体现了她能绘画,曾受贾母之命,画《大观园行乐图》。

○ **材料细选择**

材料:白色 A4 纸一张,卡纸(绿色、蓝、黑等各一张),衍纸等。

工具:剪刀,壁纸刀,胶棒,镊子,垫板,各色笔(画稿),钉书机,衍纸工具等。

○ **巧手来制作**

1. 搜集整理人物题材。

2. 根据题材画出草稿图。

3. 用订书机将草稿图与绿、蓝、黑色纸订在一起进行剪刻。

4. 剪刻完毕后把卡纸揭开。

5. 揭离之后把成品粘贴在一张 A4 纸上。

6. 衍纸做好小装饰,贴好。

7. 镜框保存。

○ **纸艺有故事**

我与毛笔

惜春是一个绘画能手,我和她有着共同的梦想,你想知道吗?那就是成为一个丹青高手。

那还得从第一节书法课说起。去年,我们开设毛笔练习课,老师让我们用毛笔写字,我从来就没有写过,写在本子上歪歪扭扭的。我看别人写的字,他们写得好极了,尤其是吴霜的,我把我的和她相比较,简直是天壤之别。我有点儿泄气

了,虽然这样,但是我的心情却久久不能平静下来,心想:"别人都行,我为什么不行呢?"我静下心来,认认真真地练了起来,虽然写得不怎么样,但是我相信"有志者事竟成",下决心要把它写好。

回到了家,我给妈妈说了我要练毛笔字,妈妈答应了我的请求,给我买最好的毛笔、墨汁,还给我买了毛笔字帖,我高兴极了。

我天天都在练,但是字还是没有一点儿起色,我有点儿灰心了,妈妈在旁边鼓励着我:"'铁杵磨针、滴水穿石'的道理你应该懂吧,这些都需要坚持不懈的精神。"听了妈妈的一番话我恍然大悟。

我的自信心又开始燃起来了,慢慢地我的字写得比以前好多了,虽然不是太好,但它毕竟是我几个星期苦练出来的。

在这次训练当中,不仅仅是练习毛笔字,更让我懂得做什么事情要有信心,坚持不懈,要用勇气去面对一切。我想:只要坚定信念,我的梦想会成真的。

剪纸金陵十二钗之史湘云

○ 教师巧引导

史湘云,中国古典名著《红楼梦》中的人物,金陵十二钗之一,四大家族史家的千金,贾府通称史大姑娘。

她心直口快,开朗豪爽,爱淘气,甚至敢于喝醉酒后在园子里的大青石上睡大觉;身着男装,大说大笑;风流倜傥,不拘小节;诗思敏锐,才情超逸。她是一个富有浪漫色彩、令人喜爱的豪放女性。

○ 作品精构思

史湘云,金陵十二钗之五,画面中背景波诡云谲暗示主人公一生命运多舛,只见主人公婷婷袅袅,左手扶头,略带几分大家闺秀之娇态;地上蒲扇一把,可见其大大咧咧的性格。

○ 材料细选择

材料:白色 A4 纸一张,单色纸(大红色、深蓝色各一张)等。

工具:剪刀,壁纸刀,胶棒,镊子,垫板,各色笔(画稿),钉书机等。

○ 巧手来制作

1. 搜集整理人物题材。

2. 根据题材画出草稿图。

3. 用订书机将草稿图与红蓝色纸订在一起进行剪刻。

4. 剪刻完毕后把剪纸揭开。

5. 揭离之后把成品粘贴在一张 A4 纸上。

6. 将剪纸压膜或镜框保存。

○ **纸艺有故事**

"昨天又被婶婶逼做针线活到天亮,累得人家眼睛都睁不开了。""是吗? 我们的小可怜儿。走,今天咱们出去 happy 一下吧。"一行人拉拉扯扯到了后花园里。"玩个什么游戏让我们湘云放松一下呢?"众人提议,就玩捉迷藏吧。宝玉先来找。几个回合下来,大家已经玩得大汗淋漓。宝玉气喘吁吁道:"这次不如换湘云妹妹找吧?"众人一致同意,早就想逗逗这个"饶舌子"。"都准备好了吗,我要开始找了啊。"大家一声不吭,静等其找。

将近中午,日头越发火辣,一会儿就把人晒软了。大家都找了个阴凉地藏着,只剩湘云一个在花丛中寻来找去。不一会也就体力不支了:"你们都藏哪里了?快出来吧。"听着湘云苦苦哀求,众人皆掩嘴偷笑。过了一会儿只剩下知了一声一声慵懒的长鸣。"奇怪,怎么这会儿听不见湘云妹妹的声音了。"大家赶紧都从藏身处跑了出来,这一出来不要紧,把大家可都笑坏了,怪不得这么长时间没动静了,原来这丫头在草丛里睡着了。

第五章　课程展示
定期推介交流　凝练幸福教育品牌

　　荣成市幸福街小学的特色校本课程——幸福纸艺校本课程的开发实施，很好地做到了实践、美术、语文、品德、信息技术等学科的整合。幸福纸艺校本课程的开发与实施和任何生命的成长历程一样，都需要有一个认识自我、完善自我和释放自我的完整过程。及时展示，能更好地总结成败得失，将研究成果不断地总结分享，在不断地实践与总结中逐步完善幸福纸艺校本课程，打造幸福教育品牌。追求幸福纸艺校本课程内涵发展，为学生提供最优质、最丰富的校本课程，是我们永远的动力和目标。校本课程建设的过程是一个不断探索与总结的过程，是一个不断克服困难和收获成果的过程。只要心怀梦想，认准目标，坚定前行，就一定会开创一个灿烂的美好明天。

第一节　校内开放展示　共研究同进步

2016 年 11 月 20 日,市幸福街小学组织第五届幸福教育成果展示暨家长开放活动,各班学生家长走进校园,来到课堂,深入社团,零距离体验孩子们的在校生活。

首先,家长来到自己孩子所在的班级听课,虽然家长们已经远离课堂多年,但仍被老师们丰富的教学手段、活跃的课堂氛围所吸引。他们真切地感受到,老师们要上好一节课非常不容易,课前要做好充分的准备,付出很多精力。课后家长与老师亲切交谈,充分了解孩子所在班级的班级文化、孩子就餐等事宜,让家长对孩子的在校情况有了更充分的认识。不少家长还交流了自己的育儿经,他们对孩子的教育方式上有各自的独到见解,有的重视对孩子的学习兴趣的培养,有的重视孩子良好性格的养成,还有的经常在学业上给予孩子很多有益的建议。

接着,家长们观看了班级、校级幸福社团的活动与指导情况,幸福纸艺、小百灵合唱、小天鹅舞蹈等丰富多彩的社团活动吸引着家长们驻足细致观看。在幸福纸艺社团里,系列纸艺作品让大家开了眼界,纷纷拍照留存,并对孩子们的心灵手巧、丰富的想象力表示由衷的赞美。

总之,本次活动增进了亲子交流,为家长和学校、教师之间搭建了真诚交流的平台。从活动反馈看:家长们对幸福教育成果展示暨家长开放活动非常喜欢,希望有更多的机会了解教育理念,从而更好地配合学校,共同促进每一个孩子的健康成长。

幸福纸艺校本课程的开发与实施,已经有四个春秋。在学校领导的高度重视和各级课程专家的精心指导下,得以顺利开展并取得良好成果,先后有 6 人次执教的课获得威海市、荣成市奖励,4 人次至山东省、威海市等进行课程开发实施经验交流,圆满组织了威海市幸福纸艺社团、荣成市劳动技术成果展示会,并获得一致好评。

一、收获与成绩

通过幸福纸艺课程的开发实施,我们欣喜地看到幸福学子、幸福教师、幸福学校方方面面的变化。

1. 幸福学子的综合素养有所提高

学生在参与中受益匪浅,正如五一班张伟同学写道:"起初,参与这门课程,我内心有些惊恐、害羞。因为我是一名男生,担心自己比较笨拙。但是经过一段时间幸福纸艺的学习,我逐渐找回了自信,充分感受到纸艺的魅力和有趣,也渐渐喜欢上了纸艺。老师的细心指导和言传身教深深打动了我,让我对幸福纸艺创作充满希望。我们小组经过努力,一件精美的纸艺作品完成时,大家特别开心! 其实,同学们都觉得创作纸艺作品的过程是愉悦的,只有经历了参与体验的过程,才能感受到纸艺的无限魅力!"

通过对幸福纸艺课程的喜爱和受益程度的调查,也表明大多数学生都喜欢上这门课,表现非常积极,并对这门课程给予了很高的评价。以下是调查结果:

问题及选项	调查情况
你是否愿意继续参加这门课程? ①是　②一般　③不是	①是92.5%
课程内容有趣,都与我们的生活息息相关。①是　②一般　③不是	①是89.65%
课程内容丰富,新颖有趣。①是　②一般　③不是	①是87.1%
通过学习与作品展示,我们更自信了。①是　②一般　③不是	①是93.9%
在参与学习中,充分展示了我们的个性。①是　②一般　③不是	①是90.1%
在参与中,增强了团队协作能力,同学、师生之间关系更加和谐。①是　②一般　③不是	①是83.4%
通过学习,我们充分领略了民族文化的魅力。①是　②一般　③不是	①是93.5%

从表中可以看出,由于幸福纸艺校本课程与学生的生活息息相关,并与身边的传统文化相关联,还不和现代美术创作观念相脱节,所以能激发学生的学习兴趣和内在动力,在轻松愉悦的活动中学习知识,掌握技能;经过学习,他们都为自己创作的作品感到自豪,增强了自信心。特别是学校成绩不太好的学生,由于自己的特长得到了充分发挥,赢得了肯定和鼓励,进取心不断增强。通过幸福纸艺创作,幸福学子变得更加细心,追求完美。

总之,幸福纸艺校本课程的开发实施最终就是为了促进学生的发展。学习纸艺不仅仅为了完成一件作品或掌握相关的纸艺技能,而是养成一种严谨、合作、创新的态度和学习精神,能把创作纸艺的学习方法潜移默化地迁移到其他学科的学习中,不断进步。

2. 幸福教师的专业素质不断提升

幸福教师作为校本课程的开发者和实施者,以下几个方面进步明显:

（1）幸福教师的视野开阔了，专业水平得以提高

幸福纸艺是一种思维自由飞翔、无拘无束的艺术创造，特别注重体验学习的过程。因此，课程是开放、包容的，这都需要教师用自身的素养去驾驭。日积月累，教师的专业水平不断得到提高。

（2）幸福教师成为研究者，科研能力得以提升

校本课程的开发实施让教师从教育者变成研究者。教师不再单纯地依赖教材，可以灵活地选择教学内容，整合教学内容，甚至自己开发教材。在编写校本教材的过程中，从制订课程纲要——收集资料——编写教材——修改完善，需要学习各种先进理念，探索教材编写方法等，可谓费尽心思、绞尽脑汁。同样，在教学中学会灵活运用教学方法，关注学生的个性发展和创造力的培养。幸福纸艺校本课程的开发实施也给教师提供了反思的平台，利于扬长避短。所有这些，都需要教师不断研究，改变自己，提升能力。

（3）幸福学校特色更凸显，提升了学校知名度

特色是一所学校办学的生命力所在，要想打造特色学校，必须有特色课程。我校通过了威海市首批特色学校后，面临着新的发展和挑战。幸福纸艺校本课程的开发与完善，为学校的发展锦上添花。

二、感悟与反思

1. 实践中创新

幸福纸艺校本课程的开发实施，很好地做到了实践、美术、语文、品德、信息技术等学科的整合。课程开发时，结合当地的纸艺，既有利于丰富校本课程的资源，更有利于增强学生热爱家乡的情感，树立传承保护家乡纸艺文化的思想境界。

幸福纸艺校本课程，不仅注重纸艺知识技能的学习，更注重融入后现代美术创作理念，能激发学生的创造潜能，让传统的纸艺焕发新时代的魅力。

幸福纸艺校本课程，吸引了省市多所学校前来观摩学习，切磋研究，对兄弟学校的校本课程开发具有一定的指导和借鉴意义。

2. 思考中完善

幸福纸艺校本课程的开发实施，是一个连续的动态和生成，教师可以根据具体教学情况，对课程做出相应的修改。因此，这一校本课程的开发实施，能在一定程度上解决"理想课程"与"现实课程"的距离问题，有利于课程的均衡性、综合性、选择性发展，有利于满足学生的个性发展，有利于课程理论与实践做法的不断丰富完善。虽然幸福纸艺校本课程的开发实施取得了一定的成果，但仍是一个长远的过程，针对课程开发实施出现的问题和局限，需要不断思考完善。

（1）进一步加强对课程理念的理解

在幸福纸艺课程开发实施中发现，幸福教师对这一课程有了一定的认识和理解，但比较肤浅，课程纲要和校本教材都需要继续完善。教学中，虽然运用了合作学习、探究式学习等教学方法，但是教学效果还不是特别理想。

（2）进一步探索课程内容的一体化

幸福纸艺校本课程各年级内容相对独立，今后要注意课程的紧密融合，使课程内容一体化。

（3）进一步扩大课程开发的主体

幸福纸艺校本课程是自发、自主的课程开发，完全基于学校发展的实际需要，依靠学校内部教师自身的条件和自愿地全员参与、自我评价的课程开发活动。要使课程更加完善，应当由教师、课程专家、学生、家长和社区志愿者共同参与。但是由于条件限制，现今只保留有部分专家指导、教师和学生参与开发层面，所以对于扩大课程开发的主体方面要进一步努力。同时，学校也需要建立一个更加广阔的交流合作平台，加强联盟学校之间的联系，共同开发、共同分享课程资源。

（4）进一步提高幸福纸艺作品质量

幸福纸艺作品的质量可以从一个侧面反映课程开发实施的成功与否。在前段的探索研究中，幸福纸艺作品在装饰审美和生活实用方面整体上比较不错，但是在表达观念方面比较肤浅，当然在技法和做工上都有待加强。后续，可以给作品更加明确的定位，也许作品的质量能明显提高。

（5）进一步续写讲述幸福纸艺故事

学生创作的幸福纸艺作品有着怎样的主题？选择了哪些材料？制作时经历了哪些步骤？根据完成的幸福纸艺作品能讲述什么有趣或有意义的故事？这些也需要进一步综合提升。

第二节 区域交流推介 凝练研究成果

2016 年 9 月 6 日,荣成市幸福街小学组织"一主多辅 三环联动"劳动与技术教育研究成果展示活动,荣成市教育教学研究中心综合实践学科分管领导、教研员、全市中小学校的骨干教师近 200 人参与观摩研讨。

近年来,荣成市幸福街小学特别重视劳动与技术教育的实践研究,以幸福纸艺课程开发与实施为主,以"小岗位 爱集体""小家务 大智慧""小志愿者 进社区""多肉植物的种植与养护""小菜农 初体验"多个实践体验平台为辅,整体架构了具有学校特色的劳动与技术教育课程体系,将这一课程有机融入学校教育、家庭教育、社会教育中,并在实践中不断完善。

本次展示的内容主要有三项:一是荣成市幸福街小学幸福纸艺作品展览,学校尚德楼大厅、教室、走廊处处都展示了花草、人物、海洋世界等不同主题的师生作品,吸引着前来参观的领导、老师驻足欣赏;二是幸福纸艺的现场制作,校级、班级幸福纸艺社团饶有兴趣地完成衍纸、纸编类作品,丰富的想象力、较强的动手能力、清晰的口语表达等都令人啧啧称赞;三是多肉植物的移栽和养护,学校养"肉"专家——刘海霞老师在五年级四班细致指导,每个学生都在尝试移栽小苗,老师随时提醒应该注意的一些问题,每个学生都能积极参与,并希望在自己的精心呵护下,认养的多肉小苗能逐渐长大。

通过研究成果的专题展示活动,与会领导、骨干教师明晰了劳动与技术教育的研究实施一定要基于学校实际的整体架构,引领全体师生参与,不断思考改进。校际交流研讨、相互学习,能做到互相促进、共同提高,也相信幸福街小学的劳技文化会逐渐彰显特色,越做越好。

教育科研成果的提炼与表达是科研工作的重要一环,做实课题研究很重要,成果提炼更不容忽视。教育科研成果的提炼需要做到:梳理、归纳、浓缩、提纯。其方法就是"三去一抓":去粗取精、去伪存真、去枝留干、抓纲挈领。

校本课程建设的过程是一个不断探索与总结的过程,是一个不断克服困难和收获成果的过程。只要心怀梦想,认准目标,坚定前行,就一定会开创一个灿烂的美好明天。

☞ **辅导手记**

追寻综合实践活动成果展示的本真

尊敬的各位领导、老师：

大家上午好！

非常感谢张老师为我们搭建这样一个交流的平台：共研究，求发展，同进步。特别荣幸，有机会能把我校对综合实践课程成果展示的一些做法和思考与大家共同交流分享。以下，围绕提高认识、活动组织、反思改进三个方面，谈谈我们怎样追寻综合实践成果展示的本真。

一、提高认识：成果展示——不拘一格显个性，万紫千红才是春

虽然综合实践活动课程是一门非常关注学生过程性体验的课程，但我们在关注过程的同时也兼顾了结果。在综合实践活动课程实施的过程中，我们把握了以下几个原则：一是主题研究过程注意精心策划与细心指导，二是活动成果展示关注隐性成果与情感目标，三是成果展示形式要"提前涉入"与"排兵布阵"，四是交流评价鼓励学生充分表达与课堂灵动，五是拓展延伸要关注情感体验和深层研究。

研究性学习活动主题的成果展示交流，我们主要是通过成果交流汇报课的方式来进行。下面着重围绕"幸福纸艺实践项目"成果展示环节与大家交流探讨。要组织成果展示，得用心去思考：成果展示是为了什么？展示什么？怎样展示？

在此，先简单介绍绍我校幸福纸艺实践项目：2014年年初，我校经过调查、分析、研究，将纸艺确定为学校综实特色项目。近两年，我们持续在凸显纸艺特色方面下功夫。

年级特色项目各不相同：一年级是智慧折纸，二年级是神奇剪贴，三年级是幸福衍纸，四年级是趣味纸编，五年级是神奇剪纸。随着年级的逐步推进，四、五年级已将各项纸艺综合运用。各年级利用综实课、特色活动课组织制作，每个孩子都对此很有兴趣。

纸艺专题研究逐步深入。特色项目实施中，我们选择了"在纸艺实践活动中培养小学生口语表达能力"这一小专题，围绕两个方面开展细致研究：如何通过纸编操作，让学生的"说"有感而发？怎样借助纸编作品，让学生的"说"水到渠成？这一小课题研究正有序进行。

结合实际，如何展示，我们多次开会进行专题研究，综合大家的意见制订了详细的展示方案。

二、活动组织与成果展示——多维互动春风来，千树万树梨花开

以下结合我校上学期幸福纸艺社团的成果展示活动，说说展示前、展示中、展示后我们做了哪些工作。

1. 展示前，做好整体谋划，力求准备充分

（1）注意培养展示交流的技能技巧

指导老师要引导小组成员齐心合力，按照必要的程序，一步步认真地做好每一步的工作。要明确主讲、辅助的任务，要对成果中的介绍词进行认真充分的排练，要合理利用媒体材料。在同学、老师提问题时，组内每个同学都要集中注意力认真聆听，并将问题回答略记在本子上，仔细推敲老师和同学所提问题的要点和本质，要避免答非所问，做到简明扼要，层次分明，力求客观、全面、辩证，留有余地。另外，还要注意吐字清晰，声音适中。

（2）注意挖掘展示交流的隐性价值

"情感、态度和价值观"是综合实践活动课程的核心目标之一，其目标的达成不是靠简单的灌输、直述等接受性教学方式获得的，而是学生在实践活动过程中通过体验、实践等方式逐步生成的。因此，成果展示课在重视可认呈现的外化成果的同时，更要引导学生注重对实际活动过程的亲历和体验，重视隐性成果的展示与分享。如在活动过程中，教师要引导学生交流在实践活动过程中遇到了怎样的困难，是如何解决与克服的，自己印象最深的一件事是什么……这些隐性价值目标的挖掘与深化，更能体现综合实践活动的教育价值。

2. 展示中，能够凸显亮点，努力达到预期

按照各级部署安排及学校实际，我们如期组织了威海市优秀社团——幸福纸艺社团展示活动。本次展示，主要有四项活动。

活动一：总体介绍，初步了解。

学校领导总体介绍了活动观摩的流程，一起观看了幸福纸艺社团推介视频《指尖灵动，纸艺飞扬——幸福纸艺社团推介》。借助视频，大家对学校幸福纸艺社团的开展情况有了大致的了解。

活动二：精品推介，细致欣赏。

学校将老师学生精心制作的幸福纸艺精品在崇德楼大厅进行展示，选取名师者对这些作品进行逐一介绍。

活动三：班级社团，现场展示。

在一至五年级所有的教室里，各班级结合实际，选取不同的主题，组织幸福纸艺现场制作，指导教师巡视指导，班级小导游在讲台前介绍班级纸艺开展情况，介

绍班级纸艺佳作。各班的宣传栏，也处处张贴学生的纸艺佳作。这是各班级的展示主题,各班都是选取一个小主题进行组织,交流、展示以学生为主体。

各班级幸福纸艺展示

班级	展示主题	小主持
一年级一班	多彩的秋天	王肖宁　谢卓颖
一年级二班	美丽的大海	王紫璇　王子凡
一年级三班	多彩的世界	林振惠
一年级四班	神奇的海底世界	杨雯砚
二年级一班	美丽家园	王睿涵
二年级二班	多彩的世界	岳筱瑜
二年级三班	美丽的大自然	孙玉涵
二年级四班	漂亮的剪贴画	王艳茹
三年级一班	我喜爱的花草	王雯雯
三年级二班	我喜爱的花草	赵月博
三年级三班	我喜爱的花草	朱钰晨
三年级四班	我喜爱的花草	郭菲
四年级一班	我爱大自然	王艺斐
四年级二班	动物王国	原翊萍
四年级三班	漫步花海	张颖异
四年级四班	幸福心灵纸编	陈泳羽
五年级一班	神奇的动物世界	王俊杰
五年级二班	多彩的海洋世界	李佳璐
五年级三班	畅游花海	连汝萌
五年级四班	美丽的自然	张子曰

活动四:校级社团,精彩创作。

幸福纸艺项目推进过程中,纸艺作品也越来越多,我们把这些作品作为彰显幸福教育特色文化不可或缺的一部分。综合实践室、教室走廊等都成为展示作品的地方,抬眼望去处处可见各类纸艺作品,有的稍显稚嫩,有的非常精致,不同的作品也彰显这一特色项目的发展历程。

在综合实践室,校级幸福社团的团员也在有序地忙碌着。9个小组正在完成不同主题、不同类型的现场创作,参观的老师有的观看,有的提问,有的拍照,都是啧啧称赞。幸福纸艺社团团长于佳鑫同学,为每个小组做推介。

这次展示活动,由于学校领导小组谋划到位,分管领导指导具体,校级、班级社团指导老师和学生的积极参与,整个展示活动圆满成功。上级统一安排的展示组织后,又有乳山、高区和我市部分学校的领导、老师来研讨交流。展示与交流活动,推介了我校前段幸福纸艺项目推进的成果,也促进了校际特色实践活动经验的分享,利于共同发展。

三、反思改进:成果展示——尽显庐山多面目,不仅身在此山中

思维从问题开始,反思从质疑开始。综合实践活动成果展示是整个综合实践活动课链上的最后一个环节,但不等于整个主题活动的结束。从这个意义上说,交流重于展示,体验重于表演,总结交流不再是把一个问号变成句号,而是由一个问号生发出新的、更多的问号。成果展示中,我们也尽量征询各方意见和建议,并注意后续思考,尽早架构提升。

比如,本次展示后,根据教研中心马主任、张老师提出的"实践课程架构"方面的建议,我们已经按照"作品巧构思、材料细选择、巧手来制作、纸艺有故事"的思路着手实施。

总之,今后我们会继续努力,重视综合实践课程的实践研究、成果展示等各个环节,引导师生在研究中不断成长。

指尖灵动　纸艺飞扬
——幸福纸艺社团推介

荣成市幸福街小学是威海市首批特色学校,学校的办学特色是幸福教育,核心理念是:把教育当作一件幸福的事情来做,幸福地教、幸福地学,让每个人都拥有幸福人生。而幸福德育、幸福课堂、幸福社团作为学校特色建设的三张"名片",为学子的未来幸福筑梦。

本着"一校一特色,一生一特长"的宗旨,学校积极开发和实施相约幸福时光系列社团课程,着力于从陶冶情操、启迪思维、张扬个性等方面,全力提高学生的综合素质。在全体学子全员参与社团活动的基础上,学校努力打造精品特色社团。2014 年 11 月,幸福纸艺社团被评为威海市优秀社团。

一、建章立制,为"幸福纸艺"社团保驾护航

幸小"幸福纸艺"社团的建立,源自小学生爱玩的折纸游戏:小小的一张纸,通过折叠可以变得千姿百态,既有具体又有抽象,既有平面又有立体,既可装饰又能

实用,富有艺术魅力。纸艺,是一种材料简单、操作方便、效果显著的手工创造劳动,它通过剪、折、卷、编、贴、描绘等创作手段,巧妙地制成各种生动有趣的形象:如人物、动物、花卉、情景画等,可以培养和发展学生敏锐的感知力、丰富的想象力和无限的创造力,促进学生思维能力的提升。广泛听取学生心声,基于学校实际,2012年9月,幸福纸艺社团成立了。

建立健全各项制度,完善各类运行机制,人员、教室、资金三保障,确保了"幸福纸艺"社团活动的有序开展。"衍纸、纸编、剪纸,样样精通,巧手动动,创造美丽!"这是幸福纸艺社团的口号。最初的社团是个小家庭,由3~5年级喜爱纸艺的中、高年级36位成员组成。每天组织一次社团活动,活动中逐步学习纸的各种艺术表现形式。

二、强师兴教,使"幸福纸艺"社团彰显活力

高素质的指导教师是社团活动有序开展的关键。在强师兴教方面,学校主要抓了三点:

1. 走出去学。组织教师参加上级组织的专题培训,到先进学校取经,从而更新了指导教师的美育理念、育美能力,其理论水平和实践能力都有了较大提升。

2. 请进来教。巧妙运用家长资源,发挥他们的创作智慧,参与社团活动的指导,更好地为幸福纸艺社团服务。

3. 自培内练。学校制订了纸艺指导教师的岗位职责,鼓励大家树立终身学习的理念;加强校本教研,互相取长补短,以掌握更多的专业技能与方法,不断提高艺术素养。

三、校本教材,助"幸福纸艺"社团焕发光彩

为保证社团活动的质量,需要精选活动的内容。基于此,指导教师精心拟定了课程纲要,尝试编制了具有校本特色的社团教材,从体例编排,到内容选择,都力求精益求精。

经过研究、实践、反馈、分析、修订,现已整理出《快乐衍纸》《趣味纸编》两套

校本教材,得到了团员的喜爱和专家的好评。校本教材进课堂、进社团,让研究成果在社团活动实践中检验,实现了资源共享,收到了丰富社团活动、促进专题研究的双赢效果。

四、以点带面,促"幸福纸艺"社团全面普及

随着纸艺工作推进会的召开,幸福纸艺社团也成为学校特色文化建设的重点打造项目。自校级社团的建立,到年级社团的普及,由点到面,全面推进。基于学生的年龄特点及兴趣,社团活动内容也各不相同。一、二年级以幸福剪贴为主,三年级是快乐衍纸,四年级是趣味纸编,五年级是神奇剪纸。

幸福剪贴,一张纸一片叶,剪出生活,贴出精彩;快乐衍纸,从基本卷形的学习到图形的组合;趣味纸编,从熟练应用挑压法编制单个作品到纸编画的创作;神奇剪纸,学会剪纸团花的具体折、剪方法,理解和掌握团花剪纸造型的表现……在"人人会纸艺"的基础上,达到了"人人能创作",也涌现出了一批具有综合才能的纸艺小能手。通过纸艺制作,每个孩子逐步形成了善于置疑、乐于探究、勤于动手、努力求知的积极态度,大大提高了幸福学子的综合素养。

如今,纸艺作品已经遍布校园的每个角落,无论是"温馨班级"的创建还是校园幸福长廊的美化,都发挥着它的宣传作用。综合实践室里的"精品推介",手工细腻;"秀秀我的微幸福"主题秀,造型逼真;班级"我型我秀"作品展,各有千秋。不同风格的佳作,常常吸引着学子、家长和来宾驻足观赏,啧啧称赞。

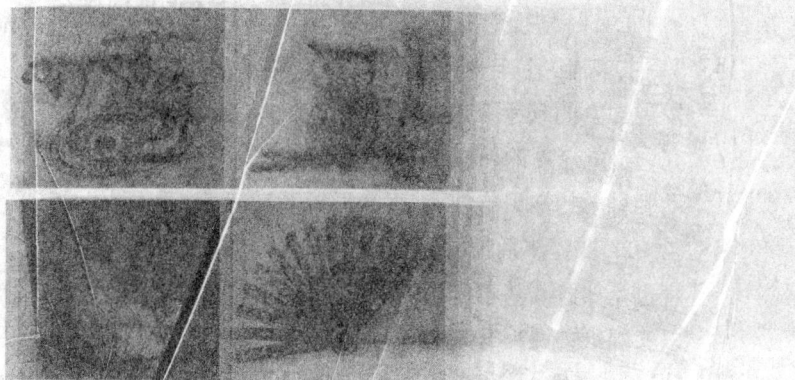

总之，社团课程的丰富及均衡发展，营造了我校向上、健康文明的校园正能量，学生的能力得到了锻炼，个性得到了张扬，开启了一扇时时处处我能行的心灵之窗。校园真正成了学生自主成长、丰羽亮翅的乐园和舞台。纸艺不止盈上下齐求索，缤纷小社团，精彩大舞台。如今，丰富多彩、意趣盎然的社团活动，已经成为幸小校园一道靓丽的风景线，更是一张学校对外展示的幸福名片。莘莘学子在这个流光溢彩、五彩缤纷的舞台上，正演绎着生命的精彩！

幸福纸艺课程开发与实施的探索

《山东省中小学德育课程一体化实施指导纲要》的颁布，标志着德育进入全科时代。强化立德之本，每门课程都承载着德育使命。怎样让实践课程成为立德树人的有效载体？如何使实践课程常态化实施彰显学校特色？指导纲要指明方向，实践课程指新篇。

学习思考，明晰综合实践活动的德育功能——《实践活动德育实施指导纲要》对中小学生实践活动进行了系列化设计，归纳了122个类型的活动形式，旨在拓展德育空间，创新德育方法，丰富德育内容，提高德育实效。

梳理总结，研讨实践活动德育的实施策略——近年来，我校逐步建构起了一主多辅、三环联动的劳动与技术教育模式，尝试把劳动与技术教育有机融入学校、家庭、社会教育中，走实践课程育人之路，较好彰显了课程特色。以下，谈谈我校开发幸福纸艺引领学生幸福成长的点滴做法，和大家共同商榷。

一、课程建构——基于兴趣成体系，扎实推进提素养

苏霍姆林斯基曾说过："儿童的智慧在他的手指尖上。"做中学，做中教，做中求进步，做中有发展。有了这样的思考，我校坚持运用行动研究的方法，基于学生的兴趣架构体系，实施劳动与技术教育，不断提升学生的综合素养。

1. 课程理念：我校办学特色是幸福教育，幸福教育需要系列特色课程来支撑。"一主多辅　三环联动"的劳动与技术教育模式，以发展学生的动手、动脑能力为思路，体现了自主、探究、合作、创新的新课程理念，引导学生掌握一般的劳动和科学的知识与技能，逐步形成劳动素养。

2. 课程体系：兴趣是最好的老师，劳动与技术教育也是如此。基于学践并行、寓教于乐的原则，我校以幸福纸艺课程开发与实施为主，以"小岗位　爱集体""小家务　大智慧""小志愿者　进社区""多肉植物的种植与养护""小菜农初体验"多个实践体验平台为辅，整体架构了具有学校特色的劳动与技术教育课程体系，并在实践中不断完善。

二、幸福纸艺——人人参与巧制作，创新之中展自信

有了整体架构，更需要扎实实践。劳技特色主项目——幸福纸艺的开发实施，我们走过了四个年头，也让智慧在指尖飞扬，幸福在纸间流淌。

1. 建章立制，为"幸福纸艺"课程保驾护航

小小的一张纸，通过折叠可以变得千姿百态，既有具体又有抽象，既有平面又有立体，既可装饰又能实用，富有艺术魅力。广泛听取学生的心声，基于学校实际，2012 年 9 月，由 36 人组成的校级幸福纸艺社团成立了。建立健全各项制度，完善各类运行机制，人员、家室、资金三保障，确保了"幸福纸艺"社团活动有序开展。

"衍纸、纸编、剪纸，样样精通，巧手动动，创造美丽！"这是我校幸福纸艺社团的口号。每天组织一次社团活动，活动中逐步学习纸的各种艺术表现形式。

2. 强师兴教，使"幸福纸艺"社团彰显活力

高素质的指导教师是社团活动有序开展的关键。在强师兴教方面，我们主要抓了三点：

（1）走出去学。组织教师参加专题培训，到先进学校取经，更新了指导教师的美育理念、育美能力，理论水平和实践能力都有了较大提升。

（2）请进来教。充分运用家长资源，参与社团活动的指导，更好地为幸福纸艺社团服务。

（3）自培内练。引领教师借助校本教研，互相取长补短，掌握更多的专业技能与方法，不断提高艺术素养。

3. 开发教材,助"幸福纸艺"课程焕发光彩

为保证课程的实施水平,我们精心拟定了课程纲要,编制了《快乐衍纸》《趣味纸编》两套校本教材。校本教材进课堂、进社团,在活动实践中检验,收到了丰富社团活动、促进专题研究的双赢效果。

4. 以点带面,促"幸福纸艺"项目全面普及

幸福纸艺社团也成为我校特色文化建设的重点打造项目,自校级社团的建立,到年级社团的普及,由点到面,全面推进。根据各年级学生的年龄特点,幸福纸艺课程项目也各不相同。一年级是智慧折纸,一张纸的变换无穷,培养想象力;二年级是神奇剪贴,剪一剪、贴一贴,玩出精彩;三年级是幸福衍纸,四年级是趣味纸编,五年级神奇剪纸,做一做、说一说,快乐多多。

幸福剪贴,一张纸一片叶,剪出生活,贴出精彩。快乐衍纸,从基本卷形的学习到图形的组合;趣味纸编,从熟练应用挑压法编制单个作品到纸编画的创作;神奇剪纸,学会剪纸团花的具体折、剪方法,理解和掌握团花剪纸造型的表现……在"人人会纸艺"的基础上,我们达到了"人人能创作",也涌现出了一批具有综合才能的纸艺小能手。通过幸福纸艺制作,每个学子不仅对传统民间艺术有了更直接的体验,也显示出了天马行空的想象力和创造力。他们逐步形成了善于质疑、乐于探究、勤于动手、努力求知的积极态度,大大提高了综合素养。

5. 专题研究,使"幸福纸艺"课堂绽放精彩

如何通过纸艺操作,让学生的"说"有感而发?怎样借助纸艺作品,让学生的"说"水到渠成?围绕"在纸艺实践活动中培养小学生口语表达能力"这一小专题研究,各年级的指导老师也在深入研究。找准说做结合的训练点,层层深入,扎实训练。回顾学过的技法,练习巩固,以"理"促说;结合自己的作品,引发想象,以"想"促说;利用小组的佳作,展示推介,以"展"促说。简简单单教学,扎扎实实训练,也实实在在地提高了学生的语言表达能力。

以《奇妙的衍纸画》一课为例,谈谈我们的幸福纸艺课堂有着怎样的魅力。

(1)交流导入,衍纸画欣赏,引入课题;(2)积极参与,练习做松卷,各项神通:初步尝试卷,比比谁卷得快,多色搭配我也行,交流作品像什么;(3)抓住难点,学习探究,学做小造型;(4)小组合作,设计想象,制作衍纸画;(5)全班展示,交流评价,纸艺有故事。

方寸中尽显无限创意,双指间玩转一纸乾坤。课堂上,围绕自己设定的主题,通过卷、画、组、贴等方式,一件件作品相继完成。瞧,可爱的小乌龟、小蚂蚁、小白兔、小螃蟹等,件件让人爱不释手;美丽的春天、龟兔赛跑等,一幅幅精美可爱,令人叫绝。

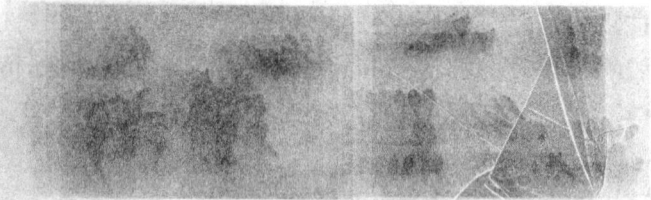

幸福纸艺实践中每完成一幅作品，孩子们的脸上都会洋溢着灿烂的笑容……幸福纸艺不仅仅是手指的游戏，更能润物无声、立德树人，培养了孩子热爱民族文化、热爱生活、快乐自信的良好品质。

三、课程评价——多种方式促发展，凝练特色树品牌

在幸福纸艺课程实施过程中，我校依据寻向性、人本性、开放性、创新性和多元性原则，建立多元评价方式，调控教师的教学行为，促进学生生动活泼、主动发展。

1. 教师评价：确立评价要素，精心设计"小学劳动与技术学科教学评价表"，以此为标准评价教师小学劳动与技术学科教学的得失。

2. 学生评价：采用学生自评与互评、小组评价、教师评价等多种形式。

作品展览式：将学生的幸福纸艺作品定期展览，评出优秀作品予以表彰。

自我反思式：评价指标为学生的表现与收获，评价内容为态度、知识、能力、情感等要素，评价方式是自我评价与小组评价相结合。

资料档案袋：建立并逐步健全学生的综合实践活动档案，搜集保存活动的原始材料和活动作品，这些资料真实记录学生成长的足迹，反映学生在活动过程中的表现。

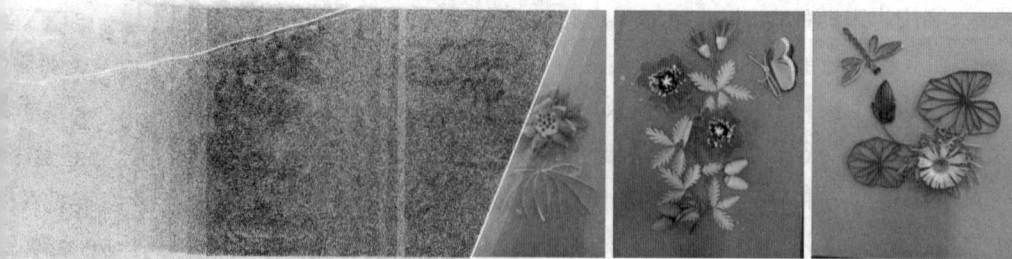

3. 展示推介：交流重于展示，体验重于表演，从自我介绍到班级展评，从优秀作品的选到社区实践成果推介、慕名而来的参观团，引领我们勤思考，促提升。总结交流成果展示不再是把一个问号变成句号，而是由一个问号生发出新的、更多的问号。

（1）课程开发成系列:花草、动物、海洋、成语、人物等系列,将实践与语文、美术、品德学科有效整合,彰显幸福纸艺的无限魅力。

（2）课程实施有章法:作品巧构思——材料细选择——巧手来制作——纸艺有故事,可操作,愿参与,课程实施环环相扣,步步为赢。

借助"在纸艺实践活动中培养小学生口语表达能力"小专题研究,提升学生的口语表达、写作能力。说说作品的制作步骤,讲讲作品的主要内容,互相点评,这一过程学生充分品尝到参与、体验、表达的幸福! 班级、橱窗、实践室里作品的展示,学生体验的则是创造的幸福。

纸艺作品已经遍布校园的每个角落,无论是"温馨班级"的创建还是校园幸福长廊的美化,都发挥着它的宣传作用。综合实践室里的"精品推介",手工细腻;"秀秀我的微幸福"主题秀,造型逼真;班级"我型我秀"作品展,各有千秋。不同风格的佳作,常常吸引着学子、家长和来宾驻足观赏,啧啧称赞。而团员推介自己的作品,幸福之情也是溢于言表。

幸福纸艺不止尽,全校上下齐求索。除幸福纸艺外,"多肉植物的种植与养护""小菜农　初体验"项目也颇具亮点。

努力实践,探索收获。随着课题研究的步步深入,我们欣喜地看到教师、学生、学校方方面面都发生了很大变化。

一是幸福教师的科研能力得以提升:汇编了《幸福作业　我的最爱》、《幸福课堂——基于幸福教育理念的课堂实践探索》系列资料,记录实验的足迹。山东省首届特色课程二等奖、省优秀实践活动、威海市年度教科研创新成果、优质课程资源、威海市优秀社团、学生系列奖项,是对我们最好的鼓励。

二是幸福学子的综合素养大大提高:学生积极参与幸福纸艺创作、展示活动在优秀传统文化的滋养和浸润下,陶冶了情操,也提升了素养。

三是幸福学校的办学品位上档升级:幸福课程开发与实施的研究,大大促进了学校办学水平的上档升级,也赢得社会和家长的普遍关注,从而形成了人人关心教育、关爱学生,个个支持并主动参与学校教育的良好局面。

总之,丰富多彩、意趣盎然的幸福纸艺课程,已经成为幸小校园一道靓丽的风景线,更是一张学校对外展示的"幸福名片"。相信,有了各级专家的指导,有了全校师生的努力,综合实践活动育人的探究之路会越走越宽!

后 记

折啊折,折出童年的浪漫;
编啊编,编出未来的花环。
比一比,看谁心灵手巧;
画一画,看谁画笔艺高。

问孩子们:你们对幸福纸艺感兴趣吗?
回答:是的!
问教师们:你们对幸福纸艺很欣赏吗?
回答:特别欣赏!
问家长,问朋友:纸编、衍纸作品漂亮吗?
回答:很漂亮!
问领导,问专家:幸福纸艺故事精彩吗?
回答:有趣而精彩!

幸福纸艺无止境,
全校上下齐探索。
真正使特色为幸福教育所用,
使师生在纸艺中熏陶,
在特色中创新,
在快乐研究中幸福成长。

孙向阳
2017 年 5 月 18 日